问道

思政篇

下册

济南市教师发展系列优秀案例集「第二辑」

济南市教育局 编

济南出版社

图书在版编目（CIP）数据

问道．思政篇．下册 / 济南市教育局编．-- 济南：济南出版社，2025. 3. --（济南市教师发展系列优秀案例集）. -- ISBN 978-7-5488-7153-8

Ⅰ．G451.2-53

中国国家版本馆 CIP 数据核字第 2025QB5311 号

问道：思政篇　下册

WEN DAO：SI-ZHENG PIAN XIACE

济南市教育局　编

出 版 人　谢金岭
选题策划　李建议
责任编辑　刘甜杰
封面设计　王　焱

出版发行　济南出版社
地　　址　济南市二环南路 1 号（250002）
总 编 室　0531-86131715
印　　刷　山东联志智能印刷有限公司
版　　次　2025 年 3 月第 1 版
印　　次　2025 年 3 月第 1 次印刷
成品尺寸　170mm × 240mm　16 开
印　　张　18.75
字　　数　270 千字
定　　价　58.00 元

如有印装质量问题 请与出版社出版部联系调换
电话：0531-86131736

编委会

守好一段渠　种好责任田

习近平总书记在全国高校思想政治工作会议上强调："提升思想政治教育亲和力和针对性，满足学生成长发展需求和期待，其他各门课都要守好一段渠、种好责任田，使各类课程与思想政治理论课同向同行，形成协同效应。"继《问道：校长篇》《问道：教师篇》《问道：班主任篇》后，济南全体教育工作者又在广袤的实践大地上开启了《问道：思政篇》的探索旅程。

思政课，作为立德树人的关键课程，有着不可替代的重要地位。广大思政课教师应以"政治要强，情怀要深，思维要新，视野要广，自律要严，人格要正"为标准，凭借扎实的理论功底向学生诠释"中国共产党为什么能，中国特色社会主义为什么好，归根到底是马克思主义行，是中国化时代化的马克思主义行"。用鲜活的实践案例向学生昭示"社会主义没有辜负中国""中国没有辜负社会主义"。生命化的思政课堂是夯实理想信念的神圣殿堂，教师要将理想信念的红旗高扬其上，让"四个自信"融入人生的血脉。

思政课程，则是一个更为系统、全面的概念。思政课程犹如一条精心编织的纽带，将理论知识与现实生活紧密相连。通过深入研究社会热点问题，引导学生运用马克思主义的立场、观点和方法进行分析和解决问题，让学生在理解国家政策方针的同时，增强对社会发展的信心和责任感。同时，思政课程应注重与时俱进，根据时代发展的需求和学生的特点，不断更新教学内容，确保思政教育始终具有强大的生命力和吸引力。

课程思政，需冲破思政教育与学科教育之间的壁垒。不同学科应围绕核心素养蕴含的育人价值进一步厘清其承担的思政使命，深度挖掘各类课程中所蕴含的思政元素，充分发挥课程的德育功能，将德育内容细化落实到各学科课程的教学目标之中，培育和践行社会主义核心价值观，守好属于各学科思政育人的“一段渠”。

构建“大思政”格局，形成育人合力。从“思政课”到“大思政课”，一字之别却彰显出“大”之意蕴，即要拓展大视野、锚定大目标、融入大格局、拓宽大阵地、凸显大作为。习近平总书记指出：“‘大思政课’我们要善用之，一定要跟现实结合起来。”教师要把“大思政课”上好，就要在中华民族伟大复兴战略全局和世界百年未有之大变局相互交织、相互激荡的背景下，超前布局、努力变局，不拘一格探索寓教于乐、喜闻乐见的“大思政课”建设路径，真正让“大思政课”在全员育人、全程育人、全方位育人中产生强大影响力、感召力、塑造力。

长期以来，济南广大教育工作者深刻学习把握思政教育的丰富内涵及其紧密逻辑关联，怀抱着奋进者的勇气与开拓者的毅力，果敢投身于“大思政建设”这片充满希望与挑战的前沿阵地，扎根基层一线，广聚各方智慧，砥砺深耕，矢志探索出一条独具济南特色的思政育人之道。如今呈现在诸位面前的《问道：思政篇》，正是全体教育工作者日夜奋战、齐心协力，用辛勤汗水浇灌而成的丰硕成果，它承载着众人对思政教育发展的殷切期望，也是为解答教育根本问题呈上的一份极具价值的鲜活样本。

本书作者不仅包括思政课教师，更多的是各学科一线教师。他们希望“思政课要在学生心里‘燃起一团火’”，他们探寻“数学教师的思政天地”“用英语描绘世界文明之华章”，他们横向融合，“变‘孤岛式’教育为‘环岛式’教育”，他们纵向贯通，“‘大中小’合奏法治教育美妙乐章”。丰富多彩的教育活动，将爱国主义、集体主义、社会主义的种子播撒在学生心田。行走的思政课堂激发奋进力量，让学生明白红色政权来之不易、新中国来之不易、中国特色社会主义来之不易。无论是人文社科课程承载的厚重历史文化传承、社会洞察思辨，还是理科课程蕴含的严谨科学精神、追求真理态度，以及艺体课程所展现的高品质审美意趣、健康生活理念，皆为“大思政”教育的内容之一。每一位教师都是思政教育的参与者、推动者，在传授专业知识的同时巧妙融入思政元素，无缝对接知识传授与价值引领，构建起全员、全程、全方位育人格局。

我们希望《问道：思政篇》是一片播种信仰的田野，每“一段渠”都奔涌着理想的活水，每“一方田”都生长着时代的青禾。当真理的犁铧翻开板结的认知冻土，当情怀的细雨浸润龟裂的精神原野，我们终于读懂：教育者不仅是躬耕陇亩的农人，更是塑造精神地貌的工程师。

《问道：思政篇》向人们展示了，规律性的启示总在麦穗低垂时显现，真正的育人智慧，永远在深耕与对话中生长。正如黄河九曲终向东流，思政教育既要守护学科本源的澄澈，更需顺应时代河床的变迁。在“守渠”与“种田”的过程中，真理的根系早已穿透学科界限，在中华民族复兴伟业的深层土壤中紧密相连。这是“守渠”与“培根”的辩证交响，是“深耕”与“远眺”的生命和鸣。

我们也需要清醒地看到：有的沟渠尚未接通思想的源头活水，有的田垄仍在等待破土的春雷。如何在专业知识的精密齿轮中嵌入价值观的传动轴？怎样让学科育人的“毛细血管”与立德树人的“主动脉”深度融合？这些叩问如同悬在麦田上空的北斗，指引着教育者不懈求索。

此刻的《问道：思政篇》，恰似矗立在教育原野上的日晷，以思想的投影丈量着时间的深度。那些在语文课堂升起的语言星云，在体育赛场跃动的生命轨迹，在艺术长廊流淌的美学星河，都在证明：当每个教育者都成为点亮心灯的燃灯者，三尺讲台便是星火燎原的原点；当所有学科都化作滋养心灵的清泉，知识图谱便成了价值罗盘的刻度。

让我们继续以“问道”的姿态俯身大地，让教育的麦田永远向着太阳的方向生长。因为每一株挺立的麦穗，都是对“培养什么人、怎样培养人、为谁培养人”这个根本问题，最饱满的回答。

本书编委会

二〇二五年一月

目　录

CONTENTS

一名高中数学教师的思政天地

杨文田

人物扫描

杨文田，济南西城实验中学高中数学教师、班主任。荣获济南市骨干教师、济南市骨干班主任、济南市教学能手、济南市优质课一等奖等荣誉。致力于教育创新和教学改革，为IAP中小学生综合素质能力竞赛优秀指导教师、“希望杯”全国数学邀请赛优秀教练员。

推进课程思政建设，是落实习近平总书记强调的“其他各门课都要守好一段渠、种好责任田，使各类课程与思想政治理论课同向同行，形成协同效应”的重要举措。作为一名从教近30年的高中数学教师，有责任和义务在教育教学实践中对以下问题做出回答：课程思政建设是否只是政治、历史等文科教师的专属？如何把握数学思政的内涵和外延？属于我的数学“责任田”应承担何种思政使命？

答案是显而易见的，任何一名学科教师都不应是课程思政建设的旁观者，都应有属于自己的思政天地。

思考：学科育人的探索路径

古人云：“师者，所以传道受业解惑也。”古往今来，教师不仅应是知识的传授者，还应是学生前行的精神引领人。新中国成立以来，随着党的教育方针的制订与不断完善，立德树人根本任务的确立，教师要将教书与育人紧密结合起来。伴随着国家历次教育教学改革的足迹，我自20世纪90年代以来的从教历程也从侧面折射出这一要求。

（一）“双基达标”阶段

初登讲台时，“双基达标”是老教师对我进行教学指导的高频词，也是评价各类公开课、优质课的关键指标。“双基达标”即落实基础知识和基本能力，体现在数学课上往往是讲解本节课所学的公式，然后指导学生应用此公式做题。学生通过反复的练习，只要能做出相关题目，得出正确答案，即证明已落实基础知识或掌握了基本能力。

在这种教学模式下，我曾培养出无数公式小达人和做题小能手。“双基达标”的确能让我们的学生在掌握基础知识和做题能力上形成碾压之势，但学科教学不应只是老师单方灌输“是什么”的独角戏，还应该是学生独立探究“为什么”的思维场。

“双基达标”只关注知识与能力，学科的育人价值则因为被忽略而明显缺失。

（二）“三维目标”阶段

伴随着21世纪新一轮教学改革，包含“知识与技能，过程与方法，情感、态度与价值观”的“三维目标”登上教学舞台。

“三维目标”继承了“双基达标”对知识与能力的重视，并开启了对过程与方法的探索。老师们的教学设计意识不断增强，不再只立足于“教什么”，而是不断思考该“怎么教”。教材不再被奉为圭臬，而成为教师依据课程标准主旋律带领学生去创造性感知主体知识的乐谱。

更值得肯定的是，“三维目标”纳入情感、态度、价值观的设计思想并与学科课程标准相结合，从某种意义上说，它以更权威的形式明确了学科教学必须与学科育人相结合的要求。

但我们也不无遗憾地发现，此阶段在落实情感、态度、价值观的过程中存在着学科界限模糊、无序综合、生硬联系、“穿靴戴帽”等现象。一时间，历史教师向政治教师求教名词概念，语文教师向美术教师学习艺术作品赏析，理科教师开始关注科学家的传奇故事……不论何种学科的公开课，在总结时都要像主题班会那样进行一下思想升华。最为难的是数学老师，面对每节课教学设计中的“情感、态度、价值观”，除了填上一句“体现了中国古代劳动人民的智慧”，便言尽词穷、束手无策了。

由此可见，情感、态度、价值观如果离开了每个学科独特的育人价值便成为水中月、镜中花，如同忙着去种别人家的地而荒了自己家的田。

（三）“学科核心素养”阶段

2016年《中国学生发展核心素养》发布，提出以培养“全面发展的人”为核心的六大素养。2017年版普通高中各学科课程标准将学科核心素养界定为“学科育人价值的集中体现，是学生通过学科学习而逐步形成的正确价值观念、必备品格和关键能力”。

至此，每门学科都找到了独属自己的学科育人价值。政治教师关注学生的政治认同、理性精神、法治意识和公共参与；语文教师带领学生走进语言建构与运用、思维发展与提升、审美鉴赏与创造、文化传承与理解领域；历史教师更关注时空观念、史料实证、历史解释、唯物史观和家国情怀；生物学科则要围绕生命观念、理性思维、科学探究、社会责任等维度展开教学实践……数学也在学科核心素养中找到了自己育人价值的指针：数学抽象、逻辑推理、数学建模、直观想象、数学运算和数据分析。

学科核心素养的提出，使每个学科都明确了自己要守好的那“一段渠”，划清了学科育人的“责任田”。

（四）“课程思政”阶段

从高度重视思想政治课的关键性作用，到构建充分发挥各学科育人价值的全学科思政课程体系，进而构建思政教育合作共同体、实践共同体、精神共同体，营造无处不在的课程思政大氛围，是落实立德树人根本任务的现实需求和必然走向。

此阶段的学科育人理念坚持以习近平新时代中国特色社会主义思想为指导，对全体学科教师提出了“政治要强、情怀要深、思维要新、视野要广、自律要严、人格要正”的全新要求，融入了“八个相统一”的改革创新方法论，彰显了更加鲜明的时代特色。

学校以党的教育方针和立德树人的根本任务为指南，以思政课改革为切入点，以思政教育的“八个相统一”为原则，依托学科核心素养，挖掘各学科独特的育人价值，形成全学科思政课程，全面推进课程思政基地建设，形成集家、校、社、心、网于一体的全环境立德树人新生态。完善的课程思政体系建设向唤醒学生健全人格的生活自觉、国家情怀与国际视野并存的责任担当、善于解决问题的创新能力等自然、有序地浸润和延伸。

深耕：数学教学与课程思政的有效融合

在教育实践中常常出现或思政理论色彩浓郁，沉溺于思政元素堆砌，或以学科知识体系为中心对课程思政做出“简单建构”的情况，从而导致学科教学与课程思政“两张皮”。为实现学科教学与课程思政的“有效融合”，我进行了以下探索。

（一）提升境界，彰显学科大格局

新生入校第一课，往往是各学科教师的“广告课”，其核心便是介绍本学科的重要地位。在这类课上，数学老师可以说底气最足，类似“学好数理化，走遍天下都不怕”“得数学者得天下”等豪言深入人心。这种现象让我深思：难道我所敬畏的数学仅是一块在高考时分量极重的“敲门砖”吗？

美国应用数学家M·克莱因在他的名著《西方文化中的数学》中指出：“数学是一种精神，一种理性的精神。正是这种精神，激发、促进、鼓舞并驱使人类的思维得以运用到最完善的程度。也正是这种精神，试图决定性地影响人类的物质、道德和社会生活；试图回答人类自身存在提出的问题；努力去理解和控制自然；尽力去探求和确立已经获得知识的最深刻的和最完美的内涵。”这才是我心中真正意义上的数学！

我的开学第一课是带领同学们从欧几里得的《几何原本》走进数学。

理性精神是数学的伴侣。我让同学们先后完成下列任务：回顾“点、线、面”的概念，判断“凡直角都相等”是否正确，“整体大于部分”是否天经地义，证明“如两线相交，则对顶角相等”。同学们面对这些从小学、初中就烂熟于心的数学知识，轻松地完成了任务。我指出，上述任务分别是《几何原本》第一卷中给出的23个定义、5条公设、5条公理和48个命题及证明方法的组成部分。欧几里得的论证方法就是选择少量的原始概念和不需证明的命题作为定义、公设和公理，再用逻辑推理的方式，证明其他命题。数学家和哲学家罗素提到过他学习欧氏几何的经历，他说：“我在11岁的时候，开始学习欧几里得的《几何原本》，这是我一生中的大事，它使我像初恋一样入迷，我当时没有想到世界上还会有这样迷人的东西。”我对同学们说：“《几何原本》是人类不凭直观和经验，运用逻辑证明真理的典范。抽象和逻辑方法的相互结合，为寻求事物背后的本质提供了有力的思想武器。刚才同学们顺利完成任务的过程说明，你们已经初步接触了数学这个有力的思想武器，你是否愿意在以后的高中数学学习中进一步擦亮这个思想武器？”

数学思维是科学思维的基础。牛顿三大运动定律将是高中物理学习的重要内容，正是《几何原本》中阐述的推理方法和数学智慧为牛顿的发现奠定了重要的基础。牛顿认为：“《几何原本》用极少的外来原理，就能够取得那么多的成果，这是极可称颂的。”于是，牛顿用3条公理创立了经典力学。如果说《几何原本》还是纯粹思维的产物，那么牛顿的工作向世人表明，为现实世界建立一套科学论证体系同样是可行的。

数学逻辑可推动社会发展。我们熟知的美国前总统林肯，正是借用《几何原本》中的那句“和同一个量相等的两个量相等”，得出“白人是人，黑人也是人，同是人的白人和黑人相等”的观点，并把人人平等的观点当作解放黑人奴隶的指导思想。

科学精神能引领生命方向。数学精神及其所衍生的科学精神，积极回应人类面临的困难和挑战，不断激发创新与奋斗的力量。在西北工业大学，有一座名为“为国铸剑，隐姓埋名”的雕塑坐落在校园的中心，雕塑的对面是象征中国的“何尊”。这独特的风景静静地诉说着这所学校的辉煌历史和崇高使命，诉说着未来的科学家们以知识的力量应对严酷现实挑战，以无私的家国情怀报效祖国的铮铮誓言。

请将数学放入人生行囊。同学们在以往的学习历程中往往仅感受到数学的繁难和枯燥，甚至产生了“学数学没用”的感叹。日本著名数学教育家米山国藏曾对“数学无用论”做出批驳：“多数学生进入社会后，几乎没有机会应用他们在学校学到的数学知识，因而这种作为知识的数学，通常在学生毕业后不到一两年就忘掉了，然而不管人们从事什么工作，那种铭刻于大脑的数学精神和数学思想方法却长期在他们的生活和工作中发挥着重要作用。”

这节课贯穿着科学家的故事，但故事的用意则是揭示数学“最深刻和最完美的内涵”。希望我的学生能从这节以《几何原本》为线索的数学“广告课”中感受到数学之“大用”。希望我的教学不仅仅是传授给学生数学知识，更能让数学的思维价值、科学价值、应用价值、人文价值伴随学生的终身。

（二）洞察趋势，观测高考风向标

面对所有教学变革，包括数学教学与课程思政的有机融合，我们往往听到这样的质疑：只要高考的指挥棒不变，一切都无从谈起。但我们真的走进新高考改革，真的看到新高考风向标的变化了吗？不妨看一下 2023 年高考数学全国卷的试题解析。

2023 年高考数学全国卷充分发挥基础学科的作用，突出素养和能力考查，甄别思维品质、展现思维过程，给考生搭建了展示的舞台、发挥的空间，致力于服务人才自主培养质量提升和现代化建设人才选拔。

重点考查逻辑推理素养。如新课标 Ⅰ 卷第 7 题以等差数列为材料考查充要条件的推证，要求考生判别充分性和必要性，然后分别进行证明，解决问题的关键是利用等差数列的概念和特点进行推理论证。又如新课标 Ⅱ 卷第 11 题，其本质是根据一元二次方程根的性质判定方程系数之间的关系，题中函数经过求导以后，既有极大值又有极小值的性质，可以转化为一元二次方程有两个正根。

深入考查直观想象素养。如全国甲卷理科第 15 题，要求通过想象与简单计算，确定球面与正方体棱的公共点的个数。全国乙卷理科第 19 题以几何体为依托，考查空间线面关系。

扎实考查数学运算素养。要求考生理解运算对象，掌握运算法则，探究运算思路，求得运算结果。如新课标 Ⅰ 卷第 17 题以正弦定理、同角三角函数基本关系式、解三角形等数学内容为基础，考查数学运算素养。新课标 Ⅱ 卷第 10 题设置了直线与抛物线相交的情境，通过直线方程与抛物线方程的联立考查计算能力。

学校一直致力于新高考改革的研究，在某次研讨会上，出现了这样的话语：

——高考的指挥棒已经挥舞得很直白了，算得上是耳提面命提醒应该怎么改进教学，我们的数学教学随着高考指挥棒发生变化了吗？

——这是我梳理的从20世纪80年代到今年的数学高考题，不比不知道，一比就明了。老师们，还要让我们的学生停留在原有的水平吗？还应该让我们的数学教学停留在原有的水平吗？

——高考早已发生了悄然而深刻的变化，正在变为素质教育的试金石，新课程理念的演练场，引领师生体会学科价值、提升学科素养的指挥棒。

——送大家两首歌吧，新高考《你看你看月亮的脸》，我们的数学教学可要《月亮走，我也走》啊！

（三）专项推进，深化课堂变革

开展“以问题为导向，以课题为引领，以专项推进为抓手”的教学研究，一切教学改革的探索都基于理解，所有课程类型的设计都是为了学生。

基础型课堂，营造生命化课堂文化。创设现实生活情境，冬奥志愿者的分配充满时代气息；创设科学研究情境，臭氧实验让学生看到了做题与生态保护间的关联；创设劳动生产情境，不同工艺对橡胶产品伸缩率的处理效应引导学生用知识去破解国家工业化进程中的问题。在生命化的课堂上，学生成为充满兴趣的学习者，富有自信的研究者，敢于质疑的思想者，勇于实践的发现者。

习题点评型课堂，洞察习题背后的秘密。通过“作业改革”专项推进，倡导做有思考痕迹的作业，让作业真正成为学的延伸、学的应用、考的前沿。我所倡导的每日作业赋分制让“有效作业”“高效作业”成为作业减负的有力支撑。通过“命题改革”专项推进，敏锐捕捉高考改革的趋势，洞察学科思政在高考命题中的体现，提高自主命题质量，让好试题发挥对教学的正确指引作用。

评价促进型课堂，知我身居第几层。开展以评价促学习的教学研究。准确把握课程标准，为学生设计看得懂、可操作的评价标准；关注学生学习过程，促进学生自主、合作、探究学习；注重对学生学习过程的评价，使学生在学习过程中能感知自己的能力层级和提升的方向。其中，学科德育渗透是必不可少的评价内容。

基于核心大概念的课堂，开展大单元教学。美国学者格兰特·威金斯、杰伊·麦克泰格所著的《追求理解的教学设计》提供了一种全新的思路，即聚焦核心大概念，以终为始，逆向设计，从学生要达到的学习结果逆向考虑教学设计，融合教材与资源，开展大单元教学。

示范：党员教师思政责任的现实担当

教师也应有属于自己的课程思政，才能如《周礼》中所说“教职，以安邦国，以宁万民，以怀宾客”，才能顺应新时代教师队伍建设的要求。济南西城实验中学“先锋在线，担当有我”党建品牌从某种意义上提供了属于党员教师的思政课堂，我作为党员教师置身其中，更加锚定了“学高为师，身正为范”的职业角色定位。

先锋论坛我主讲。学校开展“党的故事我来讲”活动，其中有书记校长齐上阵主讲“坚定‘四个自信’，喜迎建党百年”为题的开学第一课，有赵燕进老师的奶奶十几年养育革命后代的鱼水之情，有王卫老师的外公承担开国大典礼炮手的传奇，还有郭伟伟老师的爷爷投身三大改造、从衣食无着的小铁匠成长为山东省劳动模范的事迹。上述素材都成为我进行思政教育的宝贵资源。

干事创业我争先。我只是一名从教多年的党员教师，谈不上荣誉等身，也没有一官半职，但党员教师的身份一直是激励我前行的力量。医学中心校区初建，我以“哪里需要哪里去，打起背包就出发”的姿态转战新校区。面临重重困难，我向学校提出建议：我们把党徽戴起来，让同学和老师们遇到困难时找党员！面对青年教师占比大的困难，我激励大家说：“困难中要找到方向，我们党员教师同样占比大，老教师中有党员，新入职的青年教师也有很多人是党员。只要发挥党员的战斗堡垒作用，就没有守不住的阵地，没有攻不下的山头！”我们全体党员教师像一粒粒蓬勃向上的种子，在医学中心校区这方新开拓的土壤中生根发芽。医学中心校区党支部被中共济南市教育工委评为“五星级党支部”。

思政教育我示范。本文《一名高中数学教师的思政天地》正是我在“先锋在线，担当有我”党建品牌建设中认领的改革项目。它促使我突破学科的单一视域，站在“为党育人，为国育才”的高度重新审视教学，规划课程，追随教育改革方向，彰显学科育人价值。

学生成长我关注。思政共同体最重要的是形成教育价值观的认同。我以“基于学生发展”为一切工作的出发点，对全体学生抱有“长善救失”的责任心和使命感，面对教育教学中的各类挑战以“守正出奇”的自信心态和有效方式予以化解。“人人关注学生，关注每个学生，倾尽教育智慧，成就每个学生”的德育文化已融入我的血液，我一直以“陪伴花开”的心态，以极大的耐心和热情期待生命的拔节和成长。

志愿服务我奉献。我连续三个学期担任志愿者，这期间我是无怨无悔的行李搬运工，是技术熟练的“三蹦子”驾驶员，我身穿“蓝马甲”“红马甲”志愿服务的背影成为学生和家长们心中最温暖的画面。同事将一张我奔波于志愿服务的照片命名为《党旗下的杨老师》。我非常珍惜的一项荣誉就是“先锋在线，担当有我”党员标兵。

用学生的一张贺卡作为这篇文章的结束吧：

帅气的杨老师，您在阳光下孕育着祖国的未来，您在风雨中呵护着学生的心灵，您在岁月里坚守着自己的承诺。课堂上您是睿智风趣的师者，课堂外您是关心同学的长者。数十年如一日，您用自己的行动在教育这片沃土上书写了一部奉献的篇章。

学生懂我，他读懂了我作为师者的初心，他看到了我作为一名数学教师营造的那方思政天地。

“五做三有”班级文化理念推动课程思政落地

李 昱

人物扫描

李昱，济南名师、济南市教学能手、济南市优秀教师、济南市优秀班主任、济南市高中教学工作中心组成员、山东省“互联网＋教师专业发展”工程市级专家、济南市教师“面对面”培训专家团队成员。荣获三等功、首届济南市“身边的好老师”提名奖、济南市巾帼建功标兵、民进山东省委会2023年度优秀教师等荣誉。所带班级两次获得“济南市先进班集体”。

立德树人是新时代教育的根本任务，班级就是实现这一目标的主阵地和最前沿。良好的班级文化建设能引导学生扣好人生的第一粒扣子。担任班主任工作十年，我梳理思路、总结经验，以“做人、做事、做学问”为核心，不断充实调整，最终提炼总结为“五做三有”班级文化理念。

课程思政细微见著

高一班级的新生们入校不久参加了合唱比赛，顺利完成表演后，很多同学把贴在胸前的红色国旗粘贴撕了下来，有的随手粘在了桌洞里，有的搓成了小条，甚至随意丢在了墙角。看到这一幕，我震惊了，霎时提高了音量。很多孩子低着头不说话，但有几个孩子抬着头，眼神里明显有种不服气，好像在说：“不就是一个小粘贴吗，有什么了不起的？至于发火吗？”看着那略带挑衅的眼神，我真的有些生气了，好在此时下课铃响了，铃声打断了我的批评，但我看出了他们的不服气。

回到办公室，我一边生着闷气，一边在琢磨刚才的事情，心想：国旗不能随便丢，难道他们不知道吗？国旗这么重要，学生们却没有这个概念。到底该怎么引导呢？

第二天备课时，看到《赤壁赋》里的“旌旗蔽空”的诗句，我突然意识到这应该是解决问题的突破口！

第二周的班会时间到了，我对学生们说：“今天咱们聊一聊关于‘旌旗’的话题，讨论一下‘旌旗’代表什么。”学生们议论纷纷，有点摸不着头脑，有个反应快的男生大声说：“旌旗代表军队，用于指引方向，鼓舞士气。”我含笑点头，表示赞同。

接着我向同学们推送了一篇课文《别了，“不列颠尼亚”》，让他们阅读后思考：“这篇文章是以哪个小事物为线索，来记录香港回归这个大事件的呢？”文章不长，学生们很快找到了答案：“是旗帜吧？！”有的学生找到了降下港督旗帜这个细节，有的学生找到了降下米字旗这个细节，还有的学生则注意到了1997年6月30日的最后一分钟，米字旗在香港最后一次降下，而新的一天的第一分钟，五星红旗冉冉升起的易帜场面。

我肯定了大家的发言，同时抛出问题：“那么国旗代表什么呢？”学生纷纷说：“代表国家。”

接下来是第三个问题：“生活中，大家经常在哪些场合看到国旗？”这下学生们积极地喊了起来，有人说升旗仪式上，在校园里见过飘扬的国旗；有人说国庆节的时候，大街小巷都能看到鲜艳的国旗；还有人说奥运会上，当中国运动员获得奖牌时，会升国旗、唱国歌……

在同学们充分发言之后，我在《红旗颂》的音乐伴奏下深情讲述了下面的故事：

1949年的10月，新中国成立的消息传到渣滓洞集中营，监狱里的党员们绣出了自己心中的“五星红旗”——一颗大星居于旗帜的中央，四颗小星环绕在大星的周围，他们就是心里想着这样一幅不准确的五星红旗的图案走上了刑场，走向了生命的尽头。

与这些波澜壮阔的历史画卷相比，一些普通人对国旗、国歌的情感更让我们感动。为了满足一位身患脑瘤已双目失明的小姑娘到天安门参加升旗仪式的心愿，2000多人不约而同地来到一个学校的广场，在那个用善意的谎言编织起的升旗仪式上，小姑娘向国旗举起了自己的右手，和大家一起唱起了国歌。虽然她的动作已经不再规范，她的声音已经非常微小，但她拼尽的是生命最后的力量。

在一年中，我们要有几十个早晨站在这面庄严的国旗下，举行一周一次的升旗仪式，在三年的高中生活中我们会经历一百多个这样的早晨，用升国旗、唱国歌和演讲来表达我们对国家、对民族、对学校、对自己的情感和责任。我们还需要明了的是：在每个星期一的清晨，我们应该以怎样的态度站在这面国旗下？我们应该以什么样的情感来唱响我们的国歌？

国旗不应只是到了民族最危险的时刻冲向敌人阵营的旗帜，而更应该成为我们每个人心中最庄严、最温暖的记忆。

班会最后，全班同学向全校发起倡议：庄严面对国旗，高声唱响国歌。后来，我曾让班里最调皮的一名学生担任升旗手，升旗的时候我淡忘了他所有的缺点，淡忘了他给班级带来的所有麻烦，看到的只有他在国旗下那个表情神圣的瞬间。还曾经有数不清的同学会在下雨天主动降下国旗洗干净，叠整齐送到政教处。同学们对国旗的尊重已成为融入血液的青春印记。

加强对学生的教育引导，我们需要抓住契机，处理好小事件，努力在他们心中播撒“红色种子”，让它落地生根，茁壮成长，最终结出丰硕果实。我们要加强对红色基因的传承，坚定学生的信仰、信念、信心，才能以此弘扬思政能量，引领他们成长为能客观看待外部世界、认识当代中国，正确认识时代责任和历史使命的一代青年。

课程思政弘德于爱

作为一名语文教师，我一直借助学科优势对学生进行课程思政教育。例如学习《红烛》《沁园春·长沙》等课文时，我对学生开展“不问耕耘，只问收获”的奉献教育和“敢为天下先”的理想教育；在学习《百合花》时，我带领学生感受战争年代无名英雄美好淳朴的人性与无私无畏的精神；在学习《与妻书》时，我让学生感受革命先辈舍小家、为大家的牺牲精神；在学习袁隆平、屠呦呦、钟扬等科学家的事迹时，我引导学生树立正确的理想信念，不断鼓励他们成为有信仰、有担当的人，将来也要勇做走在时代前列的奋斗者、开拓者。

这个教学过程让我重温了一代代革命先辈的大无畏精神，在今昔对比中感受到革命志士对祖国深沉炽热的爱。但学生们却完全不是这个状态，他们不能理解我的感动流泪，更不能设身处地地理解先辈们的付出和伟大。

年轻一代未曾经历战火纷飞的年代，在多元社会价值观引领下，对历史产生了疏离感，当初“抛头颅，洒热血”的英雄如今只是存留在文字和图片中的陌生形象，故事被历史尘封，孩子们触摸不到峥嵘岁月里的真实生命，文字也显得无力。

最典型的一个例子就是部编版教材里的“中国革命传统作品研习”单元，课标要求学生阅读和研讨时代精神突出的革命传统作品，深入体会革命志士的革命精神和伟大人格，陶冶性情，坚定志向，形成正确的世界观、人生观、价值观。但是学生对《中国人民站起来了》《长征胜利万岁》《大战中的插曲》《县委书记的榜样——焦裕禄》等难以形成深刻的情感共鸣。

怎么办？教师的重要性便凸显出来，习近平总书记强调：“教师不能只做传授书本知识的教书匠，而要成为塑造学生品格、品行、品味的‘大先生’。”教师要把知识教育同价值观教育、能力教育结合起来，把思想引导和价值观塑造融入每一门课的教学之中。此时，我感受到一种沉甸甸的责任。

既然学生对文字材料不容易感兴趣，那我就开始搜集视频资料，我截取了热播电视剧《觉醒年代》的很多片段，有的呈现旧中国的愚昧落后，有的呈现百姓生活的水深火热，有的展现“五四”青年的如火热情，有的展现那段激情燃烧的岁月，这些片段让学生们对旧中国的历史环境有了更为深切的感受；为了让学生更直观地了解长征，我找到了包括八集历史纪录片《长征》在内的各种视频，通过视频引领学生重走长征路，让他们真切体验革命先辈艰苦卓绝的斗争，以及感受长征对我们幸福生活的深远意义。开始时学生们看得很敷衍，慢慢地变得认真起来，有的女生开始悄悄抹眼泪。我既感动于他们的感动，也欣慰于他们的转变。只要我们用心用情耐心引导，孩子们一定会血脉觉醒，为自己民族的英雄们喝彩、点赞。有了这样的榜样，未来成长的路上他们就有了灯塔。先辈们用热血和生命铸就的红色基因，得以代代相传，这些宝贵的精神财富也能跨越时空，历久弥新。

红色基因的传承不是一蹴而就的，需要教师持之以恒的引领。我在班级内墙开辟了文化墙、光荣榜、目标栏、黑板报，这里除了展示学生们的各类作品，还会推荐《人民日报》和“学习强国”学习平台的金句、文章，以及传统文化和红色文化的佳作，将奋斗意识、责任意识、家国一体的意识深深根植于年轻的生命之中。我向学生推送和分享大量引领思想、鼓励上进、熔铸精神的电子资源，培养他们的爱国情怀、社会责任感，为他们更好地成长成才提供精神滋养。学生通过观看从老一辈的孔繁森、樊锦诗、南仁东等人，到今天的徐枫灿、桂海潮、马龙等人的纪录片，借助“互联网＋红色资源”，了解、关注时代发展，理解生逢盛世的青年一代为何要步履不停。

课程思政崇德于行

教育想要取得成效，绝非一朝一夕之功，也绝不是只在几个时间节点或矛盾冲突点上发力就能实现的。孩子们的思想觉悟参差不齐，需要有人引导。作为班级的精神引领者，为了实现教育常态化、长效化，我要带领学生树立起积极向上的班风，沉淀提炼出健康进取的班级文化，以思想引领行动，让良好的班级文化引导学生扣好人生的第一粒扣子，旗帜鲜明地加强社会主义核心价值观教育。

担任班主任工作十年之际，我提出“五做”班级文化理念。所谓“五做”，是指“做人、做事、做学问、做自己、做更好的自己”这一逐渐递升的阶梯式育人架构。围绕着“培养什么人、怎样培养人、为谁培养人”的根本问题，引导学生成为自己，“让花成为花，让树成为树”，让每个人成长为具有独特性格、高尚灵魂的个体。教育者不断指引学生向上、向善、向阳而生，让学生成长为“更好的自己”。

在我看来，教育的第一要务就是教学生做人。“做人”既注重品格教育，又指向理想信念教育，即学生不仅要具备传统美德，更要在心中树立社会主义核心价值观，与国家民族同呼吸、共命运，锤炼坚定的政治信念，从而“坚定前进信心，立大志、明大德、成大才、担大任”。我提出做人有两个原则：向上要“有方向”，向下要“有底线”。一方面，“有方向”要求学生要始终向上、向善、向美，作为富有朝气、富有梦想的一代新人，要敢于展望未来，在时代需要的时候，敢于挑起重任，心怀家国，以青春之我，创建青春之国家。另一方面，我还特别强调“底线教育”，包括两个切入点：对外，要遵纪守法；

对内，要珍爱生命。小要求寓有大含义，不断提醒终能指引正途。

会“做事”是每个人立身于社会的基本能力，因此，我强调学生的习惯养成。我提出了两个具体要求：做事有规划，做事有章法。遵循启智润心的原则，我尝试着寻找开启积极进取的心理开关，引导他们找到人生的正确路径。因此，小到怎么面对老师的批评、一节自习如何安排、舍友间的矛盾如何处理，大到高考的目标学校和专业、未来的职业规划，都成为我与学生们沟通的内容。我带领学生分析现状，从制订小计划开始，逐渐养成习惯，由小到大，由近及远，帮助他们寻找可行的路径，实现自我成长。我常常鼓励他们既要大胆追梦，也要努力圆梦，不要只着眼自己的未来、树立个人的奋斗目标，更要放眼国家与民族，自觉将自身的发展与国家民族的进步紧密联系在一起。以家国情怀作为奋斗的动力，人生才具有更大的价值和意义，梦想才得以升华。

“做学问”是每个高中生的基本任务和职责。学生来到高中，都有一个大学梦，不管他们能否实现梦想，我都借助学习过程培养其意志品质，并以身作则，激发、影响、感染学生，从而实现“教学相长”。学习要有目标，所学方有趣味。“知止而后有定”，让每个学生在不同阶段制定自己的目标，凭借坚定的意志，勤勉向前，矢志不渝。我反复强调做学问必须找到“聚焦点”——从发散状态过渡到凝聚状态，然后咬住不放、执着向前，最终实现大的突破。学生们在做学问的过程中，也不断总结经验，以方向、目标为指引，日积月累，不断突破自我，学有所获。

以“做人”“做事”“做学问”为基础，我进而提出“做自己”“做更好的自己”。

我所强调的“做自己”，既包括尊重学生的个性和独特性，也包括引导他们学会融入集体，成为一个能包容、有弹性的人，即既要“有个性”，又要“有弹性”。人生是一场奇妙的旅程，每个人都可以走向一片旷野，可很多人却走成了“单行道”。我教育学生：我们不说“做最好的自己”，因为我们不给人生设上限，我所期待他们“做更好的自己”。

在教育过程中，我勇于相信、大胆肯定、积极鼓励，告诉学生“每个人都能行”，学生获得了尊重，就会战胜怯懦，点滴进步都能使他们获得成就感。而自信可以复制，形成良性循环之后，他们产生了实现更大自我价值、突破自我的需求，这鼓舞着他们在学习乃至更多领域中取得成绩，对未来和梦想产生了无限期待，期待自己未来也能创造奇迹。我不断提醒督促学生，从精神上支持、帮助学生；对学生进行个性化指导，细化目标，分段完成，减少无谓内耗；引导学生进行自我教育、反思复盘，让他们以终为始，从内心乐于接受建议和教育。

“五做”强调学生成长的过程，即要求他们学会“做人、做事、做学问”，进而“做自己、做更好的自己”，这是高中生精神成长的必由之路，同时也指向培养“担当民族复兴重任的时代新人”的育人目标。

课程思政尚德迁善

教育的目的是培养学生成人，培养其成长为时代新人。“立德树人”是教育的根本任务，着眼未来、立意高远。在课程思政的指引下，我找到了全方位育人的新思路：教师要拓宽视野，打开格局，完成“塑造灵魂、塑造生命、塑造新人”的重任。于是继“五做”班级文化理念之后，我补充了“三有”班级文化的内容：“有德”“有品”“有为”三位一体的育人目标。

“三有”强调学生成长的结果：“有德”即要拥有中华优秀传统美德、正确的社会主义核心价值观和远大的理想信念；“有品”由近及远，指向人生，旨在培养学生开阔视野，成长为一个有品位、有品格的人，未来不仅要实现个体生命的价值，更愿意为国家和民族的复兴贡献热情和力量，有大品位、大格局；“有为”不仅指当下学有所得、学有所获，还要立志在新时代勇于、乐于、善于担当作为、奉献社会。

“有德”，指具备品德、人品和人格，能在法律法规和规章制度的范围内，在不断纠偏的过程中逐渐形成良好的人格和品质。这是做人的基本要求，也是自我发展的首要目标。能分清善恶美丑、明辨是非，能向上、向善、向美而行，是当今青少年成长过程中需树立的基本目标。作为祖国的未来、民族的希望，每个学生更要树立社会主义核心价值观，脚踏实地、仰望星空，去追逐青春理想，为实现民族复兴添砖加瓦。

“有品”，一方面，指今天学生们因努力而充实快乐，因奋进而激情四射，这样的生活紧张而有挑战，在多次试错中获取经验，他们的生活有品质；另一方面，“有品”的生活也着眼未来，要求学生不仅有高尚的品格，而且能胸怀高远的目标和高雅的品位，在与祖国的共同进步中养成更大的格局，志存高远，做时代的弄潮儿，将来能到更广阔的天地实现人生价值。

“有为”是一种全方位的评价，不仅包括知识的增加、能力的培养、学业成绩的提高，还包括性格不断成熟稳定，思考问题更加缜密严谨，处理事情更加沉着，为人处世更加包容。我期待学生今天“有为”，更期待未来他们大有作为。“中国梦是历史的、现实的，也是未来的；是我们这一代的，更是青年一代的。”面对党和国家擘画的雄伟蓝图，真正的有为在于明天，以及为明天实现有为而打好基础的今天。只有把个人的奋斗融入祖国繁荣发展的滚滚大潮中，才能称得上真正的扬帆起航、奋楫中流。

《大学·礼记》中提到“明明德”，孩子从小都有赤子之心，但在成长的过程中也许会被环境影响，被欲望蒙蔽，被人性牵引，而使“明德”不再闪亮。教师要适时提醒，及时纠偏，为他们拂去蒙尘，使美好的品德彰显出来，使“明德”延续下去。

今天的年轻人对理想信念、价值立场、家国情怀等拥有属于他们的时代表达，但无论是何种形式，都应该有坚定的信仰、优秀的政治品格、积极进取的风貌。

借助“五做三有”班级文化理念的建设和实施，班级管理实现了“人治—法治—自治—自觉”的进阶，学生从茫然、懈怠的孩子成长为有正气、有干劲、有理想、愿担当的时代青年。在这个过程中，我以课程思政为助推器，加速学生的精神觉醒，多管齐下，将思政教育化整为零，引导他们避虚就实，最终形成有机的教育闭环。

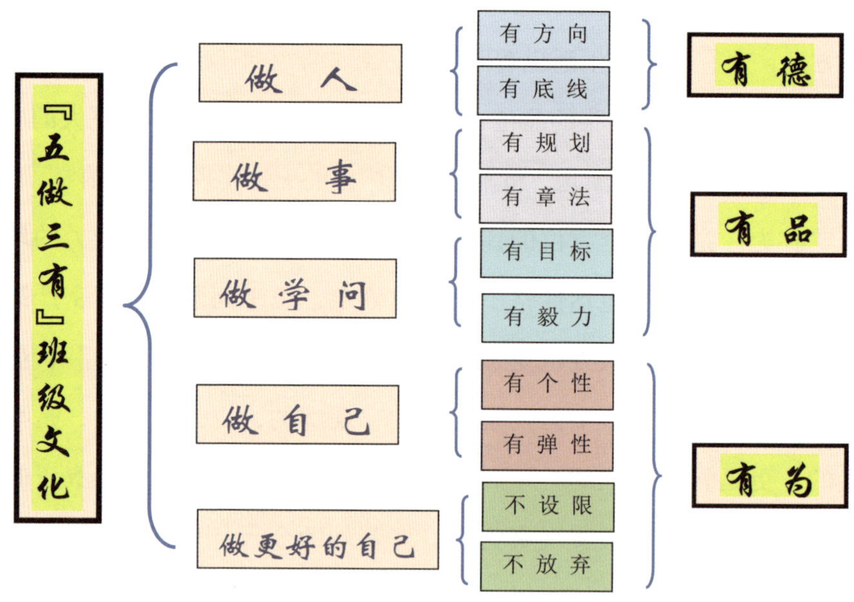

天地南北　万物于理

孙　松

人物扫描

孙松，山东省济南回民中学地理教师、班主任。“十四五”规划“三名工程”省级课题组成员、“齐鲁名班主任”专项课题组成员。荣获“第十六届全国中学生水科技发明比赛”优秀指导教师、“全国优秀地理教研成果评比”二等奖、济南市“一师一优课、一课一名师”活动二等奖、济南市“中小学教育教学信息化评选”课件制作一等奖、2023年度济南市优秀教育案例一等奖等荣誉。

在教育的广阔天地中，高中地理课堂不仅是传授知识的舞台，更是培养学生全面发展，特别是实现全环境立德树人目标的重要阵地。全环境立德树人理念，为地理学科的教学提供了新的视角和方法，这要求教师在教学中充分挖掘地理学科的育人功能，将“大思政”教育理念渗透到知识探究的各个环节，从而培养出既有全球视野又有家国情怀，兼备生态文明意识和公民责任感的现代公民。

谈“地”明“理”——地理课堂中的育人使命

全环境立德树人理念，是新时代教育理念的升华，它将立德树人的目标融入整个教育环境中，强调教育不仅是知识的传输，更是对学生价值观的塑造和人格的培养。这一理念源于对人与自然、人与社会、人与自我关系的深入理解，它认为教育应当是全面的、系统的，涵盖对学生的智力发展、情感价值、道德教育以及社会责任感的培养。

地理课堂不仅教授知识，更深层次的是引导学生理解人与环境的互动关系，强调人地协调观和可持续发展观，引导学生树立生态文明观。通过区域地理特征和发展现状，引导学生关注家乡和国家的发展，培养家国情怀。塑造他们对地球家园的责任感，以及对全球问题的洞察力和解决能力。这与“大思政”理念所倡导的“将思政教育融入课程教学”的主旨不谋而合，强调了课程思政在地理学科教育中的重要地位。

在地理课堂上，我常以地理学特有的视角，深入挖掘隐藏在地理现象背后的道德、伦理与社会责任问题。地理学科包含了丰富的自然、社会、经济、文化等元素，这为我在课堂上开展全环境立德树人教育提供了天然土壤。学生在学习探究地理知识时，不仅能增长科学知识，还能在理解问题的过程中形成正确的世界观和价值观。

作为地理教师，我不仅仅是知识的传授者，更是培养学生良好品德与社会责任感的引导者和合作者。我通过设计富有启发性的教学活动，让学生在探究中思索，通过案例分析让学生在理解中感悟，通过实地考察让学生在实践中体验，从而引导学生将所学知识内化为自身素质的一部分，外化为关注环境、关心国家、关爱社会的实际行动。

晓“知”践“行”——绿水青山中的道德品行教育

地理学是一门综合学科，通过地理教学，学生可以系统地理解自然要素之间的发展规律，认识到人类活动对环境的影响。

在学习“人类面临的环境问题与可持续发展”这一章节内容时，其中有一个课题“环境保护与‘我’”，借此课题我决定开展一次“行走的地理课”，带领学生进行实地考察。我选择大峰山自然保护区作为目的地，并精心策划考察方案，旨在通过亲身体验，让学生们在观察和理解自然环境的同时，感受生态环境保护的重要性，培养他们的道德责任感。

清晨，同学们怀着兴奋和期待，带着准备好的笔记本、测量工具和环保垃圾袋，踏上了这次特别的课堂研学之旅。我在车上向同学们讲解了这次考察的目标和注意事项，告诉学生保护环境不仅需要掌握科学知识，更应内化为道德自觉，每一个细微的行为都可能影响到环境的未来。

到达目的地后，我组织学生们分成小组，每组负责一个小区域的观察和记录。他们观察着山间植物的种类，记录着土壤的质地，测量着溪水的流量。与此同时，我引导学生们思考每一个观察结果背后可能存在的环境影响因素。通过亲自动手，学生们对地理课本上的环境保护概念有了更直观的理解，他们开始意识到自然环境的脆弱性和人类活动对其产生的影响。

午餐时间，学生们按照我的指导，取出自带的环保餐具，避免使用一次性塑料制品，并将产生的垃圾悉数收集起来，带回学校进行分类处理。这个小小的举动让学生们体验到，环保并不遥远，它就在日常生活的点滴之中。

下午的活动是清理路边的垃圾。学生们在老师的带领下，沿着道路捡拾塑料瓶、食品包装等废弃物。他们不仅参与了环保行动，还不时讨论这些垃圾对生态系统可能造成的破坏。在劳动过程中，学生们流露出的关爱和责任感让我感到欣慰，他们对于环保的认识已经超越了知识的层面，上升到了情感的共鸣。

回到学校，我让每个小组分享他们对这次“行走的地理课”的感悟。有的同学谈到了绿色发展理念，谈到了人类与自然的和谐共生关系；有的同学则表达了对可持续发展的思考，认为不能只停留在观念层面，应落实到具体行动中；还有同学表示，可持续发展的目标不是靠某个人或者某些人就能实现的，要靠每一个人的共同努力，他们将把这次经历告诉家人和朋友，一起为保护环境做出努力。这次实地考察，已经超越了地理知识的传授，成为一次深入人心的道德品行教育。

通过一节“行走的地理课”，我成功地将立德树人理念融入地理教学中，让知识与道德相结合，让学习变得既有趣又有意义。这不仅仅是一次地理课教学，更是一次生动的思政课实践，它让每个学生都成为地球家园的守护者，体验到为保护环境而付出的小小努力所带来的深远影响。

绿水青山中的思政教育，是地理课堂上全环境立德树人理念的一个生动缩影。我们以实践为载体，将理论知识与思政教育紧密结合，通过亲身体验让学生们在行动中感悟，在感悟中成长，真正实现了全环境立德树人的教育目标。

辩“策”思“略”——城区布局中的社会责任感教育

从“大思政”理念的角度看，全环境立德树人理念强调课程思政的内涵与外延，这要求教师在教学过程中，不仅要传递地理知识，还要挖掘隐藏在地理现象背后的道德和伦理问题，将道德教育与地理知识融为一体，引导学生在知识学习中形成正确的世界观、人生观和价值观。

在《不同地区城镇化的过程和特点》课堂上，我组织学生进行了一场关于城市化进程规划的探究活动。这节课，我不是简单地讲解城市化扩张的数据和图表，而是通过讨论“随着经济发展和工业化进程的推进，济南市迅速发展崛起”这一实际案例，让学生们体会城市化背后的社会责任。

我首先向同学们展示了一组济南市高新区过去与现在的对比照片，一座座高楼拔地而起，原本的农田和自然景观被“混凝土丛林”所替代。我引导学生思考：这样的变化带来了哪些利弊？对于当地居民的生活质量、社会问题、生态环境以及未来的可持续发展又意味着什么？

学生们就问题展开了激烈的讨论。有些同学提出，城市化创造了更多就业机会，促进了基础设施的改善，提升了人们的生活水平，也促进了社会和科技的进步，有助于提高工业化的效率。然而，也有同学担忧，城市化大量消耗土地资源，增加了大气、水、噪声和固体废弃物污染，导致了生物多样性的减少，也造成了城区内部交通拥挤、住房紧张等问题。我鼓励他们继续思考，如果他们将来成为城市规划师，将如何平衡经济增长与环境保护的关系。

接着，我分发了一份关于济南市城市规划的草案，草案中提出了若干不同方案，包括扩大工业区来促进就业，修建更多的公园以改善居民生活质量，以及限制新建住宅的密度以保护绿地。我让同学们分组，从社会、经济、环境三个方面探讨这些方案的利弊。

在讨论过程中，学生们开始意识到城市化的进程和规划是一个复杂而微妙的过程，它涉及许多利益的权衡和道德的考量，不仅要考虑眼前的经济利益，还要考虑到长远的环境影响，以及对社会公正的维护。这次讨论让同学们意识到，每一个决策都将影响到城市、社区，甚至是个人的生活，他们对未来城市发展的责任感油然而生。

讨论进入高潮阶段时，学生们被邀请为济南市设计一个理想的未来城市规划方案。在《国家新型城镇化规划》引导下，要做到产城互动、生态宜居、和谐发展，同学们运用所学的地理知识，结合道德和环保理念，绘制了各自的蓝图。有的小组主张发展绿色交通，减少空气污染；有的小组提议设立生态保护区，保护城市周边的自然环境；还有的小组强调公平分配公共空间，确保所有居民都能享受城市发展的成果。

这次讨论和设计活动，让学生们亲身体验了在城市化进程中，对城区进行内部规划的重要性，提升了他们的区域认知素养和综合思维能力，让他们在解决实际问题中锻炼了批判性思维和决策能力，同时也使他们深刻理解了城市化背后的社会责任。作为未来的决策者，需要以大格局和长远视角来规划城市，并通过实际行动树立起人地协调观。

通过一节普通的地理课，我成功地将理论知识与现实生活相结合，引导学生思考城市化进程对环境的影响，将道德教育与地理知识融为一体，使地理课堂成为开展道德教育和培养公民责任感的重要阵地。我用城市化进程的规划这个鲜活的实例，让学生们意识到，地理不仅仅是关于地球的知识，更是关于人类如何与地球和谐共处的探索。这样的教学，无疑为学生们提供了全环境立德树人的丰富土壤，让他们在学习中成长，成为有责任感的公民。

破“界”拓“视”——全球视野下的公民意识培养

地理学研究的是人地关系，这使得地理教学成为道德教育和价值观塑造的自然载体。例如，气候变化、资源枯竭、环境污染等全球性问题，是地理教学中重要的思政教育内容，它们促使学生思考个人行为、社会政策与环境健康之间的关系，加强他们对公平、公正、共享等价值观的理解。

在一次地理课上，我决定打破传统的课本教学模式，引入全球视角，开展一场关于全球环境问题的讨论课。我深信，地理教学不仅要教授地球的自然规律，还应当培养学生的全球公民意识，让学生理解并关心地球村中每一个角落的生态和社会议题。这个特别的课堂，以“地球的挑战：气候变化与国际合作”为主题，旨在引导学生跳出熟悉的地域，用全球公民的视角看世界。

我组织了一场联合国气候变化模拟大会，让同学们扮演来自不同国家的代表，就如何共同应对气候变化进行协商。他们需要考虑到各自的经济发展阶段、资源情况、科技水平和国际责任等多个因素，制定出既公平又可行的减排策略。

讨论过后，我邀请了几名同学分享他们的感受。一位扮演发展中国家代表的学生说：“我意识到，虽然我们的国家在经济上还需发展，但我们也不能忽视对环境的保护。我们需要找到一种平衡，既要保障人民的生活质量，又要为地球的未来发展负责。”另一位扮演发达国家代表的学生则表示：“我们国家在发展过程中排放了大量的温室气体，现在有责任帮助其他国家共同应对气候变化，同时也需要率先进行绿色转型。”

通过这次特殊的地理课，学生们不仅增长了关于气候变化的科学知识，更强化了全球公民意识。他们开始理解，地理问题不仅仅是地理学家或政府官员的责任，而是全球每个国家、每位地球公民的责任。他们体验到了在解决全球问题时需要的国际合作精神，也认识到了作为全球公民，对地球的关心和参与应超越国界。

于是，我又引导同学们关注中国在应对气候变化上的行动，如“碳中和”目标的提出，以及“一带一路”倡议中绿色发展的倡导。我鼓励学生们，作为中国公民，更应关心国家在全球环境议题中的角色，并以此为榜样，为家乡和全球的环境改善做出贡献。

这次全球视野下的地理课，不仅是一次理论知识的传授，更是一次生动的公民教育。学生们在讨论中深化了对全球问题的理解，培养了关心全球、参与全球的意识。我以地理学科为载体，成功地将全环境立德树人的理念与实际问题结合，使课堂成为塑造全球公民的平台，体现了“大思政”理念在地理教学中的深入应用。

角色反思——做全环境育人的引导者与合作者

在全环境立德树人的地理教学实践中，教师的角色发生了深刻的变化。教师不再仅仅是知识的传递者，更是学生道德素养和人格培养的引导者与合作者。教师需要以开放的心态和灵活的策略，创新教学方法，将思政教育融入日常教学，让全环境立德树人的理念在课堂上自然地流淌。

作为引导者，教师需要以地理学科为依托，深入挖掘地理现象背后的道德和伦理问题，引导学生思考人与自然、社会的互动关系。教师要善于运用案例分析、实地考察、课题研究、项目探究等教学方法，将抽象的理论知识转化为生动的实践经验，让学生在问题解决过程中感悟道德价值。同时，教师还是学生的合作者。教师需要鼓励学生参与到教学过程中，通过小组合作、角色扮演等互动方式，让学生在实践中发挥主动性和创新性。教师在合作中要善于倾听，尊重学生的观点，激发他们的思考。教师要创建一个开放、包容的学习环境，让学生敢于表达、勇于质疑，这有助于培养他们的批判性思维和团队协作能力。例如，在实地考察中，教师可以引导学生发现自然环境中的问题，鼓励他们提出解决方案，通过实践体验来提高他们的环境保护意识。

教师的引导与合作，需要建立在深厚的专业素养基础上。教师需要不断更新知识，提高自身对全环境立德树人理念的理解，以便在教学中充分挖掘地理学科的育人价值。同时，教师还要具备敏锐的观察力和洞察力，能够捕捉到学生在学习过程中的道德成长，并给予及时的引导和反馈。

地理教师在全环境立德树人的教学中，既是知识的导航者，也是学生的伙伴，通过引导学生深入探索地理问题，激发学生的社会责任感和全球公民意识，助力他们成为有道德、有视野、有责任感的现代公民。在这个过程中，教师的教育理念和教学策略的转变，是实现全环境立德树人目标的关键。

地理课堂不应局限于讲解地理知识，更应成为塑造学生价值观、培养学生社会责任感的育人场域。全环境立德树人的理念，如同经纬线，贯穿于地理教学的每一个环节，引导学生在探索自然奥秘的同时，树立起对环境的敬畏之心，对社会的关怀之情。这样的教学，既提升了学生的学科素养，又有助于实现立德树人的根本任务，充分体现了地理教学的全环境育人价值。让我们在未来的教学实践中持续探索，让每一堂地理课都成为点亮学生心灵的明灯，为他们的全面发展注入源源不断的正能量。

让思政之花绽放在课堂内外

刘树敏

人物扫描

刘树敏，山东省济南第七中学高中地理教师、班主任。荣获市级地理学科基地首席教师、“互联网＋”市县专家、济南市“一师一优课、一课一名师”活动市级优课、全国中图版地理教材课堂教学评比优质课一等奖等荣誉。2012年所带班级获“济南市优秀班集体”称号。

作为高中一线地理教师，我深知地理学科思政在教育中扮演着重要的角色，那如何才能发挥学科优势，落实地理思政教育，助力学生全面成长呢？我认为既要充分挖掘地理学科思政元素，形成明确的课程体系，又要创新教学方法，在课堂上融入思政元素。一方面，要不断提高自身思政教学能力，确保有效地将思政元素融入地理教学；另一方面，要考虑学生的需求和认知水平，设计富有趣味性和实践性的活动，提高学生的学习兴趣和参与度……方式很多，可是初次接触课程思政的我，只能沉下心来，一边翻阅书籍，一边与同组老师们琢磨、研究，尽最大可能将地理思政教育延伸至课堂内外，实现知识传授与思想教育的有机融合。

挖掘思政元素，形成课程思政体系

地理学科兼具自然特性和人文属性，所以涉及的思政元素有很多，如中华优秀传统文化、国情教育、家国情怀、生态文明理念、哲学思想、科学人文精神等。为了拓展地理课程思政的广度和深度，充分发挥引领作用，我和全组老师通过多次讨论、分析、集体备课，重新审视授课内容，紧紧围绕政治认同、家国情怀、文化素养、法治意识、道德修养等内容，对高中阶段的五本教材进行了深入研究，深挖地理课程的思政元素，找到地理课程与思政元素的契合关系，建立了课程思政元素一览表。然后我们对课程结构、教学内容、教学方法进行了重新梳理，制定课程思政的总目标，提炼出课程思政的重点与难点，将思政元素嵌入每堂课的教案设计中，从贴近学生生活实际的小切口入手，转变教学方式，以情境为载体，突出实践、体验，通过问题链，引导学生深入思考，形成正确价值观，在润物无声中渗透思政教育。

渗透思政教育，形成思政教学案例

2021 年 12 月，山东省济南第七中学主动联合区域内各学段学校开展了一场以“学段贯通，学科融合，共话改革开放”为主题的大中小学思政课一体化建设主题展示活动。为此，地理组也积极展开行动，为获得 10 分钟的展示机会而努力。

高中课程内容很多，在 10 分钟内，既要展现改革开放的成就，又要渗透思政教育，并不是一件容易的事情。于是我对课程内容进行了详细的对比分析，筛选出改革开放前后变化大，而且能够运用济南本地发展案例来进行讲解的知识后，和组内教师们进行讨论，遵循“素养导向、逻辑为先、培根铸魂”的课程设计理念，确定展示内容为“交通运输与区域发展的关系”。

通过查阅大量的文字、图片、视频资料，我对济南市改革开放前后交通运输的变化有了深入的理解后，又带领学生走访济南市城市规划展览馆，并结合课标要求，获取了大量有用的信息。例如，从 1911 年济南城区图中，我们可以直观地看出当时的建筑、人口、主城区的范围，再结合津浦铁路和胶济铁路分析铁路运输对区域发展的影响，引导同学们进一步了解济南交通运输的发展历史、城市的时代变迁，从而去感受济南现代化城市的新活力、大发展。

“纸上得来终觉浅，绝知此事要躬行”，我又带领同学们对济南市新型的交通方式和智能化的交通配套设施进行了实地考察，让同学们感受中国智慧、中国力量的同时，从内心深处体会建设者们的辛勤付出，他们在严守“保泉”底线前提下艰苦奋斗，攻克了世界罕见的地质难题，让济南人享受到了轨道交通的快捷。

随后，我们又从中共济南市委明确提出“北跨”，让黄河成为城市内河这一规划入手，提出问题，让同学们感受城市发展对交通提出的新挑战。“北跨”面临的首要问题就是修建跨黄桥隧。通过思考，同学们对不同时期交通运输与城市发展关系的认识得到进一步深化，明白要坚持用发展变化的观点去理解交通运输与城市发展的关系。

本次课程设计以济南交通运输发展历史为主线脉络，融入体现地理知识的历史文化及观点，使学生了解济南交通运输发展的历史，增强学生对济南的地方归属感和对家乡泉城的热爱。在分享济南地铁攻克世界难题建设成功的案例时，我引导学生直观感受克服困难、艰苦奋斗、突破难题的拼搏精神，体悟中国智慧、中国力量，进而内化为自身的科学态度。通过分析济南当下交通运输发展的现状，以及经济发展对交通运输提出的新要求，学生在真实的情境中观察和感悟地理环境及其与人类活动的关系，了解国家区域发展战略，增强国家认同感。在了解济南交通运输的发展时，我指导学生坚持用变化发展的观点认识世界，坚持与时俱进，有助于当代学生把握时代发展方向，树立正确的人生观、世界观和价值观。

本次课程思政展示效果非常显著，我也深刻地体会到课程思政的重要性，下决心在以后的授课过程中要将“思政”的“盐”融入地理知识的“汤”，在遵循学科逻辑和思政逻辑的基础上恰当地渗透思政理念，做到专业之“术”与思想政治之“道”的和谐统一。

随着思政理念在课堂教学中的应用，地理课堂形式变得更加多样，内容更加生动鲜活、更加贴近时代脉搏。近几年，地理课堂思政不断得到深化，组内老师们逐渐推出“览奔腾黄河，识流水地貌”“地域文化”“碳排放与碳减排”“寒潮”“京津冀协同发展”等一大批课程思政示范课、推广课，有力地促进了课程思政教学效果的良好提升。

在深化课堂思政过程中，我深刻认识到课堂思政是立德树人的主阵地。对教师而言，树立课程思政的自觉意识，即无须他人提醒便能够将育人意识融入头脑当中，大大提升了自身实施课程思政的积极性、主动性和创造性，做到授课内容与课程思政同向而行；对学生而言，抓好价值观养成十分重要，要教育引导学生积极践行社会主义核心价值观，扣好人生的“第一粒扣子”。

提升课程思政，取得课程思政成果

在课程思政实施过程中，我和地理组的老师们不断创新教学方法，如采用研究案例、讨论、实验、考察、动手制作等方法，激发学生的学习兴趣和积极性。我们还特别重视加强实践教学环节，让学生在实践中体验和感受思想政治教育的意义和价值。结合开展的实践课程思政，我们进行了总结、提升、完善、推广，形成了“‘迈动’地理，实践探秘”多样化的地理特色课程群。

地理特色课程最大的特点是符合学校、教师、学生个性化需求，在达成国家教育目标的基础上，因材施教、因地制宜地进行思政渗透，既有利于培养学生的核心素养，培养德智体美劳全面发展的社会主义建设者和接班人，又为实现立德树人教育任务提供了重要手段。

随着地理思政课堂教学的不断深化，我校地理校本思政课程也越来越完善，在此基础上我和组内老师们对前期工作及时进行总结，并确立了“基于地理项目式学习的黄河文化传承与培育研究——以‘黄河下游济南段’为例”“面向五育融合培养：6D-STEM 模式视域下的高中自然地理教学研究”等多个相关课题。

在全组老师共同努力下，组内课程思政的氛围浓厚，除了完成正常的授课任务，按照时间节点进行课题研究外，还积极地在核心期刊发表论文。

为了在教学中持续加强黄河文化与学科的深度融合，我经常引导学生在理论学习与实践探究中感悟和践行黄河精神，充分发挥中华优秀传统文化的育人价值，引导学生讲好黄河故事，赓续黄河精神。作为第三批市级学科基地，济南七中地理组多次组织学生进行黄河济南段的地理实践，引导学生在户外实践中览黄河之美、探湿地之魅、感文化之深，并留存了大量图文、音视频资料，为地理课程思政积累了丰富的理论和实践经验。

2023 年 9 月，济南七中地理组提交的“深化地理实践，传承黄河文化”课题申报山东省黄河文化育人优秀案例，荣获省级三等奖。本案例将地理实践活动与传承黄河文化相结合，很好地落实了课标内容，渗透了地理核心素养，传承了黄河文化。案例实施过程中，同学们热情高涨，积极参与活动，对知识的理解更到位、更深刻、更灵活。通过实践活动，同学们开阔了视野，将课本中自然地理特征部分的知识与地理实践进行了深度融合，同学们学习地理的劲头更足了，更有信心了。

通过开发地理校本思政教材、撰写各类地理思政课题、发表思政论文、形成思政案例，我的教学水平以及育人理念有了很大的提升，地理课堂呈现形式更加多样，内容更加贴近真实情境，在提升自身素养的同时，也大大提高了同学们的地理实践能力。

推广课程思政，开展课程思政实践

为了进一步推进地理课程思政理念，检验地理思政理论知识，完善地理思政体系，我和地理组老师们积极利用课余时间，充分发掘校园内外资源，不断丰富教学样态，在激发学生学习兴趣、培养学科核心素养方面进行了积极探索，成效显著。

我们借助校园内的植物、岩石、景观布局，对每个年级的同学，都进行了一次“识树木、辨岩石、育素养、提能力”的主题活动，并在和平园题词前面，面对和平鸽介绍了英雄校友杜照宇烈士的事迹，对同学们进行了爱国教育。

为学习贯彻党的二十大精神，落实关于“碳达峰”“碳中和”的重大战略决策，进一步传递绿色低碳理念，提高学生的低碳环保意识，助力生态文明建设，打造绿色学校，我和组内老师们经过精心设计，开展了以“‘双碳’有我，绿色未来”为主题的学科系列活动，通过专家讲座、手工制作、科普知识答题、同课异构教研和社区宣讲等方式，推出了别开生面的“双碳科普课堂”，将课堂教学与户外教育相结合，引导学生在“做中学”，有效落实了学科核心素养，发挥了学科育人功能。

为了提高学生的区域认知能力，我们每学年会开展一次“放眼看世界，巧手绘地图”的主题活动。从地形、洋流、植被、行政区划等多方面入手，将抽象的、复杂的知识转化成直观的地图。通过绘制各类地图提高学生动手实践能力、培养学生良好的画图习惯以及空间概念，让学生感受五彩的世界、广阔的大地、丰富的资源、五千年的历史文化……心中有祖国，祖国在心中。

为进一步弘扬中华优秀传统文化，增强文化自信，有效提高学生文化素养，我们还组织同学们进行“共读《黄河与中华文明》，探寻黄河与中华文明的渊源”主题活动。活动后期，以读书笔记展评和读后感评比等形式展示活动成果。这次主题活动对提升师生人文地理素养和教育教学质量有重要意义，本次主题活动也成为培养师生阅读兴趣和良好习惯的有效途径，对推进学校文化建设，形成“好读书、读好书”的热潮发挥了积极作用。

为了加深学生对课堂知识的理解，提高学生学以致用的能力，每学年，我都会和地理组老师们，在不同年级开展如“考察家乡地貌，扬起青春风帆”“穿越黄河隧道，考察鹊山地质地貌”等地理实践活动。

我们会根据季节，从龙洞、鹊山、华山、黄河沿岸、七星台等地选择其一，制订详细的实践方案和出行计划，对沿途的地质地貌、土壤、植被、水文、交通、新农村建设、城市空间发展及丰富的历史文化元素等进行直观、生动的分析和讲解。考察完毕，同学们或以论文形式，或以实践报告形式，对整个实践进行总结。

通过实践，同学们了解了家乡的植被类型、特色农业、经济发展、交通布局、城市变迁、历史名人、文物古迹、诗词歌赋……感受家乡之美。我在激发学生热爱家乡、振兴家乡情感的同时，渗透爱国主义教育、革命传统教育。同学们在活动过程中徒步而行，磨炼了意志，增强了纪律性，强化了环保意识和团结协作意识，也增进了彼此之间、师生之间的情谊。

最美课堂“在路上”，我和我的同事们一直坚持“知识指导实践，实践助力成长”的理念，立足立德树人根本任务，坚持科学精神，实践创新。既通过地理实践活动渗透地理核心素养，助力高考，又让同学们了解家乡的变化，热爱生活，养成积极的人生态度，传承中华文明，助力未来的工作、生活。

在实践过程中，我们始终引导同学们关注热点、关注国家大事，增强与时代同呼吸、与国家共命运的意识，做到立德树人。

在课程思政的道路上，我和我的团队一路向前，积极探索思政课程与课程思政的协同育人着力点。我们也会继续加大与其他学校的交流合作，充分利用校内外资源，为学生搭建开放性平台，给老师创造提升空间，让每一位教师都承担好育人责任，找准点，深研究，切实发挥好课程的育人功能，用心打造“培根铸魂，启智增慧”的精品课程。

把"大思政"书写在雪域高原

王培坤

人物扫描

王培坤，山东省济钢高级中学语文教师。山东省第十一批特级教师、第五期齐鲁名师建设工程人选，荣获山东省优秀教师、西藏自治区骨干教师、济南名师、济南市立德树人双领军教师、济南市优秀班主任、济南市师德标兵、济南市教育系统优秀共产党员、济南市建功立业先进个人、济南市表现突出的援派个人、日喀则市教研先进个人等荣誉称号。

机缘际会：我有幸成为一条重要的纽带

习近平总书记曾说："铸牢中华民族共同体意识，就是要引导各族人民牢固树立休戚与共、荣辱与共、生死与共、命运与共的共同体理念。"

总书记高瞻远瞩，充分强调了加强中华民族共同体意识教育的重要意义。然而，我未曾想到的是，我也有幸成为援藏队伍中的一员，成为促进各民族交往、交流、交融的一条重要纽带。

2022 年初，寒风还未走远，春天的气息已渐渐浓郁，就是在这时，我听闻了选拔山东省第十批援藏干部人才的信息。短暂的犹豫之后，我毅然决定报名，作为党群工作部的负责人，有责任带头，我更知道，这是我距离梦中的圣地最近的一次。

接下来的一切就顺理成章了。2022 年 8 月 6 日，我抵达西藏日喀则，成为教育援藏大军中的一员。

或许是对我们这批援藏人员的一次考验，初上高原，身体还没有适应，忽然又因为诸多问题无法开展线下教学。但学生的学习不能耽误，线上教学很快开展起来。没有网络怎么办？那就自费办理大流量包月套餐。还没有见过学生，不了解学情怎么教？那就在线向教育援藏的前辈请教，向当地的教育同事咨询。师生都没有教材怎么办？那就下载电子课本通过学习群分享给学生。这个时候才真正理解了"只要思想不滑坡，方法总比困难多"的内涵。于是，来到西藏后的第一堂课就在线上教学的摸索中开始了。

我始终认为，教育是系统工程，只要有教育的信仰在，就有教育的契机在。我相信，最好的教育是静默无声的，是自然生长的，教师言行举止的影响、教师人格魅力的濡染就是最好的教育资源。作为援藏教师，哪怕在最艰难的条件下，我也要释放教育的能量，让西藏孩子感受教育的温度和品质。因为，我们是一家人，同是中华民族大家庭的一分子。

随着线上教学的持续进行，问题也逐渐浮现了出来。我们面对的是藏族学生，毕竟汉语不是他们的母语，又因为我所在的日喀则市齐鲁高级中学是一所新建校，生源质量相较于其他学校有一定差距，即便面对电脑，我依然能感受到学生学习的吃力。我及时调整策略，针对学生基础差的问题，在知识传授方面做减法，对教材进行校本化整合。针对学生学习习惯不好的问题，在增强课堂活力方面做加法，多让学生参与线上互动，在作业批改上注意多用热情的、具有激励性的话语。

学习毛泽东的《沁园春·长沙》，我就用激情的朗诵带领学生感受伟人的气度，引导学生思考青春的价值；学习杜甫的《登高》，我就给学生们讲杜甫坎坷悲壮的人生，讲他“大庇天下寒士俱欢颜”的情怀；学习《劝学》，我借机用“君子曰：学不可以已”劝告不能及时完成作业的学生，告诫他们学习是不可以停止的，学习贵在坚持……一节课下来，我吸着氧还是有些气喘，但同时又感到充实和满足。我希望，屏幕那边的学生能够把握当下时光，感受诗词的魅力，感受中国传统文化的魅力，增进对中国传统文化的热爱。我也感受到，那些尚未谋面的学生逐渐爱上了我的语文课，参与课堂的热情越来越高。“您的声音真好听”“您的课堂真有趣”“原来语文也挺有意思”，学生的肯定是最大的赞美，是最强的精神支持，我和学生未曾谋面而熟稔，心照不宣已默契。线上教学虽隔着遥远的距离，但教育的温度一样传递，教育的影响同样抵达。

进入10月，地处高原的日喀则，早早便迎来了降温。由于受寒缺氧，再加上不适应当地的饮食习惯，10月15日，我因为消化道出血被同事紧急送到了日喀则市人民医院。一旦入住医院病房，就要待上好一阵子不能回去，要是一直住在医院里，学生的网课怎么办？毕竟自己一人承担着五个班的线上教学任务。再三衡量之后，我还是坚持出院回到公寓打吊瓶，这样既可以上课，也不耽误养病。就这样，我一个人完成了15000人次的线上教学任务，我用“轻伤不下火线”的实际行动感动学生，也向学生传递着认真负责、坚持不懈的精神能量。

教育就是一颗神奇的种子，不见得马上发芽，但总有开花结果的时候。半年来，虽然我和学生的交流仅限于线上，我们的互动仅限于课堂，但教育的影响已经发生，教育的力量正在生长。

直面挑战：前行的路上一个也不能少

好的教育基于先进的教育理念，还要从培养良好的师生关系开始。当面对生活中一些不当的教育认知，和在这种教育认知下成长起来的孩子时，帮助他们改变有时候需要更多的努力和智慧。教育的规律也告诉我们，爱是生命的本质，以爱育爱是最简单、最直接的教育哲学，“严厉”未必源于爱，基于爱的“严格”才能产生直抵内心的强大力量。

2023年初，线下正常教学恢复不久，我就发现一个奇怪的现象——不少学生，尤其是男生，在回答问题的时候往往习惯性地做出双手抱头的动作。后来逐渐了解到，一方面，农牧区的很多家庭对学生学习重视程度不够，学生的学习认识、态度和习惯都存在这样那样的问题；而另一方面，不少家长和老师还信奉棍棒教育的效果，学生双手抱头就是自我保护的一种应激反应。我还注意到，那些喜欢抱头式自我保护的孩子学习习惯往往比较差，对老师的教育也不入心，这说明棍棒式教育对他们来说并没有取得理想效果，反倒把他们“推”开，使他们进入“教育脱敏”的境地。同时，这些孩子往往对学习缺乏基本的自信，一个典型表现就是，当老师面向集体提问的时候，他们回答的声音比谁都响亮，至于回答得对不对他们似乎并不在乎，而一旦让他们单独回答问题，他们的答案比牙膏还难挤，站起来后抱头沉默是常态，勉强回答一点，声音也是极细小，和课下活泼开朗的状态判若两人。我深切地感受到，教育环境的落差和教育理念的偏差，让有些孩子在学习上丧失了基本的兴趣和信心。冰冻三尺，非一日之寒，如何帮助这些已经处于高中阶段的学生，是摆在我面前的一大难题。

这一难题涉及学习习惯和信心，不能拖延。那我就先从“温情”教育开始，用微笑的姿态、和蔼的态度和苦口婆心的劝导与他们交流，但事与愿违，他们越发不在乎学习，连课堂秩序的维持都变得困难起来，用个别藏族老师的话说，“他们在欺负老师的善良”。难道真要逼着我也走向棍棒教育的路吗？太温情了不行，那就恩威并施，宽严兼济。《菜根谭》曾言：“恩宜自淡而浓，先浓后淡者，人忘其惠；威宜自严而宽，先宽后严者，人怨其酷。”这句话道出了人的处世交往之道，也适用于师生间的关系处理。对于那些课堂捣乱的学生，我在及时制止他们不良行为的同时，严肃明确地指出他们的问题所在，并小施惩罚以示警告，但又秉持“对事不对人”的基本原则，对课上哪怕他们的一点点进步及时称赞鼓励，课下友好亲切地和他们平等交流，对特别“难缠”的孩子采取各种形式开小灶聊天，和他们分享我学生时代的故事，拉近我们之间的心理距离。

这些暂存问题的孩子其实也想好好表现，只是学习习惯实在不好，改变起来实在太难。我在和他们不断的交往中发现了他们更多的优点，他们也在和我的接触中不断改正曾经的问题，我们逐渐建立起彼此信任的亲密师生关系。课上，他们的坏习惯越来越少，认真学习的时间越来越多，课下，“老师好”“老师辛苦了”的问候也越发亲切动人。更重要的是，他们也从我“基础只意味着过去，未来掌握在自己手中”的鼓励中重建了学习的信心。我给了他们温暖和鼓励，他们回应了我信任和改变，在我们良好的师生关系中，西藏的孩子们逐渐勇敢地绽放自己。

如果说爱是人类心灵的底色，那么信任则是最亮丽动人的色彩，信任是更高层次的爱。教育的艺术如果能达到师生彼此信任的境界，那么教育的魔力将变得更加丰富，更加迷人。在教育援藏过程中，用信任赢得信任的过程不易，良好师生关系的建立也需要时间，但这一切真的很美。

齐鲁讲堂：铸牢西藏学生中华民族共同体意识

教育援藏是铸牢中华民族共同体意识、促进民族团结进步的重大战略，是全面提升西藏教育发展水平、建设教育强国的必然要求。作为教育援藏人，我有责任把铸牢中华民族共同体意识作为工作主线，坚持用习近平新时代中国特色社会主义思想铸魂育人，充分挖掘中华优秀传统文化资源，不断致力于增进民族团结。为此，我所在的齐鲁高中援藏工作队在万云领队倡导下，首创了“齐鲁大讲堂”，通过大讲堂，开阔学生视野，增进文化认同，不断铸牢西藏学子的中华民族共同体意识。

于是，我选择了“行走诗歌间”作为演讲的主题，带领同学们走进诗歌，走进中国的优秀传统文化。

什么是诗歌？诗和歌有什么关系？在我的带领下，同学们首先唱起了仓央嘉措的《那一天》，在愉快融洽的气氛中，结合中国最早的诗歌《吴越春秋》中的《弹歌》，同学们明白了诗和歌的关系：诗从歌分化而来，成为一种语言艺术，而歌则是一种历史久远的音乐文学，二者紧密相关又互相独立。我们为什么要学习诗歌？从学习《论语·季氏》的“不学《诗》，无以言”，到改编对比流行歌曲《月亮之上》的歌词，到浅谈冰心的作品《繁星》中所蕴含的哲思，再到评析学生熟悉的古诗《梦游天姥吟留别》的语言艺术，同学们在师生共同诵读中深切领会了诗歌艺术的魅力。诗歌创作真的很难吗？通过我的引导，同学们意识到原来我们的生活中处处充满了诗歌。万云校长创作的诗歌更是引起了同学们的惊叹，热烈的掌声既是对万校长诗歌的赞美，更是对中国传统文化的认可。我相信，我们给学生一个美好的开始，同学们更加美好的未来将不再遥远。

习近平总书记在中央第七次西藏工作座谈会上提出的“四个确保”“十个必须”，进一步明确了当前和今后一个时期西藏工作的目标任务、方针政策、战略举措。坚定文化自信。是全国各族人民都要坚定文化自信，传承中华优秀传统文化，当然也要促进中华优秀传统文化在藏区的传播。作为一名教育工作者，我今后将继续为传承中华优秀传统文化、不断推进文化自信自强做出自己的贡献。

课堂之外：多做一点，多留下一点

作为一名援藏人，我进藏以来一直不断地在自我追问：入藏为什么？在藏干什么？离藏留什么？作为教师，教好课只是完成了其中的一项基本任务而已，援藏教师更大的责任在于引导当地教师的发展，提升当地教师的业务能力和水平，为西藏留下带不走的人力资源财富。

2023 年初，教育教学步入正轨后，我超工作量承担了两个班的语文教学——按照有关文件要求，援藏教师承担一个班的教学即为满工作量。我坚持对标内地课堂，高标准，严要求，时刻注重发挥“传帮带”作用，坚持开门上课，力争把每一堂课都上成“示范课”，随时接受本地教师听课、评课和监督。我投身“青蓝工程”，积极指导多名年轻教师的教学工作，对他们本着“负责精神”，突出“榜样作用”，做到“每天观察，每月谈心”，跟踪听课，指导备课及教学，并辅导他们完成导学案及教案撰写，毫无保留地将自己的教学经验和教学艺术传授给当地年轻老师，确保他们能够切实提高业务能力和教学水平。此外，我开设了名师工作室，教研组全体年轻教师参与，我定期给他们开设教育讲座，组织读书沙龙，指导他们的论文写作和课题研究。我指导的马军芳老师和强珍老师先后在日喀则市 2023 年教学技能大赛和 2024 年教学技能大赛中获得了一等奖第一名的好成绩，创造了齐鲁高中的语文奇迹，也创造了日喀则教育的齐鲁高中奇迹。为了在更大范围发挥辐射影响作用，我受聘为日喀则市高中语文学科兼职教研员，先后担任日喀则 2023 年“国培计划”普通高中“新课程新教材”学科教学培训项目、日喀则市“核心素养”主题研讨等一系列培训学习的学科指导专家，参与日喀则市统考的命题组织和全市教师业务培训工作等。我报送的课例先后获评日喀则市和西藏自治区精品课，我个人也被评选为西藏自治区骨干教师、日喀则市教研先进个人。这是荣誉，更是鞭策。

送教下乡也是援藏教师的重要工作之一。送教下乡是一项促进教育公平、推动教育改革、增进民族团结的教育途径，通过送教下乡，向农村地区提供先进的教育理念和教学方法，帮助当地学校提高教学质量，推动教育改革的进程。

在送教下乡活动中，我们先后辗转几千公里到拉孜、昂仁、亚东、聂拉木、白朗、南木林等县的农村中小学送教。每次送教都采取“订单”模式，活动前把多个送教课题“打包”发送给交流学校，交流学校根据学校实际需要选择确定课题。每到一校，我先和当地教师进行充分沟通与交流，介绍送教活动的目的，同时更是为了细致了解学生特点。我发挥自身教学优势，精心组织教学活动，注重寓教于乐、师生互动，极大地激发了学生的学习兴趣，课堂上充满了欢声笑语。一节课结束，有的孩子主动牵起我的手，有的孩子主动给我跳起了民族舞蹈，还有的孩子热切地询问：“老师，你什么时候再来？”那一刻，送教的艰辛疲惫一扫而空，我收获了满满的感动。在这些淳朴的孩子身上，我再次感受到了自己身为教师的价值和意义，深切感受到“离藏留什么”的沉甸甸的责任。

曾以为的三年援藏时间是那样漫长，但一不留神行程早已过半，日喀则，不知从什么时候起已成为我心灵的第二故乡。教育援藏的这份经历刻写在我的生活里，也烙印在我的生命里。就像无数的援藏前辈一样，援藏的故事不需要轰轰烈烈的叙述，只需要扎扎实实的行动。

每一个援藏教育者在走进西藏的同时，也让西藏走进了自己的生命，也让这片神奇的土地与中华民族大家庭更加紧密地相连。我们在这里播撒教育的火种，不仅是为了知识的传承，更是为了在孩子们心中种下中华民族共同体意识的种子。让他们明白，无论身处何地，我们都是中华民族大家庭中的一员，共同肩负着实现中华民族伟大复兴的历史使命。我们以教育为桥，连接起不同民族的心灵，共同铸就中华民族的辉煌未来。

用英语描绘世界文明之华章

张朝强

人物扫描

张朝强，高级教师，班主任，中学英语教育领头人，临沂市青年教师讲课比赛一等奖第一名，济南高新区突出贡献教师，济南高新区专家型工作室负责人。所带班级荣获济南市“优秀班集体”称号。教学之余潜心研究，发表多篇论文于《教育考试与评价》和《中小学教育》等刊物，并与彭宝安老师共同出版了《高中英语教学实践多维度研究》一书。

在当今全球化的浪潮中，跨文化交流日益频繁，而英语作为一门国际语言，不仅是沟通的桥梁，更是连接不同文明的纽带。将立德树人理念融入高中英语教学，通过实践与创新，用英语绘世界文明之华章，不仅展现了语言的魅力，也体现了跨文化语言艺术与文明传承的重要价值。本文将以具体案例为依托，深度探索如何在英语课堂上讲述中国故事、品读世界名著，以及引导学生理解并尊重不同文化，以此培养学生的跨文化交际能力。

文化融入：立德树人的英语教学新路径

在当今全球化的背景下，语言教育已不再仅仅是语言技能的传授，更是一种文化的传承与交流。高中英语教学，作为连接中国与世界的文化桥梁，承载着培养学生跨文化意识、开阔学生国际视野的重要使命。将立德树人理念融入英语教学，不仅能够提升学生的语言能力，更能在其内心深处播下文明互鉴、文化自省的种子，实现语言与文化的双重教育。

在高中英语课堂中，我采用多元化的教学策略，将中国故事与世界名著的文化内涵融入日常教学。例如，阅读英语版的中国传统故事，像《花木兰》《三国演义》等，不仅能够提高学生的英语阅读理解能力，还能让他们在故事中领略中华文化的博大精深。同时，我引导学生用英语讲述他们自己的中国故事，无论是家乡的特色、传统节日的庆祝，还是个人成长的经历，都是向世界展示中国文化多样性的窗口。

世界名著的精读也是英语教学中不可忽视的环节。通过引入《傲慢与偏见》《哈姆雷特》等经典作品，我引导学生对比中西方文化中的价值观念、社会习俗，激发他们对不同文化背景下的文学作品的深入思考。比如，分析《傲慢与偏见》中伊丽莎白·班内特的女性自立精神与《红楼梦》中林黛玉的悲剧美学，可以帮助学生理解不同文化语境下的人物性格与价值选择，培养他们跨文化理解的能力。

在海川中学的英语课堂上，我设计了一个名为“我的中国故事”的项目。

学生们被要求用英语撰写并演讲一则关于中国文化的个人故事，可以是家族传统、家乡风俗，也可以是对中国历史的感悟。通过小组讨论、角色扮演、多媒体展示等多种形式，学生们不仅练习了英语的听说读写技能，更重要的是，他们学会了如何用英语自信地表达自己的文化身份，增强了对中国传统文化的自豪感和认同感。

英语教学中的文化元素不仅能够丰富学生的语言学习体验，更重要的是，它能够培养学生的全球视野和跨文化交际能力，实现立德树人的教育目标。通过跨文化比较学习，学生能够认识到世界文化的多样性和丰富性，学会尊重不同的文化传统和价值观念，培养出面向未来的国际公民素养。

将立德树人理念融入英语教学，是当前教育背景下的一种创新尝试。通过跨文化语言艺术，教师不仅能够提升学生的语言技能，更能在他们心中种下文明传承与文化自信的种子，引领他们走向更加广阔的世界舞台。在英语课堂上，每一个学生都有机会成为文明的使者，用英语绘出世界文明的华章。

语言艺术：英汉之桥，跨文化交流

在全球化的浪潮下，汉语与英语作为东西方文化的载体，不仅承载着各自的文明与历史，更是跨文化交流与理解的关键桥梁。深刻理解英汉语言艺术的差异与共通之处，对于促进跨文化交流具有不可忽视的重要性。

桥的基柱——洞察英汉语言结构的差异。英语，作为一门形态丰富的综合语言，通过丰富的形态变化、灵活的词序和细致的虚词使用，构建其表达框架。汉语则以分析性语言的面貌出现，虽形态变化较为单一，却通过词序的固定性和助词的辅助，巧妙传达信息。这种差异，如同桥梁的不同建造方式，虽表现形式各异，但同样支撑着信息的流畅传递。例如，英语中的时态变化通过助动词体现，汉语则通过上下文暗示，这种对比凸显了两种语言在表达同一概念时的不同策略。

桥的通行规则——交际风格与思维方式。英语的直接与汉语的含蓄，构成了跨文化交流中的通行规则。英语使用者习惯于开门见山，直接表达观点，而汉语文化更重视和谐与面子，倾向于使用委婉语言，避免直接冲突。这种差异，如同交通规则的差异，需要双方在“过桥”时保持警惕，理解并尊重对方的交际习惯，以避免沟通中的碰撞。

桥梁的艺术——跨文化视角下的语言艺术。在全球化的背景下，语言艺术成为连接不同文化的重要纽带。例如，中国故事的英语翻译，不仅是一种语言上的转换，更是文化内涵的传递。将《西游记》的神话色彩、《红楼梦》的细腻情感，用英语生动描绘，不仅展现了汉语的丰富与深邃，也让英语读者得以一窥中华文化的博大精深。将莎士比亚的戏剧、狄更斯的小说带入汉语世界，同样是一次文化与语言的奇妙碰撞，让读者在品味英语语言的魅力时，也能感受到西方文化的独特韵味。

在 2023 年我校组织的一次国际文化交流项目中，中国学生与英国学生共同参与了一个名为“文化桥梁”的创作活动。通过对比分析《牡丹亭》与《罗密欧与朱丽叶》中的爱情主题，学生们不仅深入了解了两种文化对爱情的不同诠释，更通过英语与汉语的双语朗诵，体验了语言艺术在跨文化对话中的魅力。这种交流，不仅加深了双方对各自文化的理解，也激发了他们探索更多文化交汇点的兴趣，使他们成为真正的“文化桥梁”建设者。

通过深入了解英汉语言艺术的差异与共通，我们可以更好地利用语言这架桥梁，促进文明的交流与互鉴，让不同文化的智慧在对话中碰撞出更加璀璨的火花。

实践报告：英语课堂上的中国故事

在高中英语教学中，将中国故事融入英语课堂，不仅能够加深学生对英语语言的掌握，更能够培养他们对中华优秀传统文化的自豪感和理解力。以下是一系列实践报告，旨在展示如何通过英语讲述中国传统文化与现代故事，以及如何利用英语小说和世界文学作品教育学生欣赏不同文化，加深他们对全球文明的理解。

创设“中国神话与传说”英语讲述主题教学活动。如选取《山海经》中关于女娲补天的故事，将其转化为英语版本，引导学生进行阅读理解与讨论。学生分组，每组负责故事的不同部分，用英语进行表演。这样的互动方式，不仅锻炼了学生的口语表达能力，还让他们在讲述中深入理解了中国神话故事背后的文化寓意。小组讨论结束后，各小组轮流上台表演，其他学生则作为观众，通过观看表演加深对故事内容的理解。

“当代中国故事”英文演讲同样精彩。为让学生更加贴近当代中国，我组织了一场以“我眼中的中国”为主题的英文演讲比赛。学生通过英语讲述他们对当代中国的观察和思考，可以是科技创新、社会变迁、环保意识等主题。在准备过程中，我还提供了《中国日报》等英文媒体资料，帮助学生收集信息，提升他们资料整合与批判性思考的能力。演讲比赛不仅提高了学生的英语演讲技巧，也让他们从不同角度认识了中国的发展与挑战，增强了跨文化交际的能力。

“世界名著与中国故事”对比学习，跨越东西方文明的鸿沟。在这一主题实践中，我引入了《傲慢与偏见》与《红楼梦》的对比阅读，通过英文和中文版本的对照，引导学生分析两部作品在爱情观、社会阶层、女性地位等方面的异同。通过小组讨论和报告的形式，学生不仅提升了英语阅读和写作能力，还学会了运用批判性思维，从跨文化视角理解文学作品，培养了对不同文化背景的尊重和理解。

将中国故事融入英语课堂，不仅提升了学生的语言技能，还增强了他们对中华优秀传统文化的认同感和理解力。在实践过程中，学生通过角色扮演、演讲和对比阅读，积极参与到跨文化的学习中，不仅提高了英语水平，更培养了全球视野和跨文化交际的能力。这些课堂实践证明，将中国故事与英语教学相结合，不仅能够激发学生的学习兴趣，还能够促进文化的传承与创新。

文化思考：世界文明视角下的英语学习

在全球化的今天，英语不仅仅是沟通交流的工具，更是世界文明交汇的窗口。将英语学习置于世界文明的广阔背景下，不仅能够促进学生对语言的深度掌握，更能帮助他们构建起对全球文化的立体认知。这种跨学科的英语教学模式，旨在通过文学、历史、艺术等多维度的视角，让学生在全球文明的脉络中探索英语的魅力，从而实现语言学习与文化理解的双重提升。

世界文学的课堂——探索文明的多元性。英语作为全球语言，丰富的英文版文学作品是世界文化多样性的生动写照。在英语课堂中，我引入了世界各地的经典文学作品，如莎士比亚的戏剧、简·奥斯汀的《傲慢与偏见》、加西亚·马尔克斯的《百年孤独》英文版，以及中国四大名著的英译本等，让学生在阅读中体验不同文化的独特魅力。通过对比分析，学生能够深刻理解文学作品背后的文化内涵和历史背景，从而增强跨文化解读和批判性思考的能力。

艺术史的视角——英语与视觉文化的对话。将艺术史融入英语教学，能够让学生在欣赏世界名画、建筑、雕塑等视觉艺术的同时，学习相关的英语词汇和表达。例如，通过讲解文艺复兴时期的绘画作品，不仅能够让学生掌握“Renaissance”（文艺复兴）、“oil painting”（油画）等专业术语，还能在英语环境中培养他们对艺术的鉴赏力。这种教学方法不仅丰富了学生的文化素养，还促进了语言与视觉文化的深度交流。

全球史的旅程——英语与时间的对话。英语课堂可以成为探索全球历史的窗口，通过讲述不同地区、不同时期的历史事件，如英国工业革命、美国独立战争等，学生可以在学习英语的同时，构建起对世界历史的全面认知。历史事件的英语表述，如“Industrial Revolution”（工业革命）、“American Revolution”（美国革命）、“Boxer Rebellion”（义和团运动）等，不仅能够扩大学生的词汇量，还能够培养他们跨文化交流的历史意识。

跨学科项目——英语学习的全球视角。通过设计跨学科的学习项目，如“世界文学与文化地图”“历史事件英文重现”“艺术作品英语描述挑战”等，学生可以在实际操作中深化对英语和全球文化的理解。这些项目鼓励学生从不同的学科角度出发，用英语探索、分析和表达，从而促进语言学习与文化认知的深度融合。

将英语学习置于世界文明的广阔背景下，不仅能够拓宽学生的知识视野，还能培养他们跨文化交际的能力。通过文学、艺术、历史等多维度的视角，让英语课堂成为全球文化交汇的平台，让学生在语言学习的过程中，体验到世界文明的丰富多彩。这种跨学科的教学模式，不仅提升了学生的英语水平，更为他们打开了探索全球文明的大门，激发了他们对世界多元文化的探索热情，使他们成为具备国际视野和跨文化交际能力的未来公民。

跨文化交际：语言艺术与世界文明的融合

在全球化的浪潮中，跨文化交际已成为连接不同文明、促进全球理解与合作的关键。英语，作为国际交流的主要语言，不仅是沟通的工具，更是承载着不同文化背景下的价值观、世界观和生活方式的桥梁。将高中英语教学提升至语言艺术与世界文明融合的高度，不仅能够提升学生的语言技能，更能够培养学生的跨文化意识，使他们成为能够在全球舞台上自信表达与有效沟通的未来公民。

在跨文化交际中，语言艺术不仅仅是语法和词汇的掌握，更是一种理解和尊重文化的艺术。例如，英文中的直接表达方式与汉语中委婉含蓄的风格形成对比，这种差异要求我们在交流时对文化语境保持敏感，灵活运用语言策略，如在商务场合中适当使用英语的正式表达，在非正式场合下运用汉语的熟语和俚语来增进亲和力。通过深入理解英汉语言艺术的差异，学生能够更加自如地在跨文化对话中表达自我，同时尊重并欣赏对方的文化特色。

将英语学习置于全球文明的背景下，意味着学生不仅学习语言本身，还在语言的引导下探索不同文化的精髓。例如，通过学习英语文学作品，学生能够了解英国的历史、社会与文化；而阅读中国“四大名著”的英文版，则让他们从另一个角度理解中国文化的深度与广度。这种跨文化的文学交流，不仅拓宽了学生的知识面，更培养了他们对多元文化的尊重与包容的意识。

在英语课堂上，我设计了一系列跨文化交际的实践项目，让学生亲身体验语言艺术与世界文明的融合。例如，通过《茶花女》某一场景的角色扮演，让学生在模拟的法国社交环境中练习英语对话，同时了解 19 世纪法国的社会风貌；或是通过分析《秋水》的英文翻译，引导学生深入探究中国古典文学的哲思与意境，同时提升英语阅读与分析能力。通过这些实践活动，学生不仅能够提升语言技能，更重要的是，他们学会了如何在跨文化交际中运用语言艺术，搭建起不同文明之间的桥梁。

在全球化的今天，英语不再仅仅是一种语言，它是跨文化交际的媒介，是世界文明融合的见证。高中英语教学应当以培养学生的全球视野和跨文化交际能力为核心，通过语言艺术的教授，让学生不仅学会如何用英语表达自我，更能够理解并尊重不同文化的差异，成为连接世界文明的艺术桥梁。在这一过程中，学生将成长为具备国际视野的未来公民，为构建更加和谐的全球社会贡献力量。

由此可见，英语教学不仅仅是语言知识的传授，更是跨文化视角下的语言艺术与文明传承。通过融入立德树人理念，用英语讲述中国故事，读西方名著，我们不仅仅是在培养学生的语言能力，更是在塑造具有全球视野和跨文化理解力的新一代。在全球化的浪潮中，语言艺术如一座桥梁，连接不同的文明与思想，为年轻的探索者打开通向世界的大门，让我们携手绘就这一华章，共同书写人类文明的未来篇章。

“三力”三阶培根铸魂

谢晓寒

人物扫描

谢晓寒，济南市东方双语学校英语教师、班主任。历下区教师职业道德建设先进个人、历下区教育系统优秀共产党员，执教山东省初中英语学科送课助教活动公开课。荣获山东省“一师一优课、一课一名师”活动省级优课、历下区“走青春路，做育花人”活动二等奖、历下区师德演讲比赛二等奖等荣誉。

育人之本，在于立德铸魂。现在我们正处在向着全面建成社会主义现代化强国的第二个百年奋斗目标迈进的新时代，青少年阶段是人生“拔节孕穗期”，青少年要扣好人生第一粒扣子，更需要大家精心地去引导。这就要求教育工作者尤其是班主任，坚持立德树人、全程育人，不断探索教书育人的方法和途径，为推进社会主义现代化建设、实现中华民族伟大复兴培养更多的优秀人才。

班主任是育人工作的组织者和管理者，在引导学生价值观念塑造、专业知识与技能学习和个性健康发展方面起着重要作用。班主任在“大思政课”背景下，要充分利用各种资源搭建班级思政教育大课堂，实现“思政小课堂”与“社会大课堂”的深度融合，优化育人路径，提升育人质量。

确定“三力”理念，让思政育人有深度

班主任作为思政育人的重要实践者，要落实立德树人的根本任务，应基于社会发展和学生成长的需要，以正确的政治思想对学生进行循序渐进的系统化教育，充分发挥在思政育人中的关键作用，将学生德育工作放在首位。在担任班主任的这几年，我大胆实践、创新思考，坚持探索思政育人工作新途径、新方法，不断总结经验教训，始终坚持为党育人、为国育才的初心和使命，将自己的育人理念总结为“三力”理念，即培养学生的学习力、影响力、管理力，提升学生的思想政治素质、道德修养、法治素养和人格修养等，为培养以实现中华民族伟大复兴为己任的有理想、有本领、有担当的时代新人打下牢固的思想根基。

学习力包括对学生学习动力、学习毅力、学习能力、学习转化力和学习创新力的培养。学习动力是指学习主体进行学习的原动力；学习毅力是指在学习中具有的持久力；学习能力是指学习主体根据条件的变化，不断获取新知识的能力；学习转化力是指学习主体将学习成果转化为实际效果的能力；学习创新力是指学习主体在已学知识的基础上进行再创新的能力，是学习的

最高境界。在对学生学习力的培养当中，学生不仅能够获得知识和技能，更能培养逻辑思维、创新能力和科学精神，将个人的前途和命运融入国家和民族的伟大梦想之中。

影响力是用一种别人乐于接受的方式，改变他人思想和行动的能力。初中生的影响力培养，包括让学生拥有坚定的价值观和清晰的目标，保持积极乐观的人生态度；具有良好的沟通能力，能够真诚、自信、开放地与他人沟通，与他人建立良好的人际关系；通过展现自己的知识和专业能力赢得他人的尊重和信任，成为一个能够影响他人和改变世界的人。重视学生影响力的培养，能够增强思想引领的针对性和实效性，厚植高尚的爱国主义情操与家国情怀。

管理力是指学生的自我管理能力和团队管理能力。自我管理能力包括自我了解、自我评估、自我完善和自我管理，是指学生依靠主观能动性，按照个人目标，有意识、有目的地对自己的思想、行为进行转化控制的能力；团队管理能力是指学生在团队中执行任务、协调队伍成员关系以及推动团队目标实现的能力。这种能力不仅包括有效地组织和分配任务，确保每个成员都能发挥其最大潜力，还包括在团队遇到困难或冲突时，能够及时调解和解决问题，保持团队的凝聚力和高效运作，从而助力整个团队的成功。将思政育人与对学生管理力的培养相结合，能够启发学生将科学有效的控制方法用于自我管理、生活管理和团队管理，领会自律自强的精神；鼓励学生根据国家发展需求设计自我发展路径，培养责任担当的意识。

借助“三力”的育人理念，学生能够把爱国情、强国志、报国行自觉融入坚持和发展中国特色社会主义事业、建设社会主义现代化强国、实现中华民族伟大复兴的奋斗之中。同时，学生能够正确认识世界和中国发展大势，正确认识中国特色和国际比较，坚定信心，全面客观地认识当代中国、看待外部世界；明确时代责任和历史使命，自觉把个人的理想追求融入国家和民族的事业中，用理想之光照亮奋斗之路，用信仰之力开创美好未来。

依据成长规律，让思政育人分梯度

由于学生在不同的年级段发展上有着衔接性和递进性，我遵循学生身心发展的特点和成长规律，按照大中小学育人一体化思路，以螺旋上升的方式组织和呈现育人目标，将育人目标拆分至各个年级，对学生在“三力”方面的具体目标进行设定如下。

学会学习。学生通过学习不断认识自己的长处和短处，根据自身的需求选择学习资源，自主有效地开展学习。通过对学习方法的不断调整、学习毅力的锻炼和学习能力的提升，学生学习力不断完善，最终拥有全面的终身学习的能力。

重视影响。学生充分了解自己，挖掘自身影响力，通过发现自身的优势建立自信。并鼓励学生从自身辐射到他人，发挥自身影响力，辐射带动整个班级向上向善。同时学生也以开放的态度，兼收并蓄，乐于接受其他人有价值的理念和影响，形成美美与共的繁荣局面。

加强沟通。通过学习和实践，学生将拥有克服困难的勇气，学会自我调节、自我管理；随着年龄的增长，学生在自我管理的基础上，进行班级自主管理，在班里人人有责任，事事有落实，建立整个班级的管理体系，并且通过对沟通交流技巧的学习和不断练习，学会真诚、自信、开放地与他人进行有效沟通，提升自我管理和团队管理能力。

以学业、心理、管理为育人重点，结合学生三年的成长特点，我将学生阶段性发展目标设置如下。

从学习力上看，七年级阶段，重点关注学生对于初中学习和生活的适应能力，使学生能够全面跟上初中学习的节奏，形成良好的学习能力和学习毅力；八年级阶段，学生心智不断成熟，学习能力也不断提升，通过跨学科学习，重点加强学习转换力的锻炼，将知识融会贯通，建立知识体系和框架；九年级阶段，学生学习品质的养成尤为重要。学生通过构建学习共同体，不断加强学习；老师将社会主义先进文化与教育有机整合，引导学生提升政治理解力和判断力，提高学生的实践创新能力。

从影响力上看，七年级阶段，学生要充分挖掘自身的优势，对自己进行充分的肯定，建立全方位的自信；八年级阶段，学生则学会欣赏他人，带着欣赏的眼光发掘他人优势，并学会为我所用；九年级阶段，学生通过同学之间的活动和沟通，发挥互相影响的作用，提升整个班级的思想和行动水平。同时，学生要放眼于国际环境，通过国际比较认识到中国道路的特色与优势，坚定自信，充分肯定中国的国际地位，全面客观认识当代中国、看待外部世界，进而升华为道路自信、理论自信、制度自信、文化自信。

从管理力上看，七年级学生通过遵守班级量化管理规定，对初中生活进行良好的适应，在班级内形成全班认可的班风和班规，以此进行自我管理，并建立优秀的班级管理团队；八年级学生在自我管理的基础上，通过班级量化管理规定和班级公约，进行有序管理；九年级阶段，经过两年时间的管理力培养，学生即使脱离了班级管理，也能进行自觉有效的自我管理，对自己负责，也对班级负责，对社会负责，对国家负责，将中华民族伟大复兴的责任种在心里，扛在肩上。

实践“三力”理念，让思政育人有力度

如今，中学生思维活跃，成长迅速，已经不满足于“大水漫灌”式的育人模式，更加渴望教师根据个体差异、群体差异、成长规律做到因材施教。精准把握学情，从学生的需求出发，是提升育人模式针对性和时效性的必然要求。

（一）依据育人规律和学生成长规律，培养学生全面学习的能力

七年级学生刚刚踏入初中，对为什么而学习依然懵懂，并且需要时间完成从小学到初中的转换，因此他们学业发展的重点将落脚于保护学生学习好奇心，帮助学生形成有序的学习生活。七年级将课堂听讲与作业挂钩，不断

探索高效的课堂听讲和作业完成方法；组织“与爸妈共进步”活动，将学生自主完成作业与家长检查督促相结合，家校合作，将学生的学习落到实处；开展“最美作业展评”等一系列学习习惯养成活动，学生形成了高效、严谨、自律、稳定的学习习惯，也为即将到来的八、九年级做好准备。

八年级学科课程的难度开始增大，广度也开始拓宽。学生通过一年的学习，已经基本适应了初中学习生活的节奏，除了完成日常的学习任务之外，还需要通过跨学科学习重点培养学生学习转换力，将知识融会贯通，建立知识体系和框架。因此，在八年级开展“晒导图”活动，每周展示不同学科的优秀思维导图，学生通过自己制作思维导图，梳理知识框架，填充细节内容，提升学习效率。

对于还未到来的九年级，我们未雨绸缪。学生即将面对升学压力，学业任务繁重，因此我们要充分挖掘学生的学习内驱力，通过各种成功的体验，让学生不断建立学习自信，并且形成稳定的学习品质。开展“大大小小的成功”活动，让学生在每天繁重的学习生活中找到自我成就感，从而提升学生的学习内驱力，增强自信。通过每日的互相交流和陪伴，同学之间形成一个学习共同体，相互支持、相互激励，共同追求知识和真理，并且在立足于学校学习的前提下，放眼于未来的终身学习，树立终身学习的意识，明确为中华民族伟大复兴而努力读书的坚定信念。学生通过学习了解国家历史、文化和成就，增强对国家的认同感和自豪感。通过国际交流与合作，学生有机会展示国家的优秀文化和科技成果，进一步增强民族自信。

（二）以学生学习生活为基础，发挥互动影响的育人作用

七年级学生刚刚进入初中生活，虽然变成“小大人”，但是心理状态仍然幼稚。进行正确的自我认识和客观的自我评价，成为首要学习的能力。通过对自己进行正确全面的剖析，学生能够更好地改进自身不足。开展“给自己的小纸条”活动，让学生经常夸夸自己，找到自身的亮点，建立充分的自信。一个人只有做好自己，才能发挥作用、影响他人、回报社会。

进入八年级，学生要建立稳定的自信。随着叛逆期的到来，学生与家长和老师之间突然就出现了“代沟”，同学之间的关系突然更加紧密，更能互相理解，此时就应发挥生生互动的良性影响。通过建立“班级邮筒”，学生将看到的好人好事放到邮筒里与大家分享，学会正确认识自己的同时也懂得欣赏他人，从而培育健全人格，养成积极的心理品质，促进个人和社会的全面发展。

经历了八年级的心理动荡，九年级的孩子心理更为成熟，能够更加开放和包容，并且开始关心国家发展、民族复兴。九年级晚餐时，我们坚持每天组织“新闻与我”活动，让学生了解国内外时事的同时，着眼于自己与国家、世界的联系。学生在对国内外文化兼收并蓄的同时，树立远大的理想和抱负，从而成为有理想、有责任感的合格社会公民。

（三）坚持教师价值引导和学生主体建构相统一，建立校内与校外相结合的育人机制

思政育人，永远都不只是班主任的职责，也不仅是任课老师的职责。全方位的思政育人，需要家庭的配合、学校的管理、社会的响应。

七年级的学生稚气未退，需要家校配合，形成良好的自我管理能力。进入七年级，我们就开始了贯穿一整年的“家校联系本”的书写。通过每日家校联系本的书写，家长能及时掌握学生的在校状态，同时对学生的学业进度和学习效果进行实时监督，家校配合，积极引导学生树立正确的世界观、人生观、价值观。在家校的共同努力下，学生经过一整年的学习，提升了对自己、家庭、集体、社会、国家的责任感，增强了担当精神，提升了参与能力。

随着自我意识的增强，八年级的孩子不再愿意被管理，迸发出了更多的自我管理意识，因此在八年级，我们要顺应学生心智发展规律，让学生更多地进行自我管理。他们通过“我当一天值日班长”活动，分享管理他人的经历，提升自我管理和团队管理的能力和意识；通过“每日一事”活动，复盘班级大事件，探讨事件背后的深层含义。学生也开始树立主人翁意识，学会对自己负责，关心集体，关心社会，关心国家，具备了视国家利益、集体利益高于一切的观念。

九年级的学生逐渐成熟，完善的班级管理模式也已形成，因此对学生的管理策略应更加契合其具备的社会前瞻性和多元性。通过“每日播报”活动，复盘国内国际大事件，对事件进行总结和反思，学生们通过交流和碰撞，逐渐形成准确、全面的国际观，能够正确看待国际差异，理解各国的发展道路和价值观念的多样性，逐步成为具有民族魂魄、国际视野，能够参与国际竞争和合作的人才。

形成育人特色，让思政育人有高度

在“三力”教育理念的指导下，思政育人初步形成了一定特色。

（一）育人教育梯度化

从纵向上看，围绕“三力”教育理念开展的育人模式，符合初中生的身心发展规律，能够帮助学生在青春期发展阶段，建立正确、充分的自我认知，为学生的健康成长搭建阶梯。同时将育人活动与社会发展有机结合，能够帮助学生形成正确的价值观，涵养必备品格，增强规则意识，学会做人，学会做事，为学生踏入社会，做合格公民做好准备。

从横向上看，“三力”教育有效利用家校社全面共育的优势，整合资源，帮助学生建立终身学习和自我管理的能力，实现梯度化成长，让学生富有鲜活的生命力，提升育人质量。坚持校内教育和校外教育相结合，引导学生走出课堂、走出校园，把知识运用于社会、服务于人民，强化学生的社会责任感。

（二）育人评价立体化

通过过程性评价与结果性评价相结合，采用多样化的评价方式，日日评、事事评，确保三年育人过程中各要素的平衡，从而构建立体化的评价体系。在班级建设中，依托学校德育整体工作，家校社共育，全员参与，通过学生自我评价、教师评价、同伴评价、家长评价和社区评价相结合等各种形式进行综合评估，学生对于自己的成长和收获进行及时总结和回顾，使育人效果评价更加科学、专业和客观。

（三）家校社育人全面化

以家校联系本为媒介，家校沟通达到了日日沟通、生生沟通，无差别全覆盖的良好局面，改变了家长对学生在校情况一无所知的状况。通过与社会的联结，学生放眼世界，对社会也有了责任感。

凸显培根铸魂，让思政育人有厚度

当前，中华民族伟大复兴战略全局和世界百年未有之大变局同步交织、相互激荡、交融交汇。国际国内形势深刻变化，各种思想思潮交互涌动。只有做好培根铸魂的工作，才能开创新时代青少年思政工作格局。我基于“三力”理念的育人工作，让学生在知行合一中体会到了国情的变化、社会发展的进步，认清了自身的历史使命。

从学习力上看，七年级的育人模式使学生形成了良好的学习习惯；八年级的学习活动培养了学生的学习思维；九年级“大大小小的成功”等活动，使学生不仅收获了自尊心、自信心，更是通过团队努力，形成了学习共同体，养成了终身学习的习惯。经过三年的习惯培养和思维培养，孩子们的成绩稳中有进。更重要的是，学生对于学习不再有畏难情绪，而是学会了迎难而上，在学习中获得成就感，从而爱上了学习，真正把所学内容内化于心、外化于行，做到善学善用、真学真用，兼收并蓄，为我所用。

从影响力上看，在实践中，学生不仅注重规范自己的言行，而且开始更多地关注自己对他人的影响、对社会的影响。在思想上，他们开始努力发掘自身的潜力和价值，以期对社会产生更大的正面影响。这份责任激励着他们不断追求更高的目标，追求更有意义的人生。

在管理能力方面，学生不再对“被管理”持有抱怨，反而在有序的管理体系中体验到了舒适感，实现了自我管理、自我服务、自我激励以及自我完善的目标。在团队协作的过程中，他们的交流与沟通技巧得到了显著提升，学会了以一种他人乐于接受的方式进行管理，进而增强了对自己、对他人以及对社会的责任感，为成为和谐社会中合格的公民打下了坚实的基础。

作为班主任，我将“三力”教育理念贯穿于班级管理的始终，以生为本，落实三阶培养，将政治引导、价值引领、理论教育和知识传授有机结合，在点滴的学习生活和实践中坚定理想信念，推动班级管理与思政课程同向发力、协同育人，实现显性教育和隐性教育有机结合，实现育人与育才的有机统一，激发青少年投身强国建设的信心和决心，培养更多担当民族复兴大任的时代新人。

春风化雨　润物无声

——我的语文课程思政教学故事

翟孔荣

人物扫描

翟孔荣，济南市历城区虞山路学校（山东师范大学虞山路实验学校）初中部教育处主任、语文教师。荣获济南市历城区优秀教师、济南市历下区优秀班主任、诗文教育卓越教师、山东师范大学基础教育集团三八红旗手等荣誉称号。

我的父亲常说："你们生在最好的时代！"随着年龄和阅历的增长，我越来越认可这句话。我们的时代，是没有战火硝烟、安逸稳定的时代，是南方富饶、北方振兴的时代，是日新月异、文化强盛的时代，是我们依偎在强盛祖国母亲的臂弯里长大的时代。作为一名光荣的中国共产党党员和一名幸福的人民教师，我们没有理由不感恩、不奋起直赶、不涌泉相报。我的语文教学紧紧围绕着"课程思政"的主线，努力让学生在语文学习中立志、勤学、改过、择善，牢固树立社会主义核心价值观，厚植中华民族传统美德，弘扬民族精神和时代精神。

新时代新征程上，我们应是一条奔涌不息的河流，需要顺应时代潮流，与时俱进，终身学习，努力做到政治强、情怀深、思维新、视野广、人格正。在教育教学中，我关注教育前沿的研究成果，不断更新自己的教学内容和教学方式，尝试和实践"先学后导，问题评价"这一聚焦学生核心素养提升的课堂教学模式，以学生自学和小组合作的方式，指导学生学会预习、单元整合、读写结合，提高了学生学习语文的积极性，提升了教学质量，得到了领导、专家和学生的一致好评。躬耕教坛、强国有我。在课堂教学中，我努力梳理和选择合适的材料，将中华优秀传统文化、革命文化、社会主义先进文化及济南本土优秀传统文化讲深、讲透、讲活，不断增强语文课程的针对性与吸引力。同时，打破"思政小课堂"与"社会大课堂"的壁垒，整合社会资源，拓展育人场域，我以思想政治主题研学为抓手，带领学生走出校园、走向社会。去济南战役纪念馆、辛弃疾纪念馆、老舍故居、中华文化研究与体验馆、虞山书院……让学生们了解区域内民风民情，坚定理想信念，筑牢思想根基，自觉担当使命。

语文教科书不仅是呈现语文学科知识和技能的载体，同时也承载着一定的社会价值观和德育要素。部编版初中语文教材采用"人文主题"与"语文要素"双线组织单元结构，其中"人文主题"涵盖了"人与社会""人与自然"和"人与自我"三大版块，从三个层次渗透着语文课程对学生的价值观教育。唯有吃透教材、梳理教材、整合教材，从语文学科特点出发，将蕴含在教材中的思想教育内容挖掘出来，适时、适量，采用恰当方式，才能将思政教育落到实处。

部编版语文教材里有丰富、经典的思政教育素材，需要语文老师去挖掘和梳理。在不断的实践和思考中，我按照主题将六册部编版语文教材的思政教育素材进行了分类：家国情怀、革命精神、传统美德、山河乡土、社会主义先进文化。同时在预习、教读、作业、活动、评价五个环节渗透思政教育，取得了良好的效果。在语文课程思政的种子里，要找到理想、道德、信念教育的基因。

第一是家国情怀。家国情怀内容甚广，包括现代爱国主义、古代文人忠君爱国之志、忧国忧民之情、壮志报国之心等多个方面。比如，七年级下册第二单元以“家国情怀”为人文主线选编了歌颂中华民族顽强奋斗精神的《黄河颂》、饱含热爱故土祖国之情的《土地的誓言》和保家卫国代父出征的《木兰诗》等课文。杜甫在《石壕吏》《茅屋为秋风所破歌》《春望》中表达了忧国忧民的愁思；范仲淹在《岳阳楼记》中体现了“先天下之忧而忧，后天下之乐而乐”的忠君爱国之志；南宋豪放词人辛弃疾在《丑奴儿·书博山道中壁》《破阵子·为陈同甫赋壮词以寄之》《南乡子·登京口北固亭有怀》等作品中表现了爱国报国之志；《太空一日》则展现的是爱国情等。家国情怀，是人才的根与魂。新时代家国情怀的最主要特征就是坚持爱家、爱党、爱国、爱社会主义相统一。

第二，革命精神值得我们去挖掘。教材中所体现的革命精神，是中国共产党带领人民在革命、建设、改革进程中不断形成的革命奉献精神、革命斗争精神和革命必胜的乐观主义精神，是革命文化的内核所在。例如，七年级上册中的《纪念白求恩》、下册中的《邓稼先》赞扬了大公无私的革命奉献精神，七年级下册选编的《老山界》展现了红军英勇奋斗的革命斗争精神，《谁是最可爱的人》高度赞扬了志愿军战士们奋勇拼搏、坚韧顽强、舍生忘死的革命战斗精神，九年级上册中的《沁园春·雪》寄托了革命必胜的乐观主义精神。我们在执教这些课文时，要把握好革命精神融入语文思政课教学的切入点和契合点，通过学生喜闻乐见和易于接受的方式实现革命精神与语文思政课教学的深度融合，从而提升语文思政课教学的吸引力和感染力。

第三，部编版初中语文教材中的篇目主要体现了自强不息、清正廉洁、谦虚谨慎、孝悌人伦、宽恕包容、仁爱友善、诚实守信、谦恭礼让和恪尽职守等中华民族传统美德。七年级上册中的《最苦与最乐》作者提出快乐和幸福是对家庭、社会、国家以及自己尽责任。七年级下册中的《驿路梨花》再现了西南边疆人民助人为乐、热情好客的淳朴民风，赞颂了军民互助、民族和谐的良好社会风貌。八年级下册中的《我一生中的重要抉择》作者王选把扶植年轻人的事作为一生中重要的抉择，体现了他无私奉献、甘为人梯的精神。九年级下册中的《蒲柳人家》展现了古运河边父老乡亲侠肝义胆、仗义疏财、扶危济困的优秀品质。中华民族传统美德为我们当下的中小学生思政教育提供了坚实的基础，我们需要从中寻找思政教育的根与魂，在这个过程中树立新一代中国人的价值观与人生观。

第四，部编版语文教材中的篇目对自然山河、故土乡情有生动入情的描述，这也是我们进行思政教育的切入点。老舍写《济南的冬天》，汪曾祺写《昆明的雨》，“济南”和“昆明”都是以第二故乡的特征存在的。李森祥的《台阶》，朱德的《回忆我的母亲》，朱自清的《背影》，鲁迅的《从百草园到三味书屋》《阿长与山海经》《社戏》《故乡》都是乡土文学的代表。《中国石拱桥》和《苏州园林》两篇课文以展现祖国伟大建筑设计的方式，增强了学生的民族自豪感和文化自信。在现当代诗歌中，《回延安》《我爱这土地》《乡愁》都与故乡有千丝万缕的关联。山河乡土文学蕴含丰富的思政教育素材，将乡土文学阅读与思政教育融合，是语文学科落实课程思政的有效路径之一。

第五，部编版语文教材在多篇目中体现了“富强、民主、文明、和谐，自由、平等、公正、法治，爱国、敬业、诚信、友善”24字社会主义核心价值观。如体现诚信、友善的《陈太丘与友期行》《驿路梨花》；体现敬业的《敬业与乐业》《纪念白求恩》《邓稼先》；体现平等的《老王》；体现争取自由、民主的《最后一次讲演》；体现爱国的《土地的誓言》《出师表》等。教师在教授这些文章时，要进行系统设计，师生一起做社会主义核心价值观的坚定信仰者、积极传播者、模范践行者。

随风潜入夜，润物细无声。我会抓住“形象”和“主题”两大要素，在文本解析中做好思政教育。分析“形象”和“主题”是阅读教学的重要环节，也是语文课程思政教育的“牛鼻子”。通过深入剖析各式各类的形象，让学生获得情感体验；通过阐释主题，让学生获得道德、价值观方面的启发。在品析与理解人物性格的过程中，学生能够得到正面或反面的引导，思政教育的效果会更突出。《说和做——记闻一多先生言行片段》塑造了闻一多先生务实勤奋、谦虚淡泊、言行一致、视死如归的形象；《邓稼先》突出了邓稼先忠厚平实、甘于奉献的崇高形象；《梅岭三章》《纪念白求恩》等篇目都刻画了忠贞不渝、前仆后继、意志坚定的共产党员形象。学生通过体会人物的精神，有利于增强爱国情感和民族自豪感，继承和发扬革命优良传统，坚定人生的方向，牢记时代使命。分析反面人物形象也是进行思政教育的契机。如《我的叔叔于勒》里势利冷酷、虚伪贪婪的菲利普夫妇；《范进中举》里庸俗市侩、尖酸刻薄的胡屠户；《变色龙》里奴颜婢膝、欺软怕硬的奥楚蔑洛夫……类似这样的反面人物在当今社会仍然存在。立德树人教育不仅要让学生明白正确的价值导向，也应该向学生讲清楚误区，培养学生明辨是非的能力。

名著阅读是语文课程思政的有力外延。将课内外名著阅读与课程思政相结合，是推动语文课程思政的有力补充。部编版语文教材中 12 本必读名著（《西游记》《朝花夕拾》《骆驼祥子》《钢铁是怎样炼成的》《红星照耀中国》《海底两万里》《经典常谈》《昆虫记》《简·爱》《水浒传》《儒林外史》《艾青诗选》）的阅读指导可以对标到爱国主义、文化自信、人文精神、责任担当、实践探索、热爱生活、法治意识等多个思政教育维度。在指导学生阅读的过程中，我们可以通过不同的主题来渗透思政教育。

在做好教材推荐的必读名著的阅读指导后，我还会筛选合适书目，鼓励学生进行课外整本书阅读。在选择课外阅读书目时，我往往较为慎重，尽力从政治、经济、文学、文化、生态、历史等多方面去选取。为了让学生形成完整的认知体系，我和语文组老师们选取的都是整本读物，并且每本在一百页左右，确保学生每个月读一本，一个学期能够完整地阅读四本书，避免阅读碎片化。我鼓励学生将阅读的内容引申开来，与中国和世界、历史和现实结合起来，做到纵横比较，开拓学生的视野，从而使学生真正养成阅读意识、思考意识、比较意识。通过读书讨论、相互交流、彼此沟通，学生能够厘清作者的思路和问题要点，并逐渐形成自己的看法。我还鼓励学生学会做笔记和写作，从而将读书交流和课后写作结合起来。师生共读、双向奔赴，让思政课与阅读形成最大向心力，画出最大同心圆。

我们还专注打造“虞山剧场”区域思政教育品牌。2021 年初中部成立伊始，“虞山剧场”随之诞生。“厚植家国情怀，涵养进取品格”成为“虞山剧场”最为经典的主题。在这个舞台上，我们根据学生的身心发展特点和语文学科特点，循序渐进地进行课程思政教学实践，课本剧展演、诗歌朗诵、演讲比赛、辩论赛成为最受学生欢迎的四大活动。形式多样的语文课外实践活动，不仅能激发学生的学习兴趣，拓宽学生的学习视野，使学生获得更多的知识和技能，更能实现对学生的全方位教育，尤其是思想政治教育。

读写结合，是课程思政教育落笔入心的最佳方式。部编版语文教材写作版块主要围绕“人与自然”“人与社会”“人与他人”和“人与自我”四大维度，引导学生对自然、社会和人生进行思考。写作训练内容的主题与单元阅读人文主题相关联，实现了读写结合并相互促进的目的。教学中，我引导学生将阅读中的写作手法运用在自己的写作中，将阅读文本的思想、价值通过思考，成功转化为对自己有益的人生价值导向。我在评改作文时，会去关注学生作文中隐藏的价值观层面的问题，注重作文评价对学生思想价值的引领。对于那些积极、正确的人生态度和价值观予以肯定、鼓励，对于那些有不良倾向的价值取向及时纠正，引导他们正确、辩证地看待社会现象。

如何在课堂组织形式上，给予学生思政成长的滋养？我经过实践得出的答案是：改变固有的教学模式，尝试更加自主和开放的“自主合作”课堂教学模式。自主合作倡导学生在自主学习的基础上进行深度的小组合作学习，在思维碰撞中提升学习质量，自主合作学习模式在初中语文教学的思政教育中有很大的应用价值。部编版初中语文教材注重培养学生的语文素养和综合能力，为学生进行小组合作学习提供了广阔的应用空间。

在小组中，学生们可以互相交流、讨论，分享自己的观点和想法。这种互动式的学习方式能够激发学生的学习兴趣，提高他们的学习积极性。小组合作学习要求学生们共同完成学习任务，这就需要他们具备团队合作精神和良好的沟通能力。在小组中，学生们需要分工合作、互相支持，共同解决问题。通过这种方式，学生们可以学会倾听他人的意见、尊重他人的观点，提高自己的沟通能力和合作能力。小组合作学习不仅可以促进学生之间的互动，还可以促进师生之间的互动。在小组合作学习中，教师不再是知识的传授者，而是学生学习的引导者和促进者。课堂上的我，成为一个幕后导演，学生成为课堂的主角。在学习纪实作品《红星照耀中国》时，我让学生们分组阅读小说的不同章节，共同讨论小说的情节、人物形象等问题。在“重温红色经典，赓续红色血脉”阅读分享会上，学生以小组为单位，分享了自己对革命先辈们的重新认识、对长征的新体会、对革命历史的再学习。分享会气氛热烈，小组成员之间有碰撞、有交流、有纷争。合作的课堂提高了学生的学习兴趣和积极性，培养了学生的团队合作精神和沟通能力，促进了师生互动，提高了教学质量，同时也达成了思政教育的目的。“没有完美的个人，只有完美的团队。”“我学会了是我最大的荣耀，我帮助我的同伴学会了也是我最大的荣耀，全班同学都学会了是我们最大的荣耀。”这些金句成为我和学生们的共识。通过合作教学，我把社会主义核心价值观融入青少年学生的血脉，把马克思主义思想、国家观念植入青少年心田。“自主合作”课堂教学模式既重视个体力量，又凸显集体力量。我为人人，人人为我，整个学习过程成为培养学生独立学习能力、互助合作能力的过程，也成为引导学生处理个人、集体关系的最佳途径。

我永远记得2021年10月份，我们的第一届“虞山剧场”落幕时的一个场景。一个平时成绩并不突出的学生兴奋地跑到我面前，目光炯炯地说：“老师，太震撼了，下次我还要演更厉害的角色！”这名学生刚刚完成了他自己改编、排练的课本剧《茅屋为秋风所破歌》，他在剧中担任诗圣杜甫这一角色。其实，当时我的内心更加激动。因为这个学生和他所在的小组将170字的诗歌改编成3600余字的剧本，增添了合情合理的细节和人物，又利用课余时间多次排练，最终将作品呈现在舞台上，实属不易！后来，这个节目被推荐到区里，有了更广阔的展示舞台。相信杜甫忧国忧民的济世思想已经在他们心中扎根。我仿佛看到，我一直以来坚持的思政教育的火苗，在学生的眼睛里得到了传递和绽放。无数个这样的时刻，都令我泪流满面。

春风化雨，润物无声。习近平总书记指出：“好的思想政治工作应该像盐，但不能光吃盐，最好的方式是将盐溶解到各种食物中自然而然吸收。”语文思政课程以丰富的人文内涵、道德内涵、思想内涵、文化内涵，对学生思想的启迪、三观的澄清、心灵的净化、人格的陶冶有重要作用。将思政教育与语文教学相融合，为党育人、为国育才，是我一辈子要做好的事情。当然，我的探索实践还不甚成熟。我会不断创新教学方法，提升自我专业素养，发挥以身作则的榜样作用，更好地实现语文教学与思政教育的有效融合。

传承红色基因　思政铸魂育人

何晓丽

人物扫描

何晓丽，现任济南育英中学党委副书记、校长，济南市优秀班主任、济南市建功立业先进个人、济南市教育高质量发展工作表现突出个人，济南市第四期优秀管理者建设工程人选。荣获山东省“一师一优课、一课一名师”活动省级优课、济南市优质课一等奖、骨干教师能力大赛一等奖、市中区教学能手、学科首席、风格教师等荣誉。多次参与省市级重点课题研究。

济南育英中学是一所始建于1913年的百年名校，承载着悠久的历史、光荣的革命传统以及深厚的文化底蕴。校园中心的青砖小楼见证了中国社会主义青年团济南地方团的成立，也见证了党的一大代表王尽美、邓恩铭在此地的早期党团活动。在这百年岁月里，育英中学培养了一批又一批社会精英和国家栋梁。这些闪光的红色校史和杰出的育英前辈，不仅为育英中学开展红色教育和建设红色文化校园提供了得天独厚的条件，也为学校实施“大思政”教育、全面推进铸魂工程奠定了坚实基础。

作为一名拥有29年思政教学经验的教师，作为思政组组长和学校负责人，我一直在思考如何改革思政课程，如何推进学校的课程思政建设，以实现铸魂育人的目标。在探索与实践中，我逐步找到了答案。

思政课程：涵德养行

我深知，思政课程不仅要传授知识，更要引导学生形成正确的世界观、人生观和价值观，为他们的人生之路奠定坚实的思想基础。我坚持用自己的爱心成就学生，用灵动的课堂吸引学生，形成了“亲·情·悟·化”涵德养行的教学风格。

（一）亲：重视打造充满亲和力的课堂

为了激发学生的学习兴趣，我注重打造充满亲和力的课堂。我运用丰富的教学资源和灵活的教学方法，如辩论会、时政播报等，让学生在轻松愉快的氛围中学习。我还经常引入《中国诗词大会》《朗读者》等热门节目的视频资料，以及“感动中国人物”“英雄模范人物”的评选视频，以此激发学生的学习探究主动性。这些生动的素材不仅丰富了课堂内容，更让学生在观看、讨论中感受到了思政课的魅力。

为了进一步增强课堂的吸引力，我还致力于开发特色课程。例如，“时政播报”课程让学生关注国内外大事，培养他们的责任感和使命感；“影领人生”课程则通过观影活动，让学生在情感价值的共鸣中思考人生、感悟生活。

这些特色课程不仅激发了学生的学习兴趣，更让思政课堂变得生动有趣。

（二）情：重视情境的创设

在情境创设方面，我同样下足了功夫。我深知，情境教学能够激发学生的学习兴趣，提高学生课堂参与度。因此，我在教学中经常运用短视频、情景小品等形式创设情境，让学生在情境中体验、感悟和成长。例如，在讲授《师生之间》一课时，我通过播放小视频《瞬间变脸的班主任》来创设情境，引导学生思考师生关系的多样性；在讲授交友的智慧时，我则以小品的方式创设情境，让学生在深入其境中分析益友和损友的区别。这些情境创设不仅让学生更加深入地理解了课程内容，更让他们在课堂学习中获得了真实的情感体验。

（三）悟：用关键点激发德行养成的质变

在学生德行养成的实践中，哪些点是激发德行养成的质变点呢？我认为是关键人和关键事。我愿意成为学生成长中的那个关键人，为他们创造不同的关键点，搭建更多的平台。我经常设计一些特色活动，让学生在活动体验中顿悟做人和做事的道理。例如，在学习“友谊的天空”和“师长情谊”两个单元时，我设计了“寻找幸福”主题活动，引导学生用发现美的眼光寻找和感受来自身边的幸福，学会感恩身边的人和事。这样的活动不仅让学生感受到了友谊和亲情的温暖，更让他们在实践中领悟到了人生的真谛。

我结合课标和教材，创新性地开展了“我来书写荣辱观”活动。学生们在撰写荣辱观主题的座右铭时，不仅加深了对正确价值观的理解，更在字里行间顿悟了做人做事的准则。此外，我还组织了“争当诚信人”活动，在考试中实行无人监考，让学生亲身体验自律和诚信教育。走进社区的服务活动，让学生深刻体会到我们与社区的紧密联系，培养了他们的社会责任感。而“英雄在我心”学子讲坛，更是让学生穿越时空，与历史对话，增强了他们的家国情怀，坚定了他们报效祖国的决心。

随着2022年版新课标的颁布，我更加深入地学习和领悟课改的内涵。我结合课标和教材设计特色活动，充分挖掘课外学习资源，以课外激活课内，让学生在体验、探究中感悟成长，并在体验反思中实现自我教育，激发学生自主发展的内驱力和自律意识。

（四）化：将内在的知识外化于行

“化”是品德的表达，表达的途径就是实践和行动。道德与法治课的价值就是培养学生优秀的德行。要让品德内化于心的同时，做到外化于行。

我深知，对学生品德的培养不能仅停留在理论层面，更要通过实践来检验和升华。因此，我布置了一系列实践性作业。“为父母做一件有意义的事”，让学生用实际行动表达对家人的爱；收集春联、拍摄过年习俗，让学生在传统文化中感受节日的韵味；“晒身边的变化”活动，则鼓励学生用绘画、文字等多种形式记录时代的变迁。

为了促进学生知行合一，我还采用了多元评价方式，如设置品德储值卡、评选“四德”好少年和星级学生等，让学生在竞争中成长，在自律中前行。同时，我还带领学生走出校园，参加志愿服务活动，如到山东省科技馆等服务点进行志愿服务，让学生在服务社会中感受幸福，增强使命感。多名学生因此被评为省优秀志愿者，成为学校的骄傲。

学生们在我的引导下，还主动策划了义卖、捐书、捐款等一系列公益活动，用实际行动传递着爱与温暖。他们不畏寒冷，在文明岗执勤；给老党员送温暖，重温党的历史；参与职业体验，尊重每一位劳动者。这些经历不仅锻炼了学生的实践能力，更让他们的品德在实践中得到了升华。

令我欣慰的是，我的学生们到了高中阶段依然保持着优秀的德行，他们自主组织戏剧表演，将表演所得捐给需要帮助的人；毕业后仍心系母校，为学弟学妹们制作“中考加油”视频，传授经验，答疑解惑。这些行为不仅彰显了他们的品德魅力，更让我看到了道德与法治教育的深远影响。

“亲・情・悟・化”涵德养行，是我在教学中深化探索与实践形成的教学风格。这一风格让我的道德与法治课有意思、有意义、有价值、有力量。这一风格还作为教学成果在区域内进行推广和交流，并且发表在《山东教育》杂志。培养学生的德行是一件长期的事情，作为一名思政教师，我愿肩负时代使命，以滴水之功、润物无声之力涵养学生的德行，促进学生健康成长。

作为思政组组长，我带领老师们深研思政课程，创新教学方法。在济南市“双贯通”项目中，我们组内的两位老师提供了示范课，特别是“行走的思政课”开启了思政组的改革之路。我们创新了“红色文化＋思政实践”课，课程被评为济南市思政“金课”。我还带领思政组教师编写了《百年育英情》校本教材，立足思政课堂，实现铸魂育人的目标。

课程思政：培根铸魂

身为学校的管理者，无论是担任年级主任还是学校负责人，我始终致力于将铸魂教育融入日常教学，通过课程思政实现全面育人。

（一）品牌启航，赓续红色基因

自 2013 年起，学校便明确了“红色育英、人文育英、现代育英”的发展目标，并推出了“党旗·团徽·育英人”这一党建品牌，旨在通过“铸魂”工程，让红色文化浸润师生心灵。

1. 党旗飘扬，深植理想信念。

为了让学生深刻理解中国共产党的百年历程，我们邀请了党史专家王继军教授，根据不同年级学生的认知水平，开设了系列党课，累计讲课近 70 场。这些课程不仅让学生知党史、感党恩，更激发了他们永远跟党走的决心。

在一次党课后，2017 级 18 班的兆正同学激动地说：“曾经的中国人难以在国际上发声。而今，我们要用自己的努力为中国发声！我们是祖国的未来，要铭记身份，努力学习，将来证明祖国的强大。”这样的心声，让我深感自豪。我们需要的，正是这样脚踏实地、信念坚定的青年。

2. 团徽闪耀，强化责任担当。

学校教育的核心不仅是知识的传授，更是培养有信仰、有担当的新一代。为此，我指导团委老师策划了一系列庄重而富有创意的团队活动，如“领巾大、责任大、志向大”换巾仪式、“珍藏红领巾，拥抱共青团”入团预备仪式、“不忘初心跟党走”青春礼仪式等。这些活动不仅丰富了校园文化，更坚定了学生的志向，让思政教育如春风化雨般融入教学日常。

3. 育英人行动，践行“尽美九项”。

为弘扬志愿精神，我们成立了济南市首支初中志愿服务队——尽美志愿服务队，并开发了“尽美九项”志愿服务课程。从交通维护到义务讲解，从学霸助学到社区服务，学生们在实践中成长，在奉献中收获。

特别值得一提的是，山东建团纪念馆的师生志愿讲解服务队，以校园内的纪念馆为阵地，宣讲党史团史，接待了来自全国各地的访客近 3000 人。李亚轩同学更是凭借自己的志愿服务经历，在南澳学生大使中国区选拔大赛中脱颖而出，展现了青年学子的家国情怀。

我认为，通过不断增强“党旗·团徽·育英人”党建品牌的影响力和生命力，我们能够更有效地提升学校教育教学工作的效率和品质，从而实现立德树人、为党育人的教育目标。

（二）课程重构，筑牢素养根基

为了全面培养学生的核心素养，我带领教师们整合学校研究成果和课程资源，重构了我校课程体系：基于铸魂教育的“慧育英才校本课程群”。这一体系包括民族之根、修身之道和素养之基三大课程群。

“民族之根课程群”聚焦学生家国情怀的培育。通过“校史课程群”“校魂课程群”和“党史国情课程群”，学生可以深入了解学校的百年历程和革命精神。特别是校史剧课程，学生们自编自导自演，通过再现历史故事和重塑红色人物形象，深化了对校、对党、对国的情感。

“修身之道课程群”指向学生人格品性的培养。该课程群设有主题教育、志愿服务和团队课程等，从独立、合作、沟通、自律等多个角度培养学生良好的行为习惯。我们秉承“坚苦勤劳”的校训，弘扬自强不息、永不言败的精神，努力培养具有高尚品格和坚韧意志的新时代青年。

“素养之基课程群”指向学生终身发展所需的核心素养的培育。具体又分为“学习力课程群”和“发展力课程群”。“学习力课程群”指向国家课程的校本化实施，夯实学生学业基础，提升学生学习品质和能力；“发展力课程群”指向学生创新和实践能力的培养。这些课程，在丰富学校教育行为、完善学校教育方式、创新学校教育路径方面起到了重要作用。

总之，通过课程重构，我们成功地将铸魂教育融入日常教学，实现了立德树人的教育目标。未来，我们将继续探索更多创新的教育方式，为培养更多具有家国情怀、责任担当和创新精神的新时代青年而不懈努力。

（三）模式创新，迭创育人路径

在教育实践的探索中，我不断思考如何有效整合校内课程思政资源，经过多年的实践积累，逐步形成了独具风格的办学育人模式——基于红色文化，德育与课程实施一体化。

1. 红色文化浸润下的德育新篇章。

我们深入挖掘国家认同、社会主义核心价值观、传统文化与育英校史的内涵，确立了“红色领航，铸魂育人”的德育目标。依托课程变革，我们构建了面向未来的学校课程体系，积极探索红色教育的育人路径。这一做法不仅为同类初中学校提供了完善的育人体系参考，还在课程教材建设、教学改革以及立德树人目标的实现上，展现了重要的理论价值和实践意义。

围绕红色育英的“铸魂”工程，我们根据学生心理年龄和特征，精心设计了一系列红色德育课程。既有日常的德育专题教育活动，也有大型的主题教育活动，全方位覆盖学生身心成长的各个方面。从升旗仪式上的爱国、爱党主题教育，到爱国主义教育周课程、团队课程、研学课程等，都是学生们的必修课程。同时，我们还利用纪念日开展课程思政教育，如“纪念‘一二·九’红歌会”“南京大屠杀死难者国家公祭日纪念活动”等，让学生在参与中深刻感悟红色精神。

2. 红色教育与学科教学的深度融合。

作为学校负责人，我深知爱国主义教育的重要性，将“铸魂”工程贯穿于教育教学的各个环节。在带领老师们开发红色教育课程群的基础上，我倡导将红色教育融入全部教育教学活动，实现全员、全程、全方位的育人目标。

在历史学科中，我们开发了“光影历史”校内拓展课，让学生走出校园，实地探访济南战役纪念馆等地，感受历史的厚重；语文学科利用教材中的红色教育资源，创设红色语文课堂，通过诵读爱国诗篇活动，培养学生的家国情怀；思政学科开展了“讲述共和国功勋人物的故事”活动，让榜样的力量引领学生筑牢理想信念之基；英语学科开展了红色电影英语配音活动，引导学生用世界语言传颂红色精神；数学学科通过举办数学王国话剧大赛，演绎我国数学家为国奉献的事迹；音乐学科组织了红色歌曲赏析活动和红色歌曲大赛，让学生在艺术共鸣中深植红色基因；美术学科则通过校园美景摄影绘画大赛，以美育的方式渗透红色教育。

3. 红色文化传承与红色教育的丰硕成果。

我们积极开展红色文化的传承与红色教育的研究、实践活动，取得了显著成效。学校的“用红色基因铸就学生的鲜亮人生”项目荣获济南市优秀德育品牌。《中国德育》杂志、济南日报融媒体、济南电视台等多家媒体纷纷对我校的红色教育工作进行了报道。我校还被确立为济南市思政教育“双贯通”项目校，并参与了多次大型研讨活动。

我撰写的《从思政课程到课程思政》在《教育家》杂志发表，新华社网络客户端对我校课程思政的报道点击量近 17 万次。在济南市思政教育工作经验交流会上，我代表初中学校做了“传承红色基因，矢志铸魂育人”的主题发言。近年来，我校还荣获了济南市首批“领航学校”、山东省首批红色文化传承示范校、山东省“五四”红旗团组织、济南市“党建先锋榜样”等荣誉称号。

展望未来，我将秉承习近平总书记的嘱托，引领全校师生，共续信仰之火，使之燎原不息；将红色基因深植血脉之中，令其如江河之水，滔滔向前。我们将坚守信念之舟，行走在构筑红色育英、人文育英、现代育英的求索征途之上，矢志不渝地为培育承载红色基因之时代骄子而砥砺奋进、勤勉不辍。

红色铸魂　贯通育人

——济南市莱芜区吴伯箫学校特色育人模式建构与实践

李　迎

人物扫描

李迎，现任济南市莱芜区吴伯箫学校党支部书记、校长，济南市第四期优秀教育管理者建设工程人选。1999 年至 2004 年在济南市莱芜区苗山镇中心中学教学，2004 年至 2023 年在济南市莱芜区陈毅中学历任办公室主任、党建办公室主任、党支部副书记等职。荣获济南市优秀班主任、莱芜区优秀教师等荣誉称号。

济南市莱芜区吴伯箫学校以“承伯箫文风，育奋斗精神”特色办学理念和红色精神为引领，持续深化“红色铸魂，贯通育人”特色育人实践，持续锻造“伯箫育人”红色品牌，打造以“乐”“学”“文”“争”为核心理念的“箫韵”教育体系，逐步探索出思政育人发展新路径。

“红色铸魂，贯通育人”模式的实施路径

“红色铸魂”即用红色资源、红色精神铸造灵魂，引领全校师生明国家大德、守社会公德、严个人品德，培养既全面发展又彰显个性的习近平新时代中国特色社会主义建设者和接班人。“贯通育人”指充分发挥红色文化的育人功能，将红色精神贯通于学校教育教学各方面，贯通于培养学生“五育”各环节，贯通于学生世界观、人生观、价值观及核心素养全过程，培育学生健全人格、健康心理、优良习惯，引导学生扣好人生第一粒扣子。

（一）传承红色基因，筑牢思政根基

红色基因，浸润校园。学校致力于营造浓厚的伯箫校园文化氛围，精心设计建设伯箫精神阵地。漫步校园，吴伯箫同志的铜像在阳光下熠熠闪光；“为党育人，为国育才”八个大字，将共产党人的情怀铭刻于心；校园文化长廊布设了吴伯箫先生的生平故事和精美散文；翻开校刊《箫韵》，赫然入目的是吴伯箫研究专家张欣的题词和中国作家协会副主席廖奔的题字。一楼一宇，尽显伯箫本色；一字一画，厚植家国情怀。

党员先锋，勇担使命。学校党支部设立党员先锋岗，激励各岗位党员知敬畏、存戒惧、争先锋、做表率。党员先锋带头上公开课，示范引领践行“箫韵”五学课堂模式；党员先锋讲党课，牢牢把握“学思想、强党性、重实践、建新功”总要求，既讲理论又讲故事，以学铸魂、以学增智；党员先锋联动团委、少先队开设“党团队大课堂”，引导少先队员了解吴伯箫先生的生平事迹与奋斗精神，让学生充分了解党团队的密切联系，引导他们赓续红色血脉，永远跟党走。

创新实践，化德于行。学校组织师生寻访吴伯箫故居，参加莱芜区官场社区孝德文化活动，举行“立德树人”实践基地揭牌仪式，与社区共建共联、互融共进。在吴伯箫故居，师生重温共产党人艰苦奋斗的峥嵘岁月，品悟红色革命的光辉历程；在官场社区，孩子们表演《跪羊图》，参加“千老乐享”饺子宴，在多彩活动中将中华传统美德根植内心，茁壮成长；少先队排演节目《读伯箫散文，诵红船精神》，全面立体展示伯箫红色文化，让红色基因融入血脉，让革命薪火代代相传。

高端研讨，共建共育。学校深度践行“大思政观”，依托吴伯箫文学资源与红色基因育人优势，不断拓展育人外延。2024 年 6 月 21 日，学校举行吴伯箫铜像揭幕仪式和吴伯箫散文教学研讨会暨人教社“语文实验学校”挂牌仪式，学校高质量发展迎来新征程。学校以吴伯箫散文研究成果和语文实验学校建设为依托，深入挖掘课程资源和育人潜力，弘扬吴伯箫先生深邃的文学精神和独特的艺术魅力，成为学术研讨的创新高地。

（二）创新思政模式，打造箫韵课程

为实现红色铸魂教育，学校深耕吴伯箫这一独特的人文教育资源，将吴伯箫矢志不渝的理想追求，忧国忧民的家国情怀，崇尚布衣精神的平民意识，诚恳朴实、表里如一的优良品格，乐观向上、努力奋斗的豪迈气概融入学校育人体系，探索形成“箫韵课程”。学校致力于以红色文化浸润学生心灵，引导学生深刻领会“真挚深厚的爱国情感，永葆先进的革命党性，艰苦奋斗的工作作风，乐观向上的理想操守”这一伯箫品格，不断培养德才兼备、个性发展、建设桑梓、报效祖国的优秀人才。

德之箫韵课程。德之箫韵旨在培养学生爱国爱党、奉献社会的高尚品质。课程以情境化活动促进学生思辨能力的培养与提升。如“活出生命的精彩”思政课中，通过讨论“黄文秀是伟大的还是平凡的”这一问题，学生能感受“平凡也有价值，平凡中孕育着伟大”的价值观念。情境化思辨课堂通过讲清小道理、矫正歪道理、讲透大道理，引导学生逐步树立正确价值观，提升学生的思辨能力。

智之箫韵课程。智之箫韵旨在围绕“兴文笃志，兢业争辉”的校训和“崇文尚德，卓力竞进”的校风，引导学生端正学习态度，拓宽学生视野，激发学生学习兴趣，提升学生创新意识，增强学生奋斗精神，培养他们终身学习的能力。主要包括“伯箫散文赏读”“玩转数学”“趣味英语”“快乐化学”等智育课程。

体之箫韵课程。体之箫韵旨在培养学生敢于拼搏、不懈奋斗、百折不挠等体育精神，带动学生“文明其精神，野蛮其体魄”。主要包括“快乐足球”“伯箫女排”“绳彩飞扬”等多彩社团课程。

美之箫韵课程。美之箫韵旨在培育学生发现美、欣赏美、涵养美、展示美的能力，以美育课程深深浸润学生素养、陶冶学生情操，让学生放飞想象力、激发创造力，逐步培养学生的高雅情趣和健全人格。主要包括“伯箫鼓乐团”“羲之书法”“我手绘我心”等美育课程。

劳之箫韵课程。劳之箫韵结合学校劳动实践，培养学生爱岗敬业、精益求精、独具匠心、崇尚节俭的劳动态度和艰苦奋斗、吃苦耐劳的劳动精神，引导学生在实践中学会劳动的技能，体会劳作的艰辛，享受丰收的喜悦，培养学生尊重劳动人民和劳动成果的意识。主要包括“快乐农场”“手造工坊”“独具‘酱’心”等劳动实践课程。

（三）注重社会实践——行走的思政课堂

学校注重思政德育实践，将课堂教学延伸到课外实践，把德育轨迹从学校延伸到家庭、社区，努力推进全环境思政育人体系建设，汇集广泛、系统、庞大的社会教育资源，引导学生在多彩的社会实践活动中增长知识、培养能力，切实打通校内外联动思政育人“最后一公里”。

校内活动，助力师生丰富思想。教师深入挖掘学科教学中的红色资源，将红色文化教育与学科知识传授相结合。例如，在历史课上解析革命历史事件和英雄人物，在语文课上诵读红色经典诗文，在思政课上深入讨论红色文化的内涵和价值等。教师通过德智融合的教学方式，引导学生感受红色文化的魅力和力量。同时，学校还邀请权威专家学者做红色文化专题讲座，播撒红色种子，加深学生对红色文化的理解和认同。

学校持续推进伯箫文学社建设，开好“伯箫广播站”，举办“读书节”，开展“凌云鸿志壮山河，红星闪耀悠岁月”项目化阅读活动，开展“一墙一景一特色，各美其美润心灵”班级文化建设评比活动，将伯箫奋斗精神融入书香校园。学校组建“长勺战鼓乐团”，开设入学与毕业课程，把家长请进校园，家校携手给予彼此力量，为勇于追梦的初四学子增添勇攀高峰的勇气和自信心，让踏入校园的新同学对未来充满无限希望。学校还致力于打造党团队活动课程，引导学生树立正确的世界观、人生观和价值观，增强学生民族自信，坚定学生跟党走的信念。

躬耕社会实践，开发利用校外资源。学校开展体验类、寻访榜样类、志愿服务类等红色教育、劳动教育实践活动，增强学生对中华优秀传统文化的认同感和归属感。在莱芜战役纪念馆，全体师生缅怀先烈，祭奠英魂，铭记历史，勇挑重担。在陈楼糖瓜生产基地，同学们沉浸式体验非遗文化，不仅锻炼了动手能力，还在心里播下了传承与创新的种子，坚定了传承非遗文化的信心。学生还聘请各行业模范人物为校外辅导员，助力学生全面健康发展。在校外辅导员进课堂活动中，传承人石桂利老师为同学们介绍了国家级非物质文化遗产——木版年画的历史及特点，带领孩子在亲手制作年画的过程中体会传统文化的魅力，感悟精雕细琢的工匠精神。

“红色铸魂，贯通育人”模式的工作成效

经过不断探索与实践，学校逐步将红色文化教育融入思政课教学全过程，构建起思政育人特色工作体系，培养合格的“红色传人”。

（一）传承伯箫文风血脉，培育矢志奋斗精神

吴伯箫文化的精髓在于培育学生艰苦奋斗的精神。学校以此为引领，守正创新，踔厉奋发，努力办好人民满意的教育，社会声誉不断提升，社会影响力不断扩大。学校先后荣获“全国青少年校园足球特色学校”“山东省教

育发展促进会学校文化专业委员会理事单位”“山东省艺术教育工作先进单位”“中小学教师校本培训省级示范校”“山东省少年军校示范校”“省级优秀交通安全示范学校”“济南市教育高质量发展工作表现突出集体”“莱芜区语文学科教研示范学校”“莱芜区教学工作先进学校”“莱芜区保密宣传教育示范学校”等荣誉称号。学校全体教师努力践行教育家精神，躬耕教坛，苦中作乐，无私奉献，取得累累硕果。

学校公众号开设箫韵专栏，精心制作、定时更新专栏内容，展示“伯箫教师”“伯箫学子”风采，及时向社会推送学校最新动态，展现学校良好的师生形象，营造良好的文化氛围。学校的社会知名度、群众满意度不断提升，品牌效应得以显现。

（二）箫韵课程百花齐放，多元优质赋能成长

学校坚持五育并举，育人成果全面开花。在艺术教育领域，“长勺战鼓乐团”成功入选济南市高水平艺术社团；体育竞技方面，学校接连斩获中小学阳光大课间展评活动一等奖、阳光体侧班级联赛团体总分一等奖；美育培养效果显著，学校在中学生合唱展示活动中荣获一等奖，在莱芜区第六届（班级）文化艺术节中，喜获4项一等奖；科技创新教育更是成果丰富，学校在区科技节、信息素养大赛中累计斩获奖项超百项。系列荣誉既彰显了学校深耕素质教育的深厚底蕴，更见证了学子们全面发展的耀眼风采。

2023 年 8 月份，学校在少先队建设与素质教育领域再创佳绩。在区“红领巾奖章”评选中，学校少先大队、三（4）中队双双斩获集体二星章，2 名队员荣获个人二星章；在“山青之星”山东省青少年风采大赛中，1 名学子荣获一等奖。系列荣誉彰显了学校“党建带队建”育人模式的显著成效。

（三）实践活动精彩纷呈，素养课堂奏响乐章

学校少先队积极开展“红心向党”系列育人活动，规范开展分批入队仪式和六年级建队仪式，开展“童谣颂党，献礼祖国”系列活动，增强少先队员的主人翁意识，同步成立红领巾监督岗，吸纳优秀学子助力学校常规管理工作。

学校利用寒暑假精心组织学科实践活动及社会实践活动，以“生活＋社会＋交流”课程为主，引导学生参与公益活动，让学生尝试角色转换，为学生带来丰富多样的社会体验。学生参观非物质文化遗产基地，目睹非遗产品制作过程，动手参与产品制作，深化了保护与传承意识；学生参加工厂劳动，磨炼了意志，强健了体魄；学生参与学科实践，亲自设计活动方案，在与人交往中学会了沟通，学会了尊重，增强了情境体验感。同时学校鼓励学生成立红色文化社团，如“红色故事会”“红色歌曲演唱团”等，为学生提供展示自我、交流经验的平台，不仅让学生深入了解红色文化，还增强了他们的团队协作能力和社会实践能力。“播音主持”活动鼓励孩子们当众发言不怯场，活动主持有气场，即兴演讲信手拈来，课堂发言充满自信；课本剧《李清照》让孩子们大胆登台，专心表演，敢于表达自我、张扬个性，让孩子们成为众人眼中耀眼的“小明星”。丰富多彩的实践活动，创新了思政教育新方式，丰盈了思政教育新体验。

“红色铸魂，贯通育人”模式的工作启示

学校将红色文化融入育人课程，不仅丰富了思政课素材，开辟了红色教育融入思政课教学新路径，而且还发挥了红色文化引领人、感化人、激励人的育人实效，让红色精神延绵不断，让红色血脉长存永续。新征程上，学校将不断优化教育教学管理，坚持立德树人，五育并举，全面育人，着重做好以下文章，持续推进思政建设入脑入心，走深走实。

（一）进一步完善课程体系，解决好各类课程与思政课相互融合的问题

学校将根据实际，持续开发校本课程、选修课程和实践活动课程，提升课程育人质量，通过课堂教学主渠道，把对学生的价值观培育和塑造融入所有课程，使思想政治教育像阳光和空气一样充满每一间教室，给学生以人生启迪、智慧光芒、精神力量。

（二）进一步改革教学方法，提高课堂教学的吸引力和实效性

学校持续推动打造“箫韵五学互助课堂”，坚持教师主导与学生主体相结合，在自学、导学、互学、助学、评学过程中，以情境教学引导学生合作探究，激发学生的学习内驱力，着力提高学生的课程参与度，不断深化思政和核心素养教育教学工作。设置项目化课后作业，为学生提供更多选择，满足学生的个性需求，落实课堂目标达成度。

（三）进一步精细化管理，重视学生品德培养和良好行为习惯的养成

学校聚焦“双减”政策与“五项管理”理念，准确把握提高课堂教学水平、提高作业管理水平、提高课后服务水平等方面的重点任务和关键环节，逐个级部、逐个班级、逐个教师“过筛子”，在精细管理中将思政工作推向深入。

（四）进一步拓展思政工作空间，以校外实践基地建设来延展实践教学空间

学校将充分利用好当前建立的莱芜官场社区教育实践基地和吴伯箫故居实践基地，根据学段对学生逐级进行传统文化教育和红色文化教育。进一步开发新的校外实践基地，将教育视野扩展到革命圣地、非遗传承基地等场域，不断丰富思政教育内容。

赓续红色基因，矢志接力奋斗。“把红色基因传承好，确保红色江山永不变色”，是全体教育者的使命和担当。展望未来，学校将进一步发挥“红色教育”独特优势，不断提升“红色教育”品牌内涵，深入挖掘伯箫文化精髓，传承伯箫文风血脉，丰富伯箫育人样态，持续推动“箫韵思政育人”品牌建设形成长效机制，为济南教育改革和高质量发展做出新贡献！

“物”中知德　“理”中行育

张　超

人物扫描

张超，济南市平阴县实验学校教师、班主任，济南市教育高质量发展工作表现突出个人。荣获市优秀班主任、县优秀教师、学科带头人、名师工作室主持人、山东省优课奖、济南市基础教育优质课一等奖等荣誉。主编、参编了《数学中的物理》《诗歌中的物理》《生活中的物理》等初中物理拓展课程。

我国核物理学家陈佳洱先生讲过，物理学不只是图表和数据，它能带给你很多更珍贵的东西：一种理性的思维方式、人生的哲学和人生的道路。我从教初中物理近 20 年，经历了我国教育从知识传授向能力培养和素养提升的转变，感受到教育更加注重学生的德育发展和个性化成长，这反映了教育对人的发展本质和社会需求的更深刻理解和指引。

问渠那得清如许？为有源头活水来——寻德

受所教学科的影响，当一种现象呈现时，我们总是遵循“为什么”“是什么”“怎么办”的思维模式去看待问题。物理老师戏称这种刻到骨子里的思维也许就是物理“核心素养”的一种表现形式。刚入职两年的赵老师曾问过我一个问题：“张老师，为什么现在要把立德树人放到教育首位？我们上初中的时候，物理老师就是教物理的。”很佩服年轻教师能发现自身定位与国家要求间的差距，这个疑问正是深入理解立德树人的“源头”。为增强学科教师对德育的深入认识，我们物理组决定追根溯源。

通过一周的查阅资料、组内研讨，我们逐渐意识到，过去突出“知识本位”而没有把德育当成根本任务，主要受社会发展阶段的限制、教育理念的局限、评价体系的单一等因素的影响。然而，随着社会的进步和对人才综合素质要求的提高，人们越来越认识到德育在个人成长和社会发展中的关键作用。在学生成长的过程中，德育有助于他们塑造良好的品德和价值观，使他们明辨是非、善恶、美丑，形成正确的道德判断和选择能力，这是学生在社会中立足、与人和谐相处的基础。德育还能促进学生心理健康，培养学生自律、自信、自尊和自强的精神，增强学生应对挫折和压力的能力，使他们保持积极向上的心态。基于以上几点，我们的学生首先要成人，其次再成才，这至关重要。

在一次学校教研会上，贾老师提出一个问题：“张老师，新课标提出核心素养，核心素养和德育之间有什么联系？”面对现阶段教育的两个终极目标，我联想到了知识和核心素养的关系：知识是载体，素养是目标。老师们要运用一个个相互关联的知识，让学生习得一个个终身发展必需的素养。“物理核心素养是专家基于物理课程教学实践，对全面贯彻党的教育方针、落实立德树人根本任务及学科全面育人价值所进行的系统性提炼，核心素养又不是全部指向‘德’，需要我们深入挖掘核心素养中‘德’部分的内容。”虽然笼统地回复了贾老师，但能感觉出老师们正不断向学科育人的深处追溯，对德育的认识也逐渐拨云见日。

雄关漫道真如铁，而今迈步从头越。我们决定先挖掘出物理课中的“德育闪光点”。老师们依据个人理解把每节课的“德育闪光点”以课件的形式呈现出来，课件做好后，每位老师以说课的形式讲述本节课的德育渗透点。此举也得到县教研员薄老师的大力支持。我们又开展了四校区域调研，通过深刻剖析，大家从原来仅认为“爱国、守法、道德”是德育，逐渐构建起立体化德育认知体系，不仅挖掘出了包含科学思想、科学方法、科学态度和科学精神等学科层面的德育，而且挖掘出包含学生的学习兴趣、探究能力、创新意识、社会责任感和正确的世界观等学生层面的德育闪光点。像讲到速度、流体压强、浮力、家庭电路时，我们会对学生渗透珍爱生命教育；讲到二力平衡、杠杆时，我们会对学生渗透公平教育；讲到噪声、光污染、水资源时，我们会对学生渗透环境保护教育；讲到力的作用、物体的浮与沉、小粒子与大宇宙时，我们会对学生渗透航天航海等科技教育；讲到相互作用、牛顿第一定律、功、能时，我们会把物和人类比，对学生渗透三观教育。通过进一步研讨，我们形成了“确定该节课型—明确该节课重点探究步骤—明确科学思想渗透步骤”的学科层面德育挖掘办法，以及“明确知识内涵—寻找知识外延—明确切入方式”的知识层面德育挖掘方法。像《探究：光的反射定律》，属于典型的科学探究课，重点探究步骤为“问题—证据—解释—交流”，此类课除了要培养学生发现问题和提出问题的能力，以及动手操作、收集数据和分析数据的能力外，重点要培养学生表达和交流的能力，培养学生树立严谨认真、实事求是的科学态度。当学生真正经历“法线”的构建过程，明白了法线是无数个垂直于某平面的直线这一内涵，公平公正、规则意识等德育点自然能找到渗透的切口。星星火种，终将让思想开出繁花。

纸上得来终觉浅，绝知此事要躬行——行育

路漫漫其修远兮，吾将上下而求索。一天下课，我看到赵老师坐在办公桌前连声叹气，忙问道：“小赵，遇到烦心事啦？”小赵一脸委屈，说道：“今天上《科学探究：摩擦力》一课，在做完两本书每页相互交叉但不能被拉开的实验后，我给学生说，这是因为增大了摩擦力。个人层面，一天的努力可能微不足道，但长期积累后你将一鸣惊人；国家层面，中华儿女团结一致，中国将无坚不摧！我讲得铿锵有力，但学生却无动于衷，甚至还有个别学生发出了笑声。”“你问同学笑的原因了吗？”“下课后我问他们为什么发笑，他们说自己一点思想准备都没有，物理课就转成思政课了，忍不住就笑了出来。”学生未经过多考量的无心之举，反映的正是他们内心真实的想法。我继续追问：“抛开学生的率直表象，你觉得本质问题可能出在哪里？”“莫非是方式不对？”“这应该是其中一个原因，物理课上的德育不能是物理知识和思政知识的叠加，要把德育顺其自然地融入学生学习之中，在不断实践中寻找育人路径。”这次小插曲让我们意识到实践出真知的道路依然需要不断求索，矢志不移……

在上《科学探究：牛顿第一定律》一课时，我先让学生完成实验探究和推理，在学生为能得出伟大定律而自豪和感叹牛顿之伟大的同时，我说：“咱们中国早于牛顿四五百年就已得出了第一定律。”大家一片哗然。“记得《三字经》吗？开篇第一句是什么？”“人之初，性本善。”同学们齐声回答。“人之初——没有受到外力作用，性本善——人的本性都是处在好的状态，只不过西方更侧重研究物体，中国研究的是人，人在成长过程中受到不同的‘外力’，所以长大后各有不同。”学生在类比中加深了对传统文化和人性的认识。

然后，我给学生讲述亚里士多德、伽利略、笛卡尔、牛顿发现这一定律的历程。亚里士多德提出“力是维持物体运动的原因”观点，伽利略理想实验否定了这一观点，笛卡尔把伽利略的“理想”结论加以完善，牛顿在不断思考和实验的过程中，经历了无数次的失败，但他始终坚持不懈，凭借着对科学的热爱和执着追求，最终得出了这一具有划时代意义的定律。在讲解完这个故事后，我引导学生们思考：“你对亚里士多德提出错误观点有什么看法？从科学家们的经历中，我们能学到什么？”学生们纷纷发言，有的说亚里士多德虽然提出了错误观点，但对人们研究正确结论起到了开创性作用，没有他提出观点，可能人们根本不会去研究力与运动的关系；有的说要学习伽利略不畏权威、实事求是的精神；有的说要学习牛顿不怕困难的精神、坚持不懈的毅力；还有的说要对自己热爱的事物保持专注和投入。

通过这两个环节，学生们不仅学到了物理知识，掌握了研究方法，更在自然而然的过程中，受到了德育的熏陶，明白了坚持、合作和分享的重要性。这种顺其自然的德育渗透，让学生们在不知不觉中，将良好的品德内化于心、外显于行。

在进行“测量小灯泡的电功率”这一实验时，我将学生分成六个小组。各小组都积极准备器材，充满期待地开始操作。然而，在实验过程中，问题逐渐浮现。有的小组因为操作不当，导致灯泡短路；有的小组因连接不当，闭合开关后小灯泡不亮；有的小组因为读数错误，计算出的电功率偏差较大。面对这些问题，小组内的成员开始出现了不同的反应。有的同学在多次失败后已然失去了耐心，选择放弃，有的同学则互相指责抱怨，小组实验的氛围越来越不对劲。于是我及时叫停了实验，并安抚大家的情绪，告诉他们科学探索从来不是坦途，真理永远垂青于那些脚踏实地、坚持不懈的人。我引导学生慢慢地把抱怨和指责转移到共同分析问题、互相帮助、重新进行实验上来。当各个小组都成功完成实验，得出正确的结果时，同学们脸上洋溢着喜悦和自豪，那是一种真正的快乐。趁机，我意味深长地对同学们说：“在这次实验中，大家遇到了困难，但没有放弃，而是共同努力克服它们。

这就像我们在生活中会遇到各种挫折一样，抱怨和指责不能解决问题，只有团结协作、积极面对，才能走向成功。”

在记录数据环节，一个小组的数据和其他小组相差很大。在大家质疑的眼光中，有的同学开始说：“快改改数据吧，你们测得太不准啦。”此时这个小组的组长却坚定地说：“我们的数据都是真实测量得出来的，不会出现问题！”听到组长的回答，我提议同学们给这个小组的同学报以掌声，并说道：“老师故意把与其他小组型号不同的灯泡放到了他们组，他们组对待数据的态度令我佩服！在实验中，我们要认真、仔细，尊重实验数据，这是对科学的尊重，也是对真理的追求。在我们的学习和生活中，也要保持这样的态度，诚实守信，不要弄虚作假。”在大家再一次的掌声中，我看到这组同学的眼神更加坚毅自信！

同学们通过亲身实践和体验，明白了团结协作的重要性，更懂得了尊重真理、诚实守信的价值，也培养了勇于探索、积极进取的精神，原有认知思想得以巩固升华。

在上《做功了吗》一课时，我首先通过一个简单的演示实验引入主题。我让小李同学用力推墙，然后问学生：“小李同学对墙做功了吗？”大部分学生都回答：“没做功，小李同学虽然很卖力，但是墙没有动，所以没做功。”但有几个学生却提出了不同的看法：“老师，我认为小李同学做功了，刚才我看到小李同学很卖力地去推墙了。”我没有直接从功的定义去解释，而是让学生们分组进行实验和讨论。在小组活动中，学生们通过推动桌子、提起重物、拉课本、抛篮球等实验，对比归纳，逐渐理解了做功的两个必要因素：一是作用在物体上的力，二是物体在力的方向上通过的距离。讨论结束后，我再次请那几位有偏颇认知的学生发表看法。他们意识到自己之前的观点是错误的，并明白了判断是否做功不能仅仅依据个人的主观感受。这时，我说道：“在探究、思考中敢于放弃先前的主观认知，并有勇气接受客观事实，是人们最难能可贵的品质！”

接着，我又问道：“同学们，学习了做功的条件，谁能结合自身实例谈谈生活中我们对待学习或任务的态度？”“老师，我想谈谈我的学习。”物理课代表首先发言：“课上我认真参与，课下根据计划拓展训练，我觉得要想成功，必须下大力气，推动事情一点点向前发展，在发展过程中持续不断发力，才能取得想要的成绩。”课代表的发言赢得一片掌声。这时我发现小迪同学却低着头若有所思。“小迪，能否谈谈你的看法？”小迪缓缓站起身，双手撑着桌子，低着头说道：“同学们，今天我明白了我学习不好的原因是没有在学习上用力。”这近似检讨的发言使教室内极其安静。“但是，我想说的是，力也有方向，我持续把力用在了打篮球上，我的篮球技能也在一步步提高！”说到篮球，小迪的腰挺得笔直。“方向错了，再努力也是劳而无功。今后，我要将力更多地用在学习上。”小迪抬起头大声说道。一阵沉寂过后，教室内掌声如雷！我没有在课堂上过多引导，因为我觉得学生的体育爱好和学习成绩是同样重要的。课堂带给孩子们的是认知的改变，而选择的权利最终还是要归还给学生自己。

物理课堂的德育渗透要讲究顺其自然，让它在不知不觉中发生。教师在必要时还要适时引导学生改变偏颇认知，指导他们做出正确的选择。与此同时，每当探索物理世界的奥秘时，那些伟大的中国科学家们的事迹，就像璀璨的星辰，令我折服，更让我感受到肩负使命的神圣。

在学习“力与运动”一章时，我会向学生们讲述钱学森先生突破重重阻碍回到祖国，怀着对国家的使命感，投身于新中国建设的故事。就如同物体在力的作用下改变运动状态一样，钱学森先生以自己的爱国情怀和使命感为动力，推动了中国航天事业取得跨越式发展。在学习《能量的转化与守恒》时，我会提及钱三强先生为中国原子能科学事业的创立和发展立下的不朽功勋。他将自己的智慧和精力转化为推动国家科技进步的强大动力。通过了解中国科学家的故事，在学生眼中，物理不再仅仅是一门学科，更是一种为国家、为人民服务的有力工具。这些科学家们为了国家利益勇挑重担的精神，激励着同学们树立远大的理想和抱负，鼓舞他们勤奋努力地学习物理知识，使他们养成坚韧不拔的品质和深沉的爱国情怀。学生们在物理的奇妙世界里，以这些科学家为榜样，勇敢地担当起新时代赋予的“社会主义建设者和接班人”的使命，为实现中华民族伟大复兴而不懈奋斗。

不识庐山真面目，只缘身在此山中——评价

缺少评价的教育只会让师生沉浸在自我设定的空想之中。在教学中，对学生的德育发展进行客观量化，全面、客观地评估学生在科学态度、社会责任感、合作精神等方面的成长与进步，才能为进一步的教育教学提供有针对性的指导。在物理教学中，我尝试以下德育评价。

物理课堂德育评价

一级指标	二级指标	评价标准
科学态度 30 分	学习热情 10 分	对物理课程表现出浓厚兴趣，积极主动参与课堂活动得 8—10 分；能按时参与课堂，完成基本学习任务得 5—7 分；对物理学习缺乏热情，经常缺席或不参与得 0—4 分。
	实事求是 10 分	在实验和作业中，如实记录数据，不抄袭、不伪造得 8—10 分；偶尔出现数据不准确但能及时改正得 5—7 分；有明显的抄袭或伪造数据行为得 0—4 分。
	探索精神 10 分	遇到问题主动思考，尝试多种方法解决得 8—10 分；在老师或同学提示下能解决问题得 5—7 分；面对问题轻易放弃，缺乏探索欲望得 0—4 分。

续表

一级指标	二级指标	评价标准
社会责任30分	环保意识10分	了解物理知识在环保中的应用，并在日常生活中践行环保行动得8—10分；知道环保的重要性，但行动较少得5—7分；对环保概念模糊，没有相关行动得0—4分。
	科技伦理认知10分	能正确看待科技发展带来的利弊，具有基本的科技伦理观念得8—10分；对科技伦理有一定了解，但认识不够深入得5—7分；对科技伦理毫无概念得0—4分。
	社会问题关注10分	主动关注社会中的相关物理问题，并能提出自己的见解得8—10分；对老师提出的社会问题能参与讨论得5—7分；对社会中的物理问题毫不关心得0—4分。
合作精神40分	团队协作能力15分	在小组活动中，能明确自己的角色，高效完成任务，与成员配合默契得12—15分；基本能完成自己的任务，与成员有一定的配合得9—11分；不能完成自己的任务，影响团队进度得0—8分。
	沟通能力10分	能清晰表达自己的想法，倾听并尊重他人意见得8—10分；表达和倾听能力一般，偶尔会有冲突得5—7分；难以表达自己，拒绝倾听他人，经常引发矛盾得0—4分。
	分享与互助15分	愿意分享自己的知识和经验，主动帮助有困难的同学得12—15分；偶尔分享和帮助同学得9—11分；拒绝分享和帮助同学得0—8分。

在量化时，采取以下四种方式。教师观察：在课堂教学、实验操作、小组活动等过程中，教师对学生的表现进行观察和记录。学生自评：学生定期对自己在各个维度的表现进行自我评价。同学互评：学生进行相互评价，以获取更全面的反馈。作业与测试：教师分析学生的作业和测试答案，对学生的科学态度和社会责任感进行评估。

每月进行一次小量化，每学期进行一次总结性量化。教师根据评价结果为学生提供个性化的反馈和建议，帮助学生改进不足，发扬优点。教师也要根据量化结果调整教学策略和方法，优化德育培养方案。

日复一日，年复一年，我就这样孜孜以求地耕耘于课堂之上，而心血从来不会被辜负。我对学科德育的认识和实践也终于慢慢开花结果。在初中物理学科的教学与德育实践中，我见证了知识与品德的相互交融，看到了学生们在科学的海洋中遨游，同时也在道德的灯塔下找到了前行的方向。愿我们以这些实践为基石，不断探索创新，让物理知识成为学生成长的羽翼，让德育之花在他们心中永远绽放。我将带领学生从生活走进物理，从物理走向社会，不忘初心，砥砺前行，为学生打造更加丰富多彩、富有内涵的物理课堂，培养出有知识、有道德、有担当的新一代！

如何变“孤岛式”教育为“环岛式”教育？

——关于校家社协同育人的几点思索

范啸宇

人物扫描

范啸宇，济南高新区伯乐实验学校副校长，初中语文教师。荣获全国中小学未成年人思想道德建设优秀成果二等奖、第十届全国校园文化建设优秀成果二等奖、山东省“一师一优课、一课一名师”活动省级优课、济南市优质课一等奖、济南市表现突出先进个人、济南高新区教学能手、济南高新区优秀教师等荣誉。

家庭、学校和社区不是相互孤立的教育"孤岛"，而是彼此联系、互相补充的"环岛"。的确，真正的教育始于家庭，长于学校，成于社会。学校是文化育人的主阵地，家庭是生活教育的主战场，社会是实践教育的大舞台。协调好三方关系，构建教育新生态，才能为孩子们提供茁壮成长的沃土，这恰恰是一名校家社工作者的教育使命。

2016年初秋，我阔别生我养我、工作学习四十年的故乡，来到济南市高新区。那一年，我与刚刚建校的济南高新区伯乐实验学校相遇，作为一名亲历者，我见证并参与了一所年轻学校聚人心、汇力量，多渠道联合育人，校家社共绘"全环境立德树人"同心圆的全过程。

"作为一所九年一贯制学校，硬件设施、师资力量均已到位，接下来该如何把伯乐建设成一所'家门口的好学校'？"这一问题被摆在了伯乐实验学校第一次全体教师会上。

"既然是'家门口'的学校，那我们的学校就不能是社区中的'孤岛'，我们就该将学校的教育力量与家庭的情感滋养、社区的实践资源融合起来。"当时还是学生素质发展中心主任的我提出了自己的想法。

循着这个思路，我在校家社工作中反反复复地探索，历经九个春秋，似乎摸索到了建设校家社这个"大家"的一点点路径：参与，加强彼此的沟通了解，建立伙伴关系；融合，用共同的愿景、理念和价值观聚人心、汇力量；赋能，持续打造具有辨识度和影响力的"伯乐+"育人品牌，从而形成"学校赋能、家长助力、社会支持"的校家社育人局面。

参与，建立"伙伴关系群"

在校家社教育体系中，家庭教育是基础，学校教育是主体，社会教育是补充，三者缺一不可。理想的学校就是能够打开校门办教育，打造"学校在社区里，社区在学校中"的教育新样态，因此建立校家社"三方携手，纵横结合，区域推进"的"伙伴关系群"就显得尤为重要。

如何建立推动校家社工作的“伙伴关系群”呢？这是我要完成的第一张答卷。

建校初，因为人员紧张，我负责的学生素质发展中心加上我只有两人。除了完成教学任务，我们既要做好学生的管理工作，又要完成班主任的培训任务，还要迅速引导家长融入我们校家社建设的队伍中来，真可谓是“身兼数职”。尽管来济南之前，我干过很长时间的政教工作，可是面对伯乐这种来自四面八方的家长群体开展工作还是第一次。这让我倍感压力的同时也深深地意识到：要出色完成工作，不能只靠勤奋，还需要调动智慧。

为了有的放矢地开展工作，我对社区及学生家庭的教育情况进行了调研，并针对社区各类资源丰富，但利用率低，家长关心孩子成长，但方法欠缺，周边区域机构众多，但关联不大等现状，对校家社工作进行了整体规划：要在短时间内发展“三支队伍”，成立“三个组织”，建立有利于学生全面发展的校家社“伙伴关系群”。

“三支队伍”分别指的是校家社指导教师队伍、优秀家长代表队伍和社区服务志愿者队伍。

我首先在班主任中遴选出有教育情怀、有工作热情、善于交流沟通的“种子教师”，定期组织他们进行专题培训，督促他们积极进行“家庭教育指导师”“心理咨询师”的学习，并鼓励他们通过层层考核，获得相关专业认证，使他们成为有效培育全校教师的“领头羊”，引导全体教师在追求校家社共建的道路上逐步精进。

同时，我还通过《致家长的一封信》，号召家长们积极投身到家校共建工作中。最终，通过自荐、互荐相结合的方式选拔出有爱心、讲奉献、能学习、愿分享的优秀家长，定期组织他们进行培训，帮助他们成为走在家校合作队伍前列，能够带动广大家长共同发展的“排头兵”。

我关注的第三支队伍则是由社区服务人员和共建单位志愿者组成的校外志愿者队伍。我们成立共建组织，签订共建协议，进行座谈交流，校社互访，还根据学生发展需求，设立“同心圆”联动项目。

为了搭建有效的家校沟通平台，我获得学校领导的支持，在学生素质发展中心内部设立了校家社工作项目组，专题研究“三个组织”——家长委员会、家长学校和学生成长共同体的建设。

激发全员的参与热情是关键。为了扩大影响力，我在全校家长中组织了一次“通则达”家校合作宣讲活动。活动中，我组织先期自主报名参与“校级家委会”竞选的家长选手们进行现场竞选演讲。家长们或娓娓道来，或慷慨激昂，共绘蓝图。这一活动在家长中引起了不小的反响。最终，家长们自主投票选举出校级家委会成员。几年来，委员们为学校工作献计献策，发挥了桥梁作用。我们也在工作中建立了深厚的友谊。

为了更好地提升家长的育人素养，增强校家社研究的专业性与针对性，我在专家的指导下开始建设“伯乐+”家长学校。形式多样、针对性强的互动方式吸引了越来越多的家长参与其中，科学的方法、丰富的经验也让越来越多的孩子受益。

校家社形成合力的最终目的，还是指向学生发展。我和团队成员们根据校情、学情，在学生自愿的基础上，成立了以学生为主，教师、家长和社区人员为辅的学生成长共同体。最初，家长们对这种节假日“抱团式”成长方式持质疑态度。我与小伙伴们一起现身说法，我们利用假期时间对衔接段的孩子们进行学法指导，利用学科特长为孩子们提供趣味课堂，还号召有条件的家长志愿者开放自己的工作室供孩子们参观实践。渐渐地，孩子们会兴致盎然地谈自己的收获，会跟家长分享伙伴的故事。我们就借机设计了由志愿者们组织的“假日课程”。这样一来，实现了资源共享最大化，大大解决了城市孩子假期无同伴、无监管、无规律的难题，达到了学生生活学习有计划、社交圈子有温度、自主管理有成长、专业指导有方向的教育效果。

“伙伴关系群”的建立，让我深深地感悟到：校家社工作虽然复杂，但只要我们有耐心与爱心，设身处地地站在家长、孩子的角度考虑问题，周密布局，就能让工作扎实落地，芬芳四溢。

融合，绘制“共育生态圈”

“老师，我想反映一下，我孩子的老师太漠视家长的信息，半天不回复……”

“老师，我对班级的座位调整有意见……”

工作中，我常常会收到家长对老师们的投诉电话。面对“盛怒”的家长，我总是耐心地解释，有时候甚至要进行长达一个多小时的沟通，才能让家长勉强接受。

的确，校家社“伙伴关系”的融合，从来就不是一蹴而就的，它总要经历“联合—磨合—融合”三个不断螺旋上升的阶段，可就是这个“磨合”，着实“磨人”。

一次偶然的交流启发了我新的工作思路。

2023 年寒假的第一天，我就收到了一位家长关于孩子年终奖励的质疑电话。“我的孩子成绩优异，为什么没有被评上‘三好学生’，却只是获得一个‘优秀学生’的称号？是不是班主任戴着有色眼镜看待我家孩子？”说句实在话，这么较真的家长我还是第一次接触。为了更顺畅地沟通，我先是跟班主任核实了一下评选流程，然后了解了一下孩子的表现。在大致了解整个事件后，我明白了问题所在：家校缺乏沟通，彼此因猜疑而产生隔阂。

在实际工作中，与其这样在猜疑中激化矛盾，我们不如开诚布公、坦诚相待。本着这样的一种想法，就有了我们的“走近彼此，双向奔赴”系列活动。

“打开围墙办教育”。每年 4 月份，我们让家长走进校园，邀请他们近距离地看看老师们的真实工作状况，感受一下孩子们的学校生活。我们向家长提出“三个一”倡议：在教室听一天课，为班级做一件有意义的事，向学校至少提一条建议。每年 8 月份和 2 月份，我们邀请家长走进“班主任讲堂”，让他们听听班主任的教育叙事。每年的 7 月份和 1 月份，教师们走进学生家庭，了解每一个孩子的家庭表现……

当然，活动、实践也是促进关系融合的重要途径。我们根据课程需要和学生年龄特点，挖掘社区资源，设计序列化实践活动课程。我们不仅邀请社区合作伙伴进入学校，让他们成为学生项目式学习导师，还联合家长与我们一起带领孩子走出校园，将“现实世界”与学生联系起来，尝试通过社区真实世界的学习，突破学校封闭孤立、与现实脱节的学习空间局限。这种有社区专业人员参与指导的“有设计、有流程、有评价、有反馈”的多领域、多平台浸润式体验活动，在拓宽育人场域的同时，能激发教育的多种可能，让学生在互补和共生中更有效地运用知识。

校家社关系的磨合过程，实际上就是我不断积累工作经验的过程。渐渐地，我发现想要消除彼此隔阂，拾级而上，还真需要我们教育工作者多方经营，促进多边的互动、沟通，用学校文化的深度构建，用共同的愿景、理念和价值观聚人心、汇力量。在这种交流互动中，家长与教师多了一分宽容与理解，少了一分抱怨与指责。

赋能，打造“伯乐 +”品牌

“老师，孩子要上学了，我作为新生家长很紧张……”

“老师，孩子今年上初中了，我们家长要做点什么才能保证孩子不输在起跑线上？”

面对家长一封封充满焦虑的信件，如何发挥我们的专业特长，更精准地赋能校家社工作，成为一个严峻的课题。

为了更“精准”地开展工作，我做了一个大胆的决定。改变前三年“伯乐 +”家长学校固定的授课内容与模式，采用“循疑而教”的“菜单式”工作方式，通过问卷，按年级分类家长的困惑点，根据家长的困惑点设置课程。

于是，我在每个暑假都会组织学生素质发展中心成员编制“伯乐 +”家长学校课程问卷，征集家长意见。通过分析收到的几千份家长问卷，我们发现家长们的问题主要集中在“节点教育”“亲子关系”“学习方法”“生涯规划”“心理健康”五个方面。针对这种情况，家长学校课程设计中心牵头，成立专项课题小组，课题组的成员利用假期时间分专题开展研究，将每个课题形成九年一贯制序列化课程。

我们充分发挥九年一贯制学校的优势，为家长们开设了“一贯三段，三位四维”的衔接指导课程。“一贯”指学校发挥九年一贯制的优势，在幼小衔接期、小初衔接期（含小学低、中、高学段的衔接期）、初高衔接期，贯通培养，重点聚焦。注重衔接阶段“量”与“时间”上的合理分配，以“线”串联，以“面”贯通。“三段”指的是学校充分利用“入校前一学期、入校前假期、入校后一学期”三个时期开展工作。“三位”即“学校、家庭、社区”三位一体，形成伯乐发展共同体，紧密地开展工作。“四维”即从“身心、生活、社会、学习”四个维度，我们以专家分享、教师分享、家长分享、学生分享的方式，给家长一些预备工作的指导，让每一位衔接阶段的家长认清学生的生理特点、心理起点，有的放矢地指导孩子的过渡；我们还通过学长引领的方式，让学长指导新生把握新阶段的成长目标、学习内容、方法和策略，大家在这种和谐共进的氛围中充盈着彼此。

当然我们的这种专业性指导不限于线下讲座等形式，还通过线上分享、校园活动、社区共建等方式促进家长参与。我们先后开展了近视防控、心理游园、义卖捐助等主题活动，寓教于乐，寓法于事。

当这种“开门可享、身边可感、家家可用”的指导方式让家长赞不绝口的时候，我又进一步深思：我们教育工作者该如何拓宽校家社工作的深度与广度？如何将“学风促校风，校风带家风，家风提社会风气”的口号落到实处？

“萤火虫工作站”就是在这种探索中逐步构建起来的特色家校合作模式。

“萤火虫工作站”最初出现在家委会安全部发起的招募“安全港”家长志愿者的倡议书中。随着志愿者的增多，我把“萤火虫工作站”的服务范围渐渐扩展到孩子周末的社会实践活动和家长周末进校园美化教室环境等方面。渐渐地，家委会向家长们发出倡议，用“萤萤之光”照亮周围，开展立足教室、影响社区、辐射社会的公益项目。

于是，我们的“小手拉大手，一起做公益”活动开展到了街头的“文明交通岗”，开展到了社区的“环境清扫岗”、敬老院的“温暖关爱岗”。当这样的“主人翁精神”“服务意识”“集体观念”蔚然成风时，我们的家校合作已由“人人为我”向“我为人人”发展。在这个过程中，学生受到潜移默化的影响，社会性发展也在自然而然地形成。

我们的“杜绝小胖子”食育课程在社区中引起了强烈的反响，得到了居民的一致好评。

在建校初的一次家委会座谈会上，家长代表提出孩子在饮食上存在一些不良现象：许多孩子每天饮食无规律。早上不吃早餐，或者早餐瞎对付，中午配餐，营养堪忧，终于等到晚餐时间，大快朵颐，但又因缺乏锻炼，所以班级里的小胖子越来越多。

“民以食为天”，如何解决这一问题成为家校工作的重点。经过反复讨论，我们决定分五步开展工作。

第一，家长学校联合举办“营养早餐大课堂”，向家长普及易操作、营养丰富的早餐配方，引导家长树立营养配餐理念。第二，学校综合服务中心、学生素质发展中心联合家委会进行多方调研，最终制定了包括三荤三素、四种面点、一份粗粮、一种水果的自助午餐搭配方案，解决了家长的困扰。第三，学生素质发展中心在让孩子吃饱吃好的前提下，还考虑到如何把学校文化与饮食教育相结合，于是，我们开发了学校的“BL食育课程”。食育课程不仅仅让孩子们了解中西方的饮食文化、饮食礼仪，还结合就餐对孩子们进行“三爱三节”教育。第四，我们通过线上线下相结合的方式邀请专业营养师向师生、家长进行“杜绝小胖子”主题授课，专业营养师从营养搭配、体重管理等方面给予家长指导。第五，我们通过学生，在家庭中推行“校园健美操”，通过“小手拉大手”，掀起了社区全民体育运动的高潮，真正达到“一堂课受益一群人”的效果。

就是这样，我们从“食”出发，食出营养、食出健康、食出文化、食出和谐。

我们通过解决餐桌问题，既为家长们排忧解难，又带动周边社区居民们养成了良好的生活习惯。

“萤火虫工作站”打开了学校、家庭、社会、网络、心理“五位一体”的育人新格局，推动协同育人实现从“可有可无”转向“缺一不可”、从“孤军奋战”变为“全军出击”、从“个体进步”迈向“群体成长”的跃升。

伙伴关系，增进亲密感；共建生态，营造氛围感；设计活动，打造仪式感；优化资源，获得力量感；暖心行动，赢得价值感。就这样，我们将校家社网融为一体，拔节育穗助成长。当然，在这个过程中，我经历了“人生三境界”，从孤独寂寞到坚韧不拔再到豁然开朗，这个不断追求、坚持不懈的探索前进历程让我这位校家社教育工作者“痛并快乐着”。

教育的本质是一棵树摇动另一棵树，一朵云推动另一朵云，一个灵魂唤醒另一个灵魂。我希望学生身边的每一个人都能用自己的品德和学识，去摇动孩子们心中那棵渴望成长的树，用自己的智慧和热情，去推动孩子们那如云朵般自由舒展的思维，用爱与关怀、理解与尊重为孩子们营造健康成长的环境。如此，教育便能如春风化雨般滋润孩子们的心灵，从而产生“1+1+1≥3”的神奇效果。

校家社协同，我们就是这样变“孤岛式”教育为“环岛式”教育的。

与学生共赴幸福之旅

张凤英

人物扫描

张凤英，济南师范学校附属小学语文教师，现任学校教导处主任。济南名师、济南市优秀班主任、山东省网络研修班主任工作坊主持人、济南市“互联网+教师专业发展”工程活动专家库成员。执教课例荣获省级优课、山东省网络研修课例一等奖、济南市“一师一优课、一课一名师”活动一等奖、济南市电教课例一等奖，所写论文多次在省、市级比赛中获奖，发表在《山东教育》《济南教育》等杂志。

幸福，多么美妙的字眼、多么美好的感受。当今，社会正高速发展，人们的工作节奏越来越快，追求的生活品质越来越高。作为一名人民教师，幸福何来？听到有老师茶余饭后在聊天时吐槽怎么苦、怎么累，压力怎么大，也会看到朋友圈转发的老师病倒了还不忘写教案、批作业的画面……面对繁杂的工作，老师如何在日常工作中获得幸福呢？教师是天底下最光辉的职业，能成为一名教师本身就是一件幸福的事。在我眼里，幸福就是教学相长，是教师价值的全面体现；幸福就是学生在我的教导下健康快乐地成长；幸福就是一个个家庭在我的影响下对未来充满希望！与学生一起幸福成长，一直是我不懈的追求，也是我从教多年不断探索的主题。如何把教室变为学生成长的乐园？如何让课堂趣味无限？如何实现师生共同持续发展？我在实践中探索，在探索中实践。

共建幸福“乐园”

教室是学生共同学习的地方，也是师生共同成长的家园。当你走进一间教室，看到窗明几净、桌椅整齐，听到书声琅琅，这个教室的学生必定是生机勃勃、充满活力的，布置这间教室的老师必定是对教育满怀热爱的。苏霍姆林斯基说：“童年是人生最重要的时期，它不是对未来生活的准备时期，而是真正的、光彩夺目的一段独特的、不可再现的生活。”儿童能够感受幸福、获得幸福与表达幸福对他们的生活具有重大意义，幸福的感受能引发儿童不断探究、创造和成长，是美好童年不可缺少的。我相信，一个儿童的幸福成长是由一间间幸福教室来成就的。所以，我努力打造愉悦和谐的教室，使之成为师生共同成长的幸福“乐园”。

共迎开学季，责任共担当。从教三十载，我养成了每逢开学和学生一起装扮教室的习惯。我们精心布置教室的每一个角落，在黑板上写下对新学期的美好期盼，在窗台上摆上赏心悦目的绿植，在书柜上摆满有趣的课外书籍。空荡荡的窗台瞬间变得生机勃勃、绿意盎然，严肃、刻板的教室变为充满爱意的温馨家园。开学第一天，学生走进教室感受到的是满满的希望。一盆盆绿色植物美化了教室，净化了空气，也为学生提供了体验劳动的机会。学生定期给绿植浇水、调换位置，放假时，还要把它们带回家精心养护。教室的一花一草见证着学生的付出，学生在养护绿植的过程中，学会了关爱生命，懂得了责任担当，感悟到劳动的价值与意义，收获了成长的喜悦。

打造图书角，墨香润成长。教室不仅需要干净舒适的自然环境，更需要文化气息的浸润与熏陶。我在班级建立起小小图书角，引导学生与书交友。我为同学们购买书籍，号召他们把自己读过的书放在图书角，开展图书“漂流”活动。如此一来，班级的图书日益丰富，学生可读的书也多起来。在好书分享会、故事朗诵会、“读书之星”争霸赛等系列活动中，学生们深深爱上了阅读。小小图书角的建立，犹如一颗文化的种子，在班级里生根发芽，营造出愈发浓厚的读书氛围。学生不仅阅读到更多书籍，还学会了爱护班级图书，在互相借阅、互相分享中传递知识，共同成长。

开辟荣誉墙，自信映华光。小学生争强好胜，为激发他们的进取心，我充分利用教室里的每一面墙壁、每一个角落，设计各具特色的主题栏目，发挥每个栏目的育人价值。墙壁上的“书法园地”“佳作乐园”“小小画廊”“数学园地”“光荣榜”等栏目给每一个学生提供了展现自我的舞台。在每月进行的综合评比中，学生看到了最棒的自己，也找到了学习的榜样。小小荣誉墙，激发了学生的学习兴趣，树立了学生的学习自信。每一个栏目都在“说话”，每一个角落都在“育人”。小小荣誉墙，引导每一位学生更加积极全面地发展。

在我和学生的精心布置下，教室不仅仅是教室，而是师生齐心协力用爱打造的温馨“家园”，是师生共同成长的乐园。一盆盆茁壮成长的花草是学生用心呵护的劳动成果，一本本课外书籍是学生精神成长的食粮，一幅幅作品是学生全面发展的体现。课间，同学们浇浇花、聊聊书、赏赏字画，目之所及皆是美好，耳之能闻皆是快乐。学生踏入这样的教室，感到的是舒适、温馨，是求知渴望，更是成长力量。师生在这样的教室里上课、学习，怎能不是一种幸福的享受呢？

共建幸福课堂

语文是一门学习国家通用语言文字应用的综合性、实践性课程。语言文字的正确使用对维护国家主权和民族尊严，维护国家统一和民族团结，促进社会主义物质文明和精神文明建设具有重要意义，对建立文化自信、培育时代新人具有重要作用。随着教龄的增长，我愈加深刻地认识到语文课对于师生的非凡意义。我的教育使命不仅仅是传授知识，更重要的是立德树人。课堂是教师的阵地，是学生的学习场地，我要用心讲好每堂课，将爱国情怀融入教学中，帮助学生树立正确的世界观、人生观、价值观，引导学生扣好人生的第一粒扣子。为守护好三尺讲台，引导学生快乐地学好语文，我苦苦思索，积极探究，开启了构建幸福课堂的尝试。

把课备好，让学生做真正的主角。我深知备好课是上好课的前提。每次上课前，我都会用心设计教案，但课堂上却是辛苦大于快乐。为什么煞费苦心设计的教学步骤到了课堂上不能获得预期的效果呢？在困惑之中，我主动向书本请教，偶然的机会，读到了《教育中的建构主义》一书。建构主义思想强调以学生为中心，不仅要求学生由外部刺激的被动接受者和知识的灌输对象，转变为信息加工的主体、知识意义的主动建构者，而且要求教师要由知识的传授者、灌输者转变为学生主动建构意义的帮助者、促进者。我恍然大悟，原来，我只是一个知识的搬运工，我的“教”并没有为学生的“学”服务，课堂教学只是我的一厢情愿。课堂是教师的阵地，但学生才是课堂的主角，调动学生积极主动地思考并参与课程建构才是备课的关键。

我开始转变备课模式，不再局限于思考怎么教，而是聚焦于研究学生怎么学。备课时，我会站在学生的立场，以学生的视角去解读教材、思考问题。我把自己变身为小学生去设计提问，设置活动。每一个教学环节都充分想学生之所想，思学生之所思。我在设置课堂上的每一个问题时，都深入考虑学生的现有水平，找准他们的最近发展区和学习兴趣点，为每一个学习活动都搭建“脚手架”。例如，在准备六年级《七律·长征》一课时，我将学生所学的关于长征的故事都一一梳理出来，又查找到有关长征的电影。教学时，我引导学生链接《金色的鱼钩》《倔强的小红军》《丰碑》《翻越大雪山》等长征故事，观看《飞夺泸定桥》《四渡赤水》等电影片段来理解新诗。生动的故事、形象的图片、精彩的影视拉近了学生与文本的距离，学生深刻地感受到了红军大无畏的革命精神，对红色革命文化有了更深入的领悟与敬仰，在心灵深处种下了传承红色基因的种子。同时这也激发了学生炽热的爱国之心，让他们意识到今日的和平繁荣是先辈们用鲜血与生命铸就的，激励他们立志为祖国的强盛努力学习、拼搏奋进，让他们自觉将个人的成长与祖国的命运紧密相连。基于学生本位的备课使我的课堂发生了可喜的变化，我感受到了学生对学习语文的热情，听到了学生在课堂上拔节生长的声音。

把课上好，关注学生的真实体验。幸福课堂的主体既包含学生，也包含教师，教学活动既要体现学生“学”的幸福，也要体现教师“教”的幸福。幸福课堂是师生之间、生生之间积极、乐观人生态度的完美体现。

经过十多年的摸索，我构建了“五步乐享”课堂教学模式。教师五步：摸学情、激兴趣、夯重点、固基础、提素养。学生五学：自学、互学、助学、展学、拓学。课堂上，学生在一个个语文实践活动中合作探究，在教师的点拨引导下交流分享，共同提升，他们在收获知识的同时，也获得了积极的情感体验。在带领学生阅读《小兵张嘎》一书时，我根据学生年段特点，创设了“我与嘎子做朋友”的情境，引导学生走进整本书，走进嘎子内心，让学生在探寻嘎子成长经历的过程中感悟书中主要人物特点。学生在梳理嘎子成长经历、绘制人物画像、展演故事情节、给电影片段配音等系列活动中，体会到嘎子和敌人斗智斗勇时的机智勇敢，体会到八路军战士不怕牺牲、不怕困难的革命斗志。学生在跌宕起伏的故事情节中体验到战争的惊险，在嘎子从一名顽皮的少年成长为一名优秀八路军战士的经历中深深体会到抗日战争胜利的来之不易。读完整本书后，学生纷纷感叹：今天的幸福生活真的来之不易，一定好好珍惜当下，努力学习，学好本领，将来把祖国建设得更加富强！

现在的我们衣食无忧，更要从小立志为祖国富强而读书。学生在感受语言文字魅力的同时，树立起正确的价值观念。课堂上，学生沉浸其中，学得津津有味；我顺势而导，教得兴致盎然。这就是幸福课堂带来的美好体验吧！

“五步乐享”课堂教学模式的构建有效提高了学生的学习兴趣，激发了学生的学习动力，让学生在掌握知识与技能的同时，达成了积极的情感体验，提升了学生、教师的课堂幸福感。

把人育好，给每个学生成长的希望。独行快而众行远，独学寡而众学乐。合作互助可以给学生带来更丰富的学习体验和更高的学习效率。

在十几年前，我便开始了小组合作学习的大胆探索。我与老师们联合开发了课前“导学单”这一学习工具，有效指导学生课前预习，以此引导学生自主学习，培养学生的自主学习意识和能力。在课堂教学中，对于重点难点问题，我会组织学生开展小组合作学习，培养学生的合作意识、探究能力，让学生充分体验学习的过程。在合作互助的团队学习中，分享成为幸福课堂的一个重要环节，也是一种有效的学习方式。学生通过个人发言、小组汇报、成果展示、活动竞赛等环节，学会表达，相互借鉴，分享幸福，共同提高。“张老师，您的语文课真有意思，我发现再难的问题经过小组讨论都能迎刃而解！我现在越来越喜欢学语文了。”“张老师，我们家孩子以前是个‘闷葫芦’，自从跟着您学语文，话逐渐多起来，而且一张嘴就滔滔不绝，越来越自信了。孩子遇到您，真的很幸运。”这朴素的话语对我来说比歌声还美妙，比蜂蜜还甜美！

课堂因合作而精彩。课堂上，学生尽情思考，自由交流，活跃的思维碰撞出智慧的火花。学生在不断质疑、思考、求解中，养成独立思考的习惯，拥有了深入探索的兴趣。这样的学习是深度学习，这样的课堂是幸福的课堂。每当下课铃响，同学们总是意犹未尽，仍然围在我身边探讨问题。他们渴求知识的眼神，滔滔不绝的讲解，随之而来的是视野的开拓，知识的丰富，口头表达水平的提高，写作能力的提升，这对学生来说不就是一种幸福的成长吗？

在我持续的探索下，从“以学生为中心”到“以实践为中心”“以体验为中心”的幸福课堂逐步形成。课堂上，学生的求知欲被点燃，素养得以提升，老师尽情播撒爱心，收获满满的快乐，师生共同成长，携手前行。幸福课堂，是知识的殿堂，更是心灵的港湾，它见证着师生的共同努力和进步，承载着师生共同的梦想与希望。

共沐书香成长

问渠那得清如许？为有源头活水来。多年的教学经历使我深知学无止境，教无止境，唯有树立终身学习的观念，不断学习，才能常教常新，保持教学的活力和动力。我积极参加线上、线下培训，专家们高屋建瓴的论述为教学指明了方向，为日常实践提供了理论支撑，为我的知识体系注入了新鲜的血液。同事之间的讨论交流开阔了我的教学思路和眼界。我的教育理念不断更新，业务素养不断提升。

生活中，我坚持广泛阅读，与学生一起阅读童书，感受童年的美好，阅读各种业务书籍，学习各种前沿理论。《阅读教学教什么》《儿童视角》《核心素养导向的课堂教学》等书籍使我对课堂教学的意义有了更深入的认识，也找到了建构幸福课堂的支撑；《如何阅读一本书》《阅读的力量》《阅读是最好的教育》让我明白了阅读对于教师成长的重要作用；《非暴力沟通》《读懂孩子的心》《儿童时间管理效能》《让孩子像哲学家一样会思考》帮助我走进学生内心。一本本书籍犹如一盏盏明灯，照亮我前行的教育之旅。

浸润在阅读中，我的理论水平和教学实践能力不断提升。所执教的课例在省市比赛中屡获佳绩。所写论文《让学生在游戏中爱上阅读》发表在《新教育时代》杂志，论文《借助网络媒体，助力班级管理》获山东省第一届班主任工作优秀成果一等奖，并发表在《济南教育》杂志，《巧用信息技术，促成“和大人一起读”的有效实施》获山东省教育信息化论文二等奖，《互帮互助，形成阅读合力》发表在《山东教育》杂志。阅读，点亮了我的从教之路，成就了我的幸福成长。

为学之道，莫先于穷理；穷理之要，必在于读书。一个人的精神发育史就是他的阅读史，我深知阅读对于个人成长的重要性。小学是培养学生阅读习惯的关键阶段，对学生终身的阅读兴趣、阅读能力的发展起到非常重要的作用。

在学校，我是学生的老师，也是他们的共读伙伴。任教一年级时，我坚持每天为学生讲一个故事，每周共读一本绘本。《一粒种子的旅行》是学完《植物妈妈有办法》一课后班级共读的一本课外书。听完我绘声绘色的讲述，同学们纷纷提问：种子没有脚，会怎样去旅行呢？会到哪里旅行呢？在旅行中遇到了谁？……随着一个个问题的提出，学生的阅读热情被点燃。在共读中，一个个问题迎刃而解。同学们感叹：植物种子的旅行真是太神奇啦！他们纷纷在花盆里亲手种下一粒粒种子，观察种子怎样生根发芽，怎样长大。于是，教室的窗台上摆满了一个个小花盆。一本绘本、一个故事不但激发起学生的阅读欲望，也激起了他们探索自然的热情。看着学生们对种子无微不至的照料，对种子发芽的热切期盼，这不就是我在他们心中种下的阅读的种子吗？在我的引领下，学生爱上了阅读，开始自主阅读更多书籍。

为培养学生的阅读习惯，我借助学生喜爱的节日举行有趣的阅读活动，让他们在吃喝玩乐中，通过一个个故事去了解祖国优秀的传统文化。一年级上册第八单元的“和大人一起读”篇目是《春节童谣》。于是，假期里，我组织学生开展了“快乐中国年”主题阅读活动。倡导家长和孩子们一起阅读《长大一岁了》《过新年》《中国传统节日故事》等图书。在亲子阅读中，在春节的各种活动中，同学们了解到春节习俗以及背后的美好寓意、各地不同的风土人情。很多家长反映，通过这一活动，孩子们更加知书明理，更加文明有礼。

在家校共读里点亮终身成长的明灯。曾听到过这样一句话：教育最可怕的是一群不读书的老师在拼命教书，一群不学习的父母在努力育儿。如何带动家长一起阅读，让家长主动成为孩子的阅读伙伴呢？我利用网络这个快捷便利的好帮手指导家长开展亲子阅读。我把相关讲座、视频推送到班级群，指导家长全面了解孩子的阅读兴趣，与孩子一起布置书房，购置喜爱的图书；呼吁家长利用节假日带孩子去图书馆感受安静的阅读氛围，去大自然中体验野外阅读的快乐；举办各种家庭故事会、班级朗诵会，为每一个家庭提供展示机会，让他们感受家校共读的乐趣。经过不懈的坚持，很多家庭把阅读融入日常，让阅读成为生活的一部分，亲子关系更加融洽。家校共读让家长们由“局外人”变成“局内人”。“心会跟爱一起走。”这是家长李国华的感慨。她经常参与班级组织的相关活动。“一次又一次陪伴，一次又一次吟诵，我发现自己对孩子不仅有爱心，也更有耐心了。”李国华说。

家校共读，是一场家庭与学校携手的知识之旅。家长与孩子共同捧起一本书，在宁静的时光里，分享彼此的感悟与思考。这不仅是文字的交流，更是心灵的碰撞。通过家校共读，家长更加了解孩子的内心世界，孩子也更能感受到父母的关爱与陪伴。在共读中，家长和孩子一起探讨书中的人生哲理、道德准则，这为孩子树立正确的价值观奠定了基础。同时，家长也从书籍中汲取教育智慧，学会更好地引导孩子成长，以温馨的家庭氛围和积极的教育方式，共筑孩子幸福成长的港湾。

我用阅读点亮了学生的成长，也点亮了家庭的未来，这不就是一种幸福吗？

卅载杏坛，岁月悠长，我始终牢记为党育人、为国育才的教育使命，与时俱进，不断更新教育理念，从一个教坛新手成长为一名富有经验的教师。30 年的成长历程有奋斗的艰辛，有追求的快乐，有山穷水尽的茫然无奈，有柳暗花明的豁然顿悟。在我的不懈努力和长期坚持下，教室因爱成为“家”，课堂因合作充满生命力，我与学生及家长在阅读中彼此成就。对教育事业的炙热之情、奉献之心，促使我在平平淡淡的工作中，做出不平凡的坚持，享受到与学生们共同成长的幸福。今生为师，此生无悔！

用“大思政课”守住儿童最美的模样

杨 雪

人物扫描

杨雪，就职于山东师范大学第二附属中学。荣获山东省“一师一优课、一课一名师”活动一等奖、济南市“一师一优课、一课一名师”活动一等奖、历城区素质大赛一等奖、历城区优质课一等奖、济南市优秀班主任、历城区教学能手、历下区优秀教师、历下区道德模范先进个人等荣誉。所执教的课例获第四届全国中小学青年教师教学竞赛一等奖。

童年不仅代表特定人生阶段，更指向独特的生长样态。而班级，就是在这样一个人生阶段构建儿童特有的生命状态的重要“场域”。我希望从我班里走出的儿童，是“一副儿童的样子”，有“一种儿童的生命状态”：他们，初生牛犊不怕虎；他们，梦想纷飞如春花；他们，饱含热切向生活。

在总目标引领下，我借助“大思政课”的优势，积极开展“大思政课”系列教育实践活动，不断创新教育模式，寻找思政教育与学科教学融合的关联点，实现思政教育与专业教育同向而行，并在以思铸魂、以文化人、以念塑德、以红润心等方面形成特色。

以思铸魂：五星红旗迎风飘扬，思想之光化为磅礴力量

小学阶段是人生发展的初始阶段，也是思政教育的关键时期。《中小学德育工作指南》是针对中小学生的德育工作出台的指导性文件，明确指出对中小学生的德育内容包括五个方面，分别是理想信念教育、社会主义核心价值观教育、中华优秀传统文化教育、生态文明教育和心理健康教育。在语文教材中，主题也多为这五大方面。语文作为小学课程的基础组成部分，肩负着传承中华优秀传统文化的重任，因此我坚持上好每一节语文课。

中华文化博大精深，新时代的学生更要接过习近平总书记强调的“文化自信”的大旗，努力传承、积极发扬中华民族的优秀文化。在家长的帮助下，我们班定制了诗词日课，就如卷首语所说，你读过的诗，去过的远方，终将融入你的气质与灵魂，沉淀成你的智慧和情感，让你成为更美好的自己。除此之外，我们还积极学习小古文，背诵散文名篇，在抑扬顿挫中感受华夏文明的浩瀚，体会民族文化的无穷魅力。

党的历史是最生动、最有说服力的教科书。党和人民百年奋斗，书写了中华民族几千年历史上最恢宏的史诗。百年来，涌现出的无数英烈与动人故事，无疑是“大思政课”的鲜活案例和生动素材。在实际教育教学过程中，我积极推动党的历史更好地进课堂、进头脑，发挥好党史立德树人的重要作用，

引导学生知史爱党、知史爱国。一部《红岩》道尽革命精神，无数仁人志士为了新中国的成立抛头颅、洒热血，它告诉学生们，只要心中有梦，即便遥遥无期，又会怎样？踮起脚尖，就更接近阳光。一部《觉醒年代》点亮学生思想之光，它告诉学生们，生逢乱世，即便命运如蝼蚁，但仍有人心向光明，吾辈当自强。一部《狂人日记》激起了学生的理想与斗志，让学生们情不自禁地说：有你，真好！

有你真好

历史的长河淙淙流淌
前浪无声后浪无穷
却看那百年前绍兴
从百草园到三味书屋
从苦读医书到执笔为剑
这一切又为何呢？
是那北京城中红旗升了又落下
是那工农眼中新世尚存却破败
这时
我们的国家需要被唤醒
这人便是鲁迅
他弃医从文执笔为枪以墨充膛
那年他写狂人唤世人
前路未知旧伤未愈
医人亦能医国
他学医却在救国之道步步尝试
他习文只为唤醒人间呐喊几声
还记得那个梦吗？
那河便是华夏的历史长河

这河上有您

这河中方才相交相融五光十色

“行走的思政课”是我在教育教学实践过程中研发的新课程。我们以“跟着城市去旅行”项目为依托，开展“课堂云游”活动，从项目构思、项目实施到项目评价，我与学生们一同参与策划。在这个项目中，我们云游了 34 个城市，领略了祖国的大好河山。学生们的汇报也是精彩纷呈，有的是透过一个个古老的物象，从尘封的历史中感受爱国赤子的交响乐章；有的是以柔丽凄迷的小桥流水为背景，告诉我们殷殷之情俱系华夏，寸寸丹心皆为家国；有的对敦煌壁画情有独钟，团队之间形成合力，向我们诉说飞天的故事，沉睡数千年，一醒惊天下；有的是动手制作视频，向大家科普了都江堰的设计，那是李冰作为一方郡守心系百姓、吃苦耐劳的情怀；有的更是打着“山东文旅”“济南文旅”“淄博文旅”“聊城文旅”的旗号为家乡代言，故乡是那份深埋心底的情感纽带。思想的灵动、展现方式的多样性是“行走的思政课”一大特色，但我们不止于此。我们还以班级研学为契机，真正走出去，让祖国的大好河山、家乡的风土人情在学生心中开花结果，让爱国爱家的声音在这片神奇的土地上变得更加铿锵有力。2022 年 5 月，我们来到曲阜，感受孔子的圣人风范和治学之道。2023 年 3 月，我们来到淄博齐文化博物馆，学生化身宣讲员，为我们讲述每一个器物的历史、构造及用途。2024 年 5 月，我们又来到威海刘公岛，这里记载着中华民族曾经的屈辱和无尽的悲伤，而我们也在广场中央，用《少年中国说》展现新时代少年报效祖国的决心与力量。“行走的思政课”为实现协同育人提供了支点，我们在实践活动中积极引导学生树立正确的国家观、民族观、历史观、文化观，从而为社会培养更多德智体美劳全面发展的人才。

思政教育辐射了班级管理、社会实践的方方面面，我借助家庭、学校、社会多元领域，打通时间与空间，将思想之光化为磅礴力量，学生们像一只只自带光芒的蓬舟，立于新时代的航道上，乘一股奋斗不止的疾风，斗志昂扬。

以文化人：平凡的日子里也有诗与远方

语文学科不仅仅是对知识的传授，更是对文化的传承和对学生人文精神的培养。它通过文学作品、历史故事等载体，传承中华民族的文化和精神，培养学生健康的审美情趣和良好的道德品质。语文教材里所收录的多是经典文学作品，语文就是通过对具有情感性和文学性的文学经典与文化经典的学习来育人的课程。

作家的人格魅力无法遮挡。《安徒生童话》是三年级的必读书目，学生们被书中的童话故事所吸引，每每谈起都津津乐道，为主人公忧而忧，为主人公喜而喜。在《安徒生自传》中，安徒生表现出的赤裸裸的初心和热腾腾的善良让人心疼，他把自己的孤独幻化成一支梦幻的画笔，勾勒出一个又一个美丽的童话世界，告诉我们要心存希望，因为寒冬过后又是生机勃勃的季节。五年级，我们一起阅读了林语堂的《苏东坡传》，寻找“竹外桃花三两枝，春江水暖鸭先知”“欲把西湖比西子，淡妆浓抹总相宜”背后的意蕴；我们一起绘制了关于苏东坡从政的地理长图，他一贬再贬的遭遇，在中国古代文人中很是典型，他释放情绪的方式更是对学生的人格塑造具有教育意义。

淘淘说：“他把自己寄于山水之间，看到自然界中的万事万物，内心也就顺畅了。”是的，“一溪云”足以阐发对生活的看法。堆堆说：“他的词好一些，因为词在古代是可以唱出来的，这说明在他生命里，音乐很重要。”是的，“一张琴”足以表达自己的心声。畅畅说：“他乐于分享，当他把酒分给那些买不起酒的人喝时，他内心很畅快，很安静。”是的，“一壶酒”足以畅叙幽情、慰藉心灵。课堂上，学生强化了对苏轼人格的认识，一溪云、一张琴、一壶酒都不是具体的物象，而是一个个场景，从里面我们可以得到趣味和意义的无限叠加，从烦恼里解脱出来，通向自然法则，回归真实的自我。这种逆境中求生存、抑郁中求达观的积极处世态度，无疑能培养学生的“抗压”精神和高尚情操，对学生形成健康的人生观、价值观起到十分有效的作用。

语言的文化意蕴不可忽视。语文的语言教学是文学与文化融为一体的，我们要品味的不仅仅是它的原始意义，还有它在作品中的文化意义。有些词语作为一种固定意象在古诗中经常出现，如月、梅、杨柳、菊花、南山、桃园等等，这些词语由于使用频率高又具有相对固定的意义而成为一种文化的表征。而我在教学中也以它们为桥梁，为学生连接成一道“文化”的风景线，揭示出它们的意蕴，还原这些意象历史的纵深感与厚重感，赋予它们普遍的人文意义。谈及月亮时，学生会说：“只要家人平安团圆，我们心里比蜜还甜。”“嫦娥出宫来献舞，福禄寿吉满人间。”谈及雪花时，学生会说：“冰雪落入世间，为我们的欢乐保鲜。”“遮花草、盖烦念，寂静天地间。”一轮明月，一首诗歌，一段情愫，你我留念。

利用教材中经典文本的情感性与文化性对学生进行“思政”教育，不仅是一种教学手段，更是不可或缺的教学内容。它融入和贯穿于整个教学活动之中，如行云流水，自然天成。正如学生所说：“语文课是在用美感化我们，用情陶冶我们，用德教育我们，用老师和作家的人格力量指引我们。在语文课上，我们见到了真正的人文教育。”

在经典文学、语言文字的影响下，2021 年，学生们的作品进入高产期，他们以笔为器，在一系列活动中，用文字抒发自己的所思所想，在学科思政教育理念的影响下，践行社会主义核心价值观。而我也成功申请到 2021 年度济南市基础教育教改项目。我们都借助文字、文学、文化，将寻常日子过得有滋有味，开启人生新篇章。

以念塑德：心中有信仰，脚下有力量

《西游记》作为一部家喻户晓的书籍，用来教导学生培植理想信念再合适不过了。

“初读《西游记》，它给你留下怎样的印象？”

“我觉得这是一本神魔小说，里面有很多的妖怪。”

“我觉得《西游记》里的故事情节很好看，最喜欢三打白骨精、三借芭蕉扇这两个故事。”

“我觉得孙悟空本领特别厉害，我也想像他一样。”

“是的，《西游记》就像一位老友，有很多值得我们学习的地方。”

这是我与学生们在交流《西游记》时的一段分享。在他们心中，《西游记》像是国外的《纳尼亚传奇》，故事情节跌宕起伏，充满了冒险与神秘。喜欢悟空，因为他聪明勇敢；不喜唐僧，因为他刻板无能；不喜八戒，因为他好吃懒做；不喜沙僧，因为他能力平平。学生们的喜恶就是这样简单，这样纯粹，但唐僧、八戒、沙僧又真的像同学们所想，是这样单一负面的吗？当然不是。

为了更好地让学生走进文本，我组织开展了“西游童谣”“西游人物图谱”“西游金句”“猪二娃变身记”等活动。在这里，学生化身为一个个小作家：“白骨三变抓唐僧，不料露馅儿死山中。”“欺软怕硬铁扇仙，悟空进肚闹翻天。”童谣朗朗上口，让人印象深刻。在这里，学生变身为小小设计大师，用零碎的纸片拼贴成师徒四人，画面唯美，生动可人。在这里，学生们思维灵动，金句频出，对《西游记》的评价不再是简单的“情节丰富”，而变成了“战，是勇敢者的利刃”“生活的镜面，在九九八十一难中映现”“不恋腾空万里，步步脚踏实地”。在这里，八戒摇变为猪二娃，他勤奋好学，积极向上，踏实努力。在一次次活动中，在一次次与文本的对话中，在一次次与人物近距离接触中，学生们渐渐明白《西游记》中单调艰苦的生活、美色的诱惑、取经路上的生死局都会引起信念的动摇，悟空动摇过，八戒动摇过，只有唐僧这根定海神针在经历无数次生死后，又无数次踏上西天取经的路途，从未动摇过自己取经的信念。

诗人流沙河曾说过：“理想是石，敲出星星之火；理想是火，点燃熄灭的灯；理想是灯，照亮夜行的路；理想是路，引你走到黎明。平凡的人因有理想而伟大，有理想者就是一个大写的人。”通过交流，学生们越来越明白，唐僧是以慈悲为舟，信念为帆，航行于茫茫学海。悟空不仅聪明勇敢，更敢于跳出舒适区，勇于挑战自我，成就非凡。八戒不是懒惰的代名词，而是身上拥有一份难能可贵的乐观与豁达。沙僧虽不显山露水，却以无尽的耐心与坚持，书写着属于自己的辉煌篇章。学生们明白了常读常新的意义，再读《西游记》，仍忍不住大声喊出：很高兴，认识你。

很高兴认识你

——致《西游记》

小时候总是听爸爸妈妈提起你
你带给我无尽的幻想
天庭神仙究竟是怎样
小时候总是和小伙伴们谈到你
你让师徒四人走入我心
可谁都不想成为猪二弟
长大后我重新认识了你
在与老师的交流中
我明白了八戒不是无能的代名词而是凡人的写实
在与同学的分享中
我懂得了悟空取经路上对自我的约束与克制
你还是你
而我年少读故事年长读人生

成大事者，不惟有超世之才，亦必有璀璨耀眼之信念。夺取冠军的信念是中国女排逆光前进、抛洒血汗的力量；走出深山的信念是支撑 14 岁的“背篓少年”王发起早贪黑进行枯燥严苛训练的动力。而我们也应怀着“数风流人物，还看今朝”的理想深潜，秉着“敢教日月换新天”的信念行远，做新时代浪潮之巅的弄潮儿，推动时代的车轮滚滚向前，为振兴中华发光发热。

以红润心：爱国是永恒的精神食粮

泱泱华夏巍然屹立于东方日出之巅，其中耀眼的红色千百年来风雨如磐。中国的红是滚烫的爱国热血，是亿万万颗沸血难消的爱国之心。

六年级第二单元“革命岁月”带我们回顾了自长征以来中华民族的奋斗史，我以“建设红色革命纪念馆”为任务，带领学生重走革命路，重温革命情。纪念馆的选址、纪念馆的模样、纪念馆里陈列的资料都由学生自行设计。学生说，可以绘制长征路线图感知英雄的辛苦，可以勾画岁月时间轴感叹岁月之长，可以张贴英雄昔日光影感念英雄的奉献，可以摆放英雄们的物件感知英雄的温度，可以悬挂毛主席的诗词振奋人心，可以安排讲解员讲好红色故事……这些都是学生们的真实想法。感悟红色精神，在重温历史中涤荡心灵。

除此之外，我们还坚持“请进来，走出去”。我邀请济南市优秀退役军人王鹏老师到校为学生们讲述红色故事。课堂上，他从对越自卫反击战讲起，通过讲述自己的亲身经历，带领同学们回到那段艰苦的岁月。我们来到齐河国防教育基地，基地里退役的战斗机前后排开，甚为壮观，坦克如移动堡垒，雄风展展，重型火炮静立在绿地中间，黑洞洞的炮口直指蓝天。看到此情此景，同学们仿佛看到了鹰击长空、铁甲洪流、炮火连天的景象，武器装备的斑斑锈迹、累累弹痕都在诉说着先烈们不朽的勋章。我们来到军营，参观坦克博物馆，这些坦克见证了我国军事力量的发展历程，也见证了无数先烈为了国家的独立和尊严而浴血奋战的历史。爱国不仅仅是一句口号，更是一种行动，学生们汲取红色力量，在学思践悟中淬炼成钢。

这种文化，这种精神，在潜移默化中影响着学生们。在“我的心愿”习作中，东阳提到：“雄狮已醒，巨龙盘于东方，吾愿宝岛回归，七子团聚。”荼荼提到：“国泰民安是依靠人民的力量、通过人民的奋斗得来的，人的信念坚定了，人的行动伟大了，即使在艰苦的条件下，也能闯出朗朗新天，也能展开一幅波澜壮阔的壮美画卷。我们中国在一百年间，从枪杆子打天下，开国门看天下，到‘一带一路’迎天下，从站起来到富起来再到强起来，我们代代都怀揣着梦想走来，也要随着梦想，伴着努力，一步步走下去。对每个国民来说，爱国是最朴素的情感，为之奋斗是我们最基本的责任。我们会在懵懂时用中文探索世界，我们会因文化、历史而格外自豪，我们会为了科技的进步、国土的安全而奋不顾身。”不知不觉中，学生们已扛起传承红色基因的大旗，在奋力前行中开拓远航。

红日初升，其道大光。中国的红色，是鲜血的红，是革命先驱的爱国热血，是无数人慨然以赴的担当；中国的红色，是五星红旗的红，是国家强盛的自信曙光，是中国走向世界中心的骄傲。中国红源自华夏儿女的爱国深情，今日之璀璨由先辈换来，明日之辉煌需吾辈接续奋斗，传承红色血脉，赓续千载荣光。

曾几何时，我们不得不面对一群“似是而非”的儿童。“似是”，指七八岁到十几岁的童年时光；“而非”，是这个年纪没有或缺少应有的“生命状态”。这种状态源自父母的要求，源自师长的期望，源自作业的包围……这不是儿童该有的朝气蓬勃，更不是儿童该有的积极向上。作为班主任，我们要始终谨记：教育并不是把桶装满，而是把火点燃。课程思政本身就意味着教育结构的变化，即实现知识传授、价值观塑造和能力培养的多元统一。我们要在新时代、新政策、新理念引领下，积极开展“大思政课”系列教育实践活动，以思铸魂、以文化人、以念塑德、以红润心，守住儿童最美的模样，让他们敢拼搏、敢闯荡，逐梦飞翔。

点亮家国情怀　塑造理想信念

——探索班本德育实践路

王昱旻

人物扫描

王昱旻，济南锦屏学校数学教师。荣获历下区教师职业道德建设先进个人、济南市优秀班主任、历下区“一师一优课、一课一名师”活动一等奖等荣誉。积极参与济南市教育科学“十四五”规划课题“核心素养下中小学数学衔接问题研究”。担任班主任期间，创新开展“寻根筑梦，践行社会主义核心价值观”主题班本德育实践。

弘扬社会主义核心价值观，实现中华民族伟大复兴，需要德才兼备的高素质人才。以传统文化为依托，挖掘传统文化中的德育因子，这不仅能够丰富学校德育的内涵，还能够使学生在潜移默化中接受传统文化的熏陶，培养他们的家国情怀和道德品质，实现德育建设的创新与突破。

德育活动培育理想信念

初生牛犊不怕虎，初登讲台，怀揣梦想，我带着对教育事业的激情，总是和孩子们热热闹闹打成一片。为了有效地培养有理想、有本领、有担当的时代新人，明确锚定文化传承方向，培育学生的理想信念，在班本德育活动中，我坚持正确的育人理念，以传统文化育人，促进文化的传承与开放交流，使之更“接地气”。

那时候，我会利用午休时间和孩子们一起放松，唱歌、演讲、做游戏，通过表演节目陶冶孩子们的情操。经过月余时间，我发现孩子们小小年纪都在哼唱一些流行歌曲，根本谈不上思想引领。几天后的一件事对我触动颇深。

那是一个校园文化周，小班长提议班上的同学一起制作一个泉城名士文化展示板，主要是展示“海右此亭古，济南名士多”深厚的历史文化底蕴，以及曹操、杜甫、“济南二安”、张养浩等历史文化名人的事迹。然而，当他提出这个建议时，学生们的反应却出乎意料。有些学生认为这个活动与现代社会脱节，对他们的学习生活没有多大帮助，他们不愿意花时间和精力去了解和传承这些过时的东西，而是更倾向于追求现代的流行文化和消费方式。在准备展板的过程中，学生们之间更是互相推诿，甚至产生了很多的矛盾和摩擦。学生因为展板内容的意见分歧而产生了争执，甚至因此发生了言语冲突和肢体冲突。我意识到，这些问题正是源于学生对传统文化的思想认识不足。

面对这样的情况，我感到非常担忧和焦虑。作为班主任，我责无旁贷地要负起引导学生的责任，我深知这种态度如果不及时纠正，将会对他们的成长和未来产生不良影响。于是，我决定尝试采取一些办法让学生重新审视和认识学习的目的，并通过潜移默化的教育引导学生进行改变。从此以后，我每天坚持利用闲暇时间和学生们读书、看报，把《人民日报》上关于中华优秀传统文化的文章读给他们听。

在师读生听、师生双向奔赴的过程中，孩子们逐渐领悟到，在传统文化知识中蕴含着丰富的智慧。我还结合时政要闻，引导他们做一个“家事国事天下事，事事关心”的人，让他们在浸润传统文化的同时，争取做一名养正厚德、爱国报国的时代新人。

我意识到，教育不仅仅是知识的传递，更是对学生价值观的培养和对文化的传承。要真正达到深入骨髓的德育效果，仅靠课本上的知识是远远不够的，学生必须在生活中实际体验和感受到传统文化的魅力。

有一次，我组织了一个以“文化融合，共同发展”为主题的班会，创新文化育人载体，拓宽文化传承渠道，让学生们自由发表对传统文化和外来文化的看法和体会。没想到学生们讨论得还很热烈，他们思考问题的深度远远出乎我的意料。通过这次活动，学生们深入了解了传统文化与外来文化的关系。我又用通俗易懂的语言向他们解释了文化融合的意义，并鼓励他们将文化差异视为一种宝贵的财富。对于外来文化，我们要取其精华，弃其糟粕，懂得取长补短，不断丰富我们的传统文化。最终，学生们逐渐认识到了文化多样性的重要意义，并达成了共识，重新投入活动中。他们不再将文化差异视为隔阂，而是将其视为一种丰富多彩的体验。通过这次班会，学生们更加珍惜和尊重自己的文化，也更加包容和理解他人的文化。我也深刻地认识到，作为教育者，我们不仅要传授知识，更要引导学生树立正确的价值观和文化观。只有通过深入了解和体验，学生们才能真正认识到传统文化的价值和意义，从而树立正确的人生观和世界观，成为有担当、有责任、有文化的新时代青年。

活态文化培育核心素养

担任班主任期间，每天早上 7 点 30 分到 7 点 50 分，我会带领学生一起进行晨诵。晨诵内容主要是《大学》《论语》《道德经》。初中的学习任务很紧张，有的孩子和家长不理解，读这些枯燥的经书有什么用？还不如做两道题、背几个公式来得快。我告诉孩子们，或许这些东西暂时没有用，甚至有些话现在你们并不理解是什么意思，但是这些东西就像我们吃进去的食物一样，会将营养慢慢输送进我们的身体，将来可能在你二十岁、三十岁，或者年龄更大些，这些背诵过的内容不知道哪一句就会在某个时刻突然在脑海中闪现，让你内心产生一种豁然开朗的感觉，这就是我们所说的潜移默化、厚积薄发。这些传统文化里蕴含着深深的家国情怀，会深深地刻在你的骨子里。

记得有个调皮的小男孩叫民兴，我说：“孩子，你爸爸给你起的名字太好了！民兴，兴民，这是爸爸对你的期望，也是你奋斗的目标！你可一定不要辜负爸爸对你的期望哦！”有了这种目标，这个孩子的学习就不仅仅是为了拿分数考大学找工作，因为他的心中有了家，有了国，有了人民，这样就会产生更强大的学习动力。这种引导的力量是巨大的，从此这个孩子的学习成绩逐步上升，加上不懈的努力，后来以年级前十的好成绩考入了省重点高中。实践证明，心中装着国和家的孩子，他们的格局确实与众不同，这一批孩子有机会参加高级中学推荐生考试的有十来个人，最终四人被成功推荐，我想这和他们的家国情怀不无关系。

还有一个优秀的小班干部，聊起天来她说她的亲戚都在国外，自己以后也有可能出国，我说出国学习是好事，可以开阔眼界，学到国内没有的东西，但是无论去哪里学习，无论学习取得多大的成就，一定要时刻不能忘记自己的祖国，学成之后一定要回来为国家建设服务。后来小女孩引用了孙中山的一句话送给我：“老师，请放心，‘努力向学，蔚为国用’。”

为了做好德育工作，我也会抓牢每周一节的班会课，组织孩子们走上讲台进行多样化分享。可以分享自己的学习经验，也可以分享自己与家人受到哪些传统文化的熏陶，分享的过程中孩子们感受到了什么是爱岗，什么是责任，什么是守时等等。班会课成为我进行德育的主阵地。

孩子是信息化时代的“原住民”，网络文化承载着丰富的信息和价值观念，对于青少年的成长和教育起着重要的作用。合理运用网络文化育人载体，可以起到事半功倍的效果。

在春节和元宵节双节之前，我决定开展一场以网络文化育人为主题的活动，看看孩子们是怎样传承传统节日文化的。活动开始前，我组织学生们进行了准备工作。首先，学生们做了精心设计，合理安排。他们分成若干小组，通过网络平台学习拍摄技巧和剧本创作，讨论如何展现传统节日在当代生活中的传承与发展。学生们踊跃参与，提出了许多好的想法。然而，在活动进行到一半的时候，孩子们遇到了困难。由于学校网络资源有限，学生们在进行微电影创作时，上传视频的速度很慢。同时，由于学生们对微电影拍摄技术的掌握程度参差不齐，一些小组遇到了编剧、拍摄和后期制作等方面的问题，进展缓慢。面对这些困难，我和学生们一起积极应对，及时调整了活动计划，并鼓励学生们相互帮助，共同克服困难。在我们的共同努力下，活动取得了圆满成功。学生们通过这次活动，不仅增加了对传统文化的了解和认识，还提升了创作能力和团队合作意识，更丰富了文化生活，增强了文化自信。学生们通过合理使用网络平台，分享了一些独特的视频、图片、文字等，让更多的人了解和关注我们的传统节日和传统文化。

我深知，学生成绩再好，如果思想不过关，他们也可能会成为社会的毒瘤，其危害也更大，所以思想教育越早抓越好。国无德不兴，人无德不立。在这些根本问题上，立德树人从娃娃抓起尤为重要。这更加坚定了我带领学生诵读经典的决心。

通过诵读，我不仅让他们读懂文字，更重要的是通过例子和讲解，让他们理解其中蕴含的道德规范和人生哲理。当我讲到“正衣冠”这一条时，我和孩子们先是讲了孔子的弟子子路如何在临死之际把帽子整理好的这个小故事，接着又分享了唐太宗如何以魏征为镜“正衣冠”的故事。然后，我反问孩子们："生活中谁是你的镜子？谁能给你正衣冠？"孩子们纷纷畅所欲言，有的说是父母，有的说是老师，有的说是朋友。这样的互动，让孩子们更加深刻地理解了经典中的道德规范不仅仅是枯燥的文字，更是生活中的点点滴滴。有时候在课下遇到两个学生打架，我引用"兄道友，弟道恭"的句子来调和解决他们之间的矛盾纠纷。通过这样的领读，班级里排挤同学的情况明显减少了，同学们也知道了怎样和同龄人更好地相处。孩子们的行为也有了准绳。在这个过程中，我深刻体会到了传统文化育人的力量。

班本课程培育文化自信

在德育实践中，我通过创新教学方法，打造富有文化特色的课堂，不仅传承了优秀的传统文化，更重要的是引导学生们树立了正确的价值观念，提升了他们的思想道德素养，提高了文化宣传力度，增强了学生的文化自信。

现在的我有幸兼任学生的传统文化课，我没有采用固定的教学模式，而是自己动手搜集教学素材。课前我会把上课用到的材料一一打印，希望通过课堂文化育人的形式，传承中华优秀传统文化。在课堂上，我带领学生们一起诵读《弟子规》《千字文》《大学》《中庸》等传统经典篇目。我深知，如果在小朋友的课堂上单纯灌输大道理，孩子们一定会觉得枯燥无味，教育效果必然大打折扣。经过几节课的实验，我大胆采用了一种新的教学模式：绘本PPT+诵读+讲解。这样的模式不仅能够深深吸引孩子们的注意力，还能够将传统文化融入他们的日常学习和生活中。在选取绘本的时候，我主要选取与传统文化相关的内容，做成生动形象的PPT呈现给学生，尽量进行体验式教学。在讲解小满节气时，对于画面上的小麦孩子们都不认识，更别说理解小满有三候"苦菜秀，靡草死，麦秋至"这样更深层次的知识了。的确，二十四节气的制定与农业生活息息相关，对于一个在城市长大的孩子来说，他们没有近距离接触的机会，确实对这些事物都很陌生。幸运的是，我们学校是生态特色学校，校园里恰好有一片麦田。

我专门挑了一个小满节气的下午，把孩子们直接领到了麦田旁进行实地教学。通过这样的方式，他们既认识了麦穗与麦芒，也认识到了农业与节气的关系，更深刻地理解了《悯农》这首诗的含义，回到课堂再诵读的时候也更加带劲。

随着学习时间的加长，学生们对这门传统文化特色课程的期待和热情逐渐高涨。学生们积极参与到课堂讨论和学习中，表现出了极大的兴趣。每一次课堂，我都想方设法地以生动有趣的方式来激发学生对传统文化的兴趣和热爱。诵读方式尽可能多样化，从开始的领读、齐读，到现在的开火车读、拍手读、大小声变化读，孩子们越读越高兴。有时候我也会在本节课快要结束时设置趣味答题环节，学生们兴趣盎然。

课余时间孩子们会主动给我推荐备课书目，说在书店遇到了好书，请求妈妈买下来带到学校给我看。像《论语的故事》《孔子的故事》，都是学生借给我看的，还争先恐后地问："老师，这节课能不能讲我带的书啊？"孩子的这些行为直接成为我备课的动力。看着课堂上一双双求知若渴的眼睛，我从内心感到高兴，更被他们这些稚嫩的心灵感动着。

通过学习传统文化，孩子们不仅增加了对文化的认同感和自豪感，更从传统文化中汲取了丰富的精神营养，大大提高了自身的道德修养和人文素养，一个个小小的"君子"正在逐渐养成中。

现在我更加注重将传统节日融入学校教育中，通过组织各种丰富多彩的庆祝活动，让学生们深刻体会传统节日的文化内涵。在春节来临之际，我组织了一场传统文化体验活动。学生们在活动中了解了春节的由来、传统习俗和文化特色，体验了包饺子、挂灯笼、写春联等传统活动，增强了他们对传统节日的认同感和归属感。在端午节来临之际，我鼓励学生们一起分享粽子，举办关于端午节的文化知识竞赛，让学生们在分享的氛围中学习和传承端午节的文化。我还利用清明节、重阳节等传统节日组织活动，让孩子们懂得敬老、爱老、孝老。

这些传统节日体验活动，成功地激发了学生对传统文化的兴趣和热爱，不仅丰富了他们的校园生活，还让他们从中感受到了传统文化的魅力和生命力，增强了他们对传统文化的认同感和自豪感，同时，也为传统文化的传承和发展注入了新的活力。

培育家国情怀的班本德育实践成效

徐志摩在诗中写道：“撑一支长篙，向青草更青处漫溯。”我撑着长篙，向那教育的源头漫溯，蓦然发现，那里一定是中华优秀传统文化。在多年教育教学实践中，我深刻体会到德育建设的重要性和挑战性。面对传统德育方式的种种局限，我积极探索将中华优秀传统文化融入德育的方式，丰富德育的内涵，提高文化传承实效，提升学生的文化认同感和道德素养。通过组织丰富多彩的文化活动和课程，我看到了学生们对传统文化的兴趣日益浓厚，德育效果日益显著。主要表现在学生提升了核心素养，增强了文化自信，培育了家国情怀。

以上这一切让我更加坚定了以传统文化引领德育建设的信念。正如古人所言：“路漫漫其修远兮，吾将上下而求索。”在今后的教育之路上，我将继续加强学习，不断创新和完善德育方式，让每一位学生在文化传承中茁壮成长，为新时代的德育事业贡献自己的微薄力量。

融合思政元素“有为”　助推学科育人“有得”

吴　磊

人物扫描

吴磊，济南市市中区民生大街小学数学教师。荣获市中区教学能手、市中区优秀教师、市中区师德先进个人、济南市评优课一等奖、山东省“一师一优课、一课一名师”活动省级优课等荣誉。

作为一名小学教育工作者，针对小学生所处的年龄阶段，在平时的教育生活中，我始终在思考如何把有深度的思政教育融入数学教学中，如何把数学课上得有意思，让学生们在收获数学知识的同时，感受思政教育的意义，增强学生的民族自豪感，厚植爱国心，构建富有感染力的新时代数学课堂。

融中华优秀传统文化于教学，教学过程中渗透

中华优秀传统文化是中华民族的根与魂，是中华民族实现伟大复兴的文化根基、价值源泉、动力支持。国家“十四五”规划纲要指出：“发展素质教育，更加注重学生爱国情怀、创新精神和健康人格培养。”《义务教育数学课程标准（2022年版）》在课程性质、课程理念、教学建议等各方面，都分别提出了有机融入中华优秀传统文化的要求和建议。在小学数学教学中，我认为激发小学生对中华优秀传统文化的热爱是关键，要在渗透中华优秀传统文化的同时对学生进行思政教育。

（一）明确定位，在融合中凸显思政教育

教学目标的定位具有导向作用，教师只有在教学目标的定位中充分考虑并设置思政教育的目标，才能在教学中有针对性地开展思政教育。所以在制定目标时，我会把思政元素自然地融入具体的数学知识学习中。在备课过程中，我并没有单纯地认为数学课堂就是教给学生什么，而是把学生知道什么、能够做什么作为前提条件去备数学课。搜集与课堂教学内容相关的思政内容，既备知识点，也备美德点，把两者紧密地联系在一起，才能让数学课堂事半功倍。

例如，在《圆的周长》教学中，我把“感受中国古人的智慧与刻苦钻研、追求真理的精神，提高民族认同感”作为本节课的思政性目标，让学生进一步了解我国数学家的智慧，在他们心中埋下向古人学习的种子，将课程思政目标与数学知识、技能等目标相结合，使得思政元素自然地融入具体的数学知识学习中，激发学生们的爱国情怀。在学习百分数时，我通过课堂中的设计，

让学生寻找生活中常见的百分数，在学生充分交流的基础上，适时拓展学生的视野。我以“数说党的二十大”为主题，将二十大报告中的百分数呈现给学生，从中选取有代表性的百分数让学生读一读、写一写、说一说它们的意义。在传授数学知识的同时，我向学生渗透学科思政教育，让学生感受到中国近年来的飞速发展，感受国家的发展变化，感受中国力量和速度，从而激发学生们的爱国热情。

（二）挖掘数学知识背后的数学史，渗透思政教育

我国古代的数学成就是中华优秀传统文化的有机组成部分，具有悠久的历史。在平时的数学课堂教学中，我注重挖掘数学知识背后的数学史，让学生们通过了解相应的数学史，感受中国文化的强大，帮助学生增强文化自信。

例如，在教学《圆的周长》时，我充分查阅了相关的史料，选用《周髀算经》中的“周三径一”概念，刘徽通过割圆术得到近似值3.14，祖冲之将圆周率精确到小数点后7位等史料作为教学的素材，让学生进行探究。学生在探究的过程中体会到，在祖冲之之前，我国很多数学家均对圆周率进行了尝试和探索，虽然没有祖冲之得到的结果精确，但是正是因为有了这些探索的经验，祖冲之在他们思考的基础上才获得了令世界瞩目的成就。通过呈现知识背后的故事，学生们能感受到中国古代数学家对于知识探究的漫长、曲折的过程，以及他们不断开拓创新、勇于探索、追求真理、刻苦钻研的科学精神。

寓民族精神于教学，潜移默化中体会

现行小学数学各版本教材中或多或少都蕴含着科学家的科学成就、中国人民的拼搏事迹。在数学教学中，教师要善于合理利用教材，准确把握时机，对学生进行民族精神教育。

（一）依托教材情境资源，巧妙开展思政教育

数学来源于生活，又应用于生活，数学与生活的紧密联系是学生所能感

知的。在教材的情境呈现中也充分体现出了这一点，教师在平时备课中要善于发现情境中的爱国主义素材，并将其灵活地运用到教学中。

例如，《100 以内的加法和减法》主题图是“奥运金牌榜”，教材围绕奥运会金牌榜编排了不退位减法与退位减法的内容。我在学生计算后出示我国奥运冠军顽强拼搏的图片，让学生们进行交流，引导他们感受运动健儿不怕苦、不怕累，辛勤付出、顽强拼搏的精神。

《大数的认识》例 5 是“数的大小比较”的内容，教材编排时所采用的是 2011 年 6 个国家来我国旅游的人数这个素材，教学时我是这样处理的：

师：（呈现情境图）看到这 6 个数据，你想到了什么？

生 1：我们国家越来越好了，来旅游的人越来越多了。

生 2：我们中华民族是热情好客、爱好和平的。

师：是呀，随着祖国越来越富强，国际地位越来越高，才会有这么多外国人来我们国家旅游。

我借助教材中的情境，在实实在在的数据面前，对学生进行爱国主义教育，让孩子们从小明白团结友善、爱好和平这些中华民族拥有的民族精神。

（二）思政升华，课堂教学中融入思政教育

课堂是教学的主阵地，是学生收获知识的地方。教师要有意识地将教学内容与思政内容进行融合，借助信息资源，提高小学数学课程思政的实效性。课堂教学中，我在传授学生数学知识的同时，也会借助相应的教学设计进行思政教育的升华，学生在课堂上的收获不是仅仅局限于知识方面、能力方面，还可以是思政方面。

在教学《平均数》这个内容时，我给学生们出示了 24 字社会主义核心价值观，通过问题引导学生思考：

师：今天学习平均数这个内容，你感受到了哪些社会主义核心价值观？

生 1：我觉得是公正，因为平均数体现了公平。

生 2：我觉得是和谐，因为公平公正了，人民的生活就和谐了。

……

在这个环节，我让学生们用学到的知识来谈收获和感受，将社会主义核心价值观融入其中，学生不仅明白了平均数的特性，而且明确了自己所学知识与整个国家、社会发展之间的关系，以小见大，增强了爱国之情。

在课堂教学中，教师要通过巧妙的任务设计与问题引领，将学生的学习探究与课程思政教育联结起来。比如，在教学《亿以内数的认识》时，我以算筹作为重要的学习素材和载体，通过任务设计来鼓励学生“创造”数位，通过问题引领让学生感知到用有限的算筹数码表示出了无限多的数是因为数位的存在，让他们在学习的过程中进而理解中国古代“凡算之法，先识其位”的论述。学生们在古今对照中认识到历史上最早的十进位值制，在学习的过程中感悟中国算筹的奥秘、中华民族的智慧，体会数学在推进社会发展上的重要性，从而增强对中华民族的认同感和自豪感。

融思政教育于“三真”，润物细无声中感悟

“学高为师，身正为范”，自毕业以来我始终记着这八个字，从身为教师的那一天起，我便以这八个字为座右铭，决定要以真心、真情耕耘自己的教育事业，要带着真情实意走进课堂，以情感人、以情育人，向学生们传递教育的“温度”，使学生们在潜移默化中得到提升和发展。随着教学阅历的不断提升，随着自己的思考不断深入，我越来越感觉到“传道、授业、解惑”的精髓所在。小学教育是教育的根基所在，在传道授业解惑的同时，教师更应该注重对学生进行思想教育、思政教育。学生在哪里，我们老师就要走到哪里去发现学生的关注点、兴趣点和兴奋点，这样才能打通思政教育的难点和堵点。我们做的每一件事，关注的每一个信息都能算作备课，我们要去思考这个东西、这件事情、这个案例能不能带到课堂上，怎样带到课堂上，把讲故事和讲道理真正结合起来。

（一）用真心走近学生

“亲其师，信其道”，作为教师我始终坚持心系学生、立德树人，在教

育教学中潜心耕耘，追求卓越，用真心走进每个学生的内心，用爱心温暖着每一位学生，让学生们在爱和陪伴中健康、快乐成长，在真心的呵护中享受教育，感受成长。

在平时的教育教学工作中，我都会主动走近学生，充分了解学生的兴趣、爱好、习惯、思维方式和思想观念等各方面情况，准确掌握他们的思想所在、困惑所在、期待所在，将心比心，以情感人，以便能和学生产生心灵的共鸣。在备课的过程中，我会多从学生的实际情况和学情出发，站在学生的角度去思考问题、琢磨问题、设计问题，有针对性地备好课、上好课，结合所教内容、所见所思、所闻所想把思政教育融入我的数学课堂，让学生们收获数学知识的同时，也把真善美的种子埋在心里，扣好人生第一粒扣子。

例如，在教学《比的认识》一课时，结合学生学情，在课堂开始时，我以五星红旗的制作标准为例导入新课，在介绍国旗的制作标准时，结合学生的生活实际，我让他们想象不同尺寸的国旗在哪些场合使用比较适宜。我还给学生介绍《中华人民共和国国旗法》的相关知识，让学生对五星红旗有了更深刻的认识和了解，增强了学生们的民族自豪感。在课堂教学中既突出了“学科味道”，又体现了价值引领和思政教育，在潜移默化中对学生们进行教育和引导。在执教《植树问题》时，我借助多媒体为学生播放地球因生态环境破坏而造成污染的微视频，让学生们谈一谈感受和收获。在分享感受的同时，学生们通过不同形式的预设，引发深层次的思考。学生交流道：“要爱护环境，植树造林，保护生态环境，保护地球家园。”

（二）用真情感染学生

我国著名教育家陶行知先生曾指出：“真教育是心心相印的活动。唯独从心里发出来的，才能打到心的深处。”作为一名小学教育工作者，我认为在平时的教育教学工作中必须尊重学生，关爱学生，用真情感染学生。

在教育的广袤星空中，每一个学生都是一颗独特的星星，他们或许光芒耀眼，或许略显暗淡，但都蕴含着无限的可能。教师就是手持明灯的引路人，用真情和关注照亮学生前行的道路，唤醒他们内心深处的力量，助力他们绽放属于自己的光彩。

记得那是一个暑假的夜晚，我正在读书，手机上显示了一个陌生号码，带着一丝疑虑，我接通了电话："你好，请问哪位？"电话那头传来一个声音："老师，您不记得我了？"我猛然一愣，脑海中快速回忆这个熟悉的声音的主人，虽然十多年过去了，但我很快判断出了他是谁。一个平时沉默寡言、唯唯诺诺的小男生。一开始，在课堂上他总是默默倾听，不敢发表自己的观点。在平时教学中，我会时刻关注我的每一位学生，也会根据每位学生的性格特点进行相应的培训和锻炼。可能正是因为我的教学观，在课堂上我会格外关注他，去给他更多的关怀和帮助，让他敢于发表自己的观点，乐于表达自己的想法。当他保质保量地完成各项工作时，我也会适时地给予他肯定和正面的评价。最终，在学期末的测评中，他取得了巨大进步。

德国教育家第斯多惠曾经说过："教学的艺术不在于传授本领，而在于唤醒、激励和鼓舞。"教师要以身作则，用自己的言行去影响和感染学生，在平时教学的过程中必须深入了解学生，因材施教，有的放矢地开展教学和教育工作。我比较注重发现和利用一些小的契机来教育和开导学生，注重加强与学生的沟通，把思政教育落实到每一件事情、每一个细节之处，坚持以自身的行动感染学生。因为我深知学生的认可是对教师最高的评价和赞赏，一个负责任的老师会让学生有被关爱的感动，这会有效、积极地促进学生各方面的进步和成长，同时也会影响学生们的人生观、价值观，让学生们懂得要忠于自己的本职，勇敢实现自己的理想，为自己的理想而奋斗，树立正确的价值观。

（三）用真实打动学生

思政教育不能拿着文件宣读，尤其是面对小学生。作为小学教师要善于讲故事，依托丰富的中华优秀传统文化、革命文化和社会主义先进文化资源，研究典型案例，让基本原理变成生动道理，让根本方法变成管用方法。同时，要善于用小学生容易接受的话语去阐释他们关心关注的热点、难点、焦点问题，学会用通俗的语言解释深刻的道理，用熟悉的事例说明道理，情理交融，生动深刻。

例如，在教学《圆柱的认识》一课时，我让学生们收集生活中的圆柱，可以拿实物，也可以拍照片。一位学生展示的是交警指挥交通用的指挥棒照片，照片中一位交警叔叔在大雨中指挥交通。我们就这张照片进行了探讨和交流。在交流的过程中学生们感受到了交警叔叔的不易，为了让大家有一个舒心的、顺畅的上下班路，交警叔叔不畏严寒，任劳任怨。这个过程让学生们真正走近平凡的劳动者，体验感受每一个工作岗位劳动者的坚守和付出，让思政教育真正润物细无声地流进孩子们的内心深处，入脑入心。

因材施教、立德树人是我坚守的使命；奋楫笃行、臻于至善是我不变的追求；初心如磐、弦歌不辍是我数十年如一日的操守。数学教师要做学生成长道路上的引路人，在每一节课中有机渗透思政教育，对思政教育资源进行灵活运用，有力推进思政教育在数学课堂上健康发展。

在数学教学中，我会继续坚持自己的做法，在点滴的生活和实践中坚定理想信念，一如既往践行“以匠心致初心，以初心致未来”的承诺，在教育和教学中通过自己的努力，自己的真心，自己的真情，让学生们享受数学学习的同时，自觉地将小我融入大我，自觉加入实现中华民族伟大复兴的奋斗当中，引导学生努力做一名对社会有贡献的栋梁之材。

跑突情润朵花开

何友猛

人物扫描

何友猛，现任济南市市中区爱都小学党支部专职副书记，美术教师，市中区首批“三名工程”名师培育人选。荣获济南市教书育人楷模、临夏州教育帮扶工作优秀教师、市中区优秀教育工作者、市中区最美教师、市中区风格教师、市中区教学能手、全国美术电教评优课一等奖、济南市美术优质课一等奖等荣誉。撰写的案例获山东省美育典型案例一等奖，参与编写了《成全是最好的课程》《优秀少先队活动案例选编》等书。

“趵”，这个由唐宋八大家之一的曾巩为描述济南名泉“趵突泉”而特别创造的字，竟在遥远的甘肃临夏，给一位五年级的“尕娃”带来了小小的困惑。课堂上，一位稚气未脱的男孩，手中紧握着一封来自济南市市中区爱都小学学生的信，眼中闪烁着好奇的目光，指着信中的“趵”字，向我提出了疑问：“老师，这个字应该怎么读呢？”孩子的疑问，如同投入平静湖面的石子，激起了我心中关于家乡、关于文化的涟漪。我微笑着向他解释：“这个字读作‘bào’，是我家乡济南那闻名遐迩的‘趵突泉’的专属标识。”

“尕什字”“尕东家”“尕娃”“尕妮哈”……与这个五年级的男孩相同，来到临夏后我也曾被满大街的“乃小”组合所迷惑，后来得知“尕”字是甘肃省等西北地区的方言，和“小”寓意相同。

“趵”与“尕”，这两个各具特色的汉字，虽不常见，却都承载着深厚的地域文化，一个是济南的名片，一个是甘肃方言中的亲切称谓。如今，它们却因东西部教育协作的缘分，在临夏的课堂上相遇，共同编织了一段跨越千里的文化情缘。而我，有幸成为这段故事的见证者和使命的践行者，这一年，也因此变得格外不平凡。

2023 年暑假，由我与六名同事组成的济南市市中区东西部教育协作第三批支教团队一起跨越山河，行程 1500 余公里，来到海拔接近 2000 米的甘肃省临夏市。作为一名支教教师，我深知自己肩负的是践行国家发展战略，促进区域协调发展的重要使命。因此，我开始思考：这一年，自己能为东西部教育协作做什么？给临夏“留下”什么？又能“带走”什么？

U 爱传递，趵突情深

经调研，我的驻点学校临夏市红园小学 95% 以上的学生来自回族、东乡族等少数民族。他们的家庭多以水果摊、小商铺、牛肉面馆等小本经营为生。大多数学生天真无邪、活泼好动，但因缺失家庭教育和亲子陪伴，普遍存在寡见少闻、情感孤寂、缺乏自信的现象。于是，我决定先从阅读入手，打开孩子们的视野，让他们获得精神滋养，让书籍成为他们童年最好的伙伴。

（一）爱阅之都·书香红园

我的想法也得到了所在单位济南市市中区爱都小学吕华校长和全校师生的大力支持。身在临夏的我和爱都小学的师生们策划了“爱阅之都·书香红园——U 爱传递”行动。年末时，学生们用“年货大集”义卖的爱心基金购置了价值 17000 元的代表着爱都师生“有爱、友爱、优爱”的崭新图书送到了红园小学。这些书籍，包含了四大名著、儿童文学、百科知识、自然科学、艺术欣赏等多种类型，像一把把神奇的钥匙，为红园小学的孩子们打开了一个五彩斑斓的世界。

（二）U 爱书架

图书不仅传递知识，更要与“大思政”同向同行。为了让爱心图书发挥更大的作用，培养孩子们的自主管理意识，我在临夏市红园小学张笑天校长的大力支持下，在学校的公共区域设立了开放式书架——“U 爱书架”，以自主组织管理的形式方便学生借阅。

“U 爱书架”的设立点燃了孩子们的阅读热情，不到半天时间，五年级一班负责管理的书架上的图书就被借走了大半，短短一周，四年级三班负责的书架借阅记录表就用完了两张。每当课间休息时，都有热心的小管理员整理书架，为借书的学生进行登记。

五年级三班认领到“U 爱书架”后，在众多热心的同学中，小周和小娴率先站了出来，她们决定担任这个书架管理志愿团队的总管理员。两位小姑娘深知责任重大，她们不仅要有条理地管理这些书籍，还要激发同学们的阅读兴趣，让书架成为大家心灵的港湾。为了完成这个小小的使命，小周和小娴开始招募志愿者，她们利用课间时间，向同学们详细介绍了书架管理的重要性和意义。在她们的动员下，十几名同学纷纷加入了这个团队，成为课间管理员。他们有的负责整理书籍，有的负责监督借阅，还有的负责维护书架的卫生。团队的同学们在领到图书后，并没有急于将书籍上架，而是进行了图书分类。在分类的过程中，大家不仅增进了对书籍的了解，还培养了团队协作精神。

"U 爱书架"设立的同时，爱都小学和红园小学的学生还互通书信，把一封封写满家乡介绍和好书推荐的信寄到彼此儿童友好对口班级小伙伴手中，并通过短视频分享阅读的快乐。

"四面荷花三面柳，一城山色半城湖。这是我们的家乡济南。""趵突泉、大明湖、千佛山是我们家乡的三大名胜……"

"牡丹随处有，胜绝是河州。我来自'花儿临夏'。""我们的家乡临夏有世界级地质公园，这里有十项世界之最。""手抓羊肉是我们的特色美食，尕什字那里的牛肉面很好吃……"

就这样，一封封满载家乡情感的书信，让两地的小伙伴有了第一次"亲密接触"。课堂上那个读信的男孩，初识"趵"字时眼中充满迷茫与好奇，或许现在还不知道这个字背后蕴藏着济南的泉水文化，就像我刚到临夏时，对"尕"字的陌生一样。但正是这样的陌生，让我们更加珍惜两地彼此的交流与共融。

（三）U 爱行动

2024 年世界读书日，我与两校领导又共同设计组织了一系列阅读实践活动。再次通过"U 爱行动"进行"U 爱传递"，开展丰富多彩的线上交流、图书漂流活动。启动仪式上，两校的孩子们通过线上平台互相推荐好书、分享读书心得、进行图书漂流，儿童友好对口班级也随之建立。

"爱阅之都·书香红园""U 爱书架""U 爱行动"，让两地间的孩子们手拉手抱团成长。东西部教育协作，不仅仅促进资源交流与共享，更成为无形的纽带，将济南与临夏紧紧相连，增进各族儿女间的情感联结，共同汇聚中华民族大家庭的温暖和力量。

“小鬼当家”，培养未来公民

随着在红园小学工作的深入开展，面对这些淳朴的孩子们，我还意识到此次支教的使命远不应止于知识的传授，更要立足“全员、全方位、全过程育人”核心，培养学生良好的行为习惯和自主管理能力，帮助他们树立公民意识，让他们具备能够直面未来挑战的能力。

结合学校实际，我从组建一支红领巾志愿者团队入手，培养孩子们的志愿服务精神和社会责任感。招募海报一经发出，高年级的学生就来报名了，其中有班里的小干部，也有淘气包，不管是出于好奇还是抱着试试看的心态，只要有愿意帮助他人、为集体贡献的想法都可以参加。第一支20多人的红领巾志愿者团队迅速组建了起来。志愿服务岗位也由孩子们自己设置、自主管理。

五年级的小拜认为，如果同学们入校的队伍更有秩序，那么各年级的同学入校会更加安全、迅速。于是，小拜就成为第一个上岗的红领巾志愿者。每天一大早，她便来到学校门口，用友善的语气和坚定的手势，指引着低年级的小同学们自觉排队入校。每当有小朋友走近，她都会微笑着说：“同学您好！请往这边走。”她就像一个小大人一样，用自己的行动诠释着责任和担当。她的每一个动作、每一个微笑，都成为低年级小同学心中的榜样。

大队长小马同学作为升旗仪式培训员，不仅从一个小队长蜕变为一个真正的榜样，更在红园小学中播撒了自我约束和积极向上的种子。他远不止是组织和管理活动，更重要的是用自己的行动去影响和感染每一个队员，帮助他们成为更好的自己。这种认知的转变，让他不再是那个趾高气扬、指指点点的小队长，而是一个和蔼可亲、充满爱心的朋友和导师。他用自己的耐心和细心，去指导和训练每一个升旗班的同学，让他们用更标准的动作和更庄严的神态对待神圣的升旗任务。这种转变不仅让队员们感受到了他的变化，也让他们更加尊重和信任他。在小马的示范引领下，红园小学的孩子们开始逐渐学会自我约束和规范自己的行为。这种积极的变化不仅体现在升旗仪式上，更体现在他们的日常生活中。一段时间下来，孩子们变得更加自信、更加自律，也更加有责任感。

小周和小娴的“U爱书架”自主管理，展现出了两位同学对于图书的热爱和对责任的坚守。她们细致入微，将每一本书都视为珍宝，不仅让书架上的图书始终保持着整齐和完好，更营造了一个充满爱心和尊重的阅读环境。她们爱护这些图书就像爱惜自己一样，每天早上总是早早来到学校，把整理好的书整整齐齐地摆上书架，下午放学前，又会仔细清点后小心翼翼地搬回教室的储物柜里锁好。为了便于自主管理，小周和小娴还创新地设计了图书编码标签，协商制定了“‘悦’读公约”。这份公约以朗朗上口的儿歌形式呈现，简洁明了地传达了借阅规则、阅读时间和爱护图书等要求。通过正向引导的方式，公约促使大家自觉养成了好的借阅习惯，共同营造出一个和谐、有序的阅读环境。

红领巾志愿岗和“U爱书架”自主管理的实践，让孩子们在参与和服务中，逐步成长为更加自律、自立的个体，同时掌握了沟通与合作的艺术。更重要的是，他们深刻领悟了作为“未来公民”所应具备的核心素养——有效的沟通与合作能力、创新思维与问题解决策略，以及公民责任感与社会参与意识。

红园之星，让朵花绽放

要做好“全员、全方位、全过程育人”，便离不开评价。在红园小学，我与德育团队精心设计了“35931·红园之星”学生综合素养评价方案。这一方案包含“班级评价、年级评价、校级评价”三个层面，采用“班级公约自主评价、校园币点赞卡、荣耀卡、‘红园之星’证书和奖牌、‘红园之星’奖杯”五个递进式等级评价方式，同时设立了“自律小标兵、劳动小能手、美德小模范、书香小读者、妙算小博士、English star、才艺小明星、运动小健将、创意小达人”九个专项指标。这个评价方案基于“五育”并举的全面发展理念，形成了“明理厚德、智慧学习、创意多才”三个学生发展维度，最终指向“人人争做‘明理厚德，止于至善’的‘红园之星’好少年”的发展目标。自“红园之星”学生综合素养评价方案实施以来，学生的积极性得到了显著提升，行为习惯也日趋良好。

我们深知，真正让学生自主成长，首先需要他们有一个明确的成长规划。因此，在春季开学的第一周，我们围绕“红园之星”评价体系，指导学生制定本学期的阶段小目标，并通过“成长心愿·龙启红园”的活动，让每一位学生都有机会展示自己的成长心愿。

在这一周里，老师们引导孩子们深入挖掘自己的潜能，让他们围绕评价体系的九项指标制定新学期的小目标。有的孩子立志成为“自律龙”，早睡早起，学会自理；有的孩子则渴望成为“爱心龙”，乐于助人，积极参与家庭和社会劳动。每一个孩子都怀揣着自己的小小愿望，这些愿望汇聚成一股强大的力量，推动着他们不断向前。

通过这次活动，孩子们不仅学会了如何制定目标、规划未来，更学会了如何与他人分享、如何相互支持。他们的成长心愿和详细的成长计划不仅为他们指明了自主成长的方向，还让他们的目标达成过程有了他人的监督和鼓励。

在2024年的六一儿童节庆祝活动上，红园小学隆重举行了首次“红园之星”表彰仪式。全校共有11名学生通过这种递进式兑换的方式成为校园里的第一批“红园之星”。

颁奖的那一刻，六年级二班子俊同学激动地咬了一下胸前的奖牌，脸上洋溢着难以言表的喜悦。仪式结束后，他激动地向我分享了自己的经历。自从去年学校公布了“红园之星”评价办法，子俊同学便立志要成为其中的一员。他深知，这需要全面的发展和不懈的努力。于是，他精心制订了一份成长规划，将学校评价的九项指标作为自己的行动指南，并逐一设定了具体的小目标。

在审视自己的成长路径时，子俊同学发现自己在“书香小读者”和“创意小达人”两项上还需加强。为了圆自己的“书香梦”，他开始了每天背诵10首古诗词的自律计划。不仅如此，他还勇敢地报名参加了临夏市诗词对抗赛，用赛场上的表现激励自己不断前行。而在课余时间，子俊同学又积极投身于学校的机器人编程社团。他凭借对科技的热爱和不懈的努力，代表学校参加了市级和州级的青少年科技创新大赛，并凭借出色的表现赢得了荣誉。这份荣誉不仅为他实现了“创意梦”，更为他成为“红园之星”增添了光彩的一笔。

小马同学作为大队长，凭借出类拔萃的表现，成为首个荣获“红园之星”殊荣的少先队员。他在学业上展现出卓越的才华，课堂上总是积极踊跃地回答问题，展现了对知识的渴望和扎实的学识；课后更是勤奋刻苦，对待每一项作业都一丝不苟，力求完美。正因如此，在学期伊始，他便囊括了“书香小读者”“妙算小博士”“English star”等多项“智慧学习”领域的荣耀卡，充分体现了他全面而均衡的发展。在红领巾志愿者队伍中，小马同学更是发挥着表率作用，他不仅以身作则，还积极鼓励并带领其他同学投身志愿服务。他的努力和坚持，不仅赢得了同学们的尊敬和信任，更使他在“明理厚德”这一维度上迅速崭露头角，将荣誉的奖牌稳稳收入囊中。2024 年 5 月，临夏市课本剧表演拉开帷幕，小马同学作为核心演员，用他精湛的演技和生动的表现，赢得了临夏市课本剧选拔小组的高度赞赏。他的出色表演不仅将红园小学的作品推向了全市的舞台，更让所有人看到了他作为“红园之星”的魅力和风采。通过不懈的努力和奋斗，小马同学实现了自己成为首批“红园之星”的梦想。

“红园之星”评价体系作为一个长期可持续的评价体系，不仅仅是一个荣誉的象征，更是他们自主成长之路上追逐梦想的阶梯。这一评价体系的实施，不仅提升了学生的参与积极性，促进了学生行为的正向改变，更在无形中强化了他们对社会主义核心价值观的认同感。

如今的红园小学，学生举止得体、彬彬有礼，书香气息弥漫整个校园。随着“35931 · 红园之星”学生综合素养评价方案的深入推进，在“大思政”的宏观视野下，我们为每一名学生精心搭建了全面发展的成长舞台，让每一位红园学子都成为明理厚德、智慧学习、创意多才的新时代好少年。

作为一名支教教师，一年的支教生活让我深感东西部教育协作不仅是一场跨越地域的教育交流，更是铸就中华民族共同体意识的坚实基石。我们坚守立德树人的教育理念，站在孩子的未来设计今天的教育，通过当下的教育培养孩子未来发展的核心素养，全员、全方位、全过程努力将每一个孩子都培养成国之栋梁。

趵突泉的泉水澄澈、温润，不仅滋润着济南的每一寸土地，也如同甘霖般滋养着临夏的孩子们。它见证了我们的付出与努力，也见证了孩子们的成长与蜕变，一朵朵尕花在甘肃临夏的土地上多彩绽放，未来也必将成为中华民族伟大复兴的坚实力量。

圆梦教室：属于师生自己的“56号教室”

——小专家课程的实践与研究

张丽媛

人物扫描

张丽媛，济南市舜耕小学教学管理部副部长，第五届济南市名师建设工程人选。荣获山东省中小学班主任基本功大赛一等奖、首届济南市立德树人双领军教师、济南市优秀班主任、市中区首席班主任等荣誉。所带班级荣获济南市优秀班集体。

一直以来，我的教育理想是“让每一个不同资质的孩子成为更好的自己”。为实现这一理想，我想打造一间属于师生自己的“56号教室”，我将个人专属的“小专家课程”与教育教学实践相结合，历经17年的探索与升级，逐渐打造出具有特色的“圆梦教室”。

“圆梦教室”，从学生兴趣出发，融合“小专家”教育资源，拓展教育空间，丰富课堂内涵和外延。以主题阅读、专题探究为策略，通过“线上＋线下”“课内＋课外”“家庭＋学校”“生活＋社会”等路径，有效整合多种教育资源，创新教育教学方法，形成开放、多元的大教育格局。

唤醒：点燃梦想的种子——“圆梦教室”的初构

要打造富有特色的课堂，构建独特教育生态，努力构建一间“圆梦教室”，让小教室承载学生大梦想并非易事。如何破解？

一次偶然事件成为突破口。

10年前的一天，学校老师急急忙忙地跑到办公室告诉我：“张老师，你快去看看吧，你们班门口围满了孩子！”我快步走出办公室，顺着走廊看去，一群孩子拥挤在一起，兴奋地嚷嚷着。原来，又是小高！

这次小高并没有打架，只见他手里举着一把笤帚，头上扎着红领巾，一脚踩着凳子，另一脚踩住一楼的窗台，伸长了胳膊一边拍一边厉声呵斥已经吓得躲进墙角的蜻蜓。周围的孩子们拍手叫好，后面看不到的使劲往前挤，一时间人越来越多。我驱散了人群，把小高抱下来，苦口婆心地教育了一节课。结果第二天，昨日重现。接下来的几天，我和小高展开了游击战，但却总能看到他不知从哪里用矿泉水瓶子捉来了蜜蜂、蚂蚱等。一次次的教育，事件热度不降反升，大家不论在哪里看到虫子都会偷偷告诉他，他立马会在课间悄悄采取行动。还将捉回来的虫子放到胆小同学的抽屉洞里搞恶作剧，而他眼中的“胆小鬼”总会被吓得吱呀怪叫，连蹦带跳。老师们不堪其扰，家长们投诉连连，同学们敬而远之。这可如何是好？

思前想后，我决定转变策略。在和他父母的交谈过程中得知，家里严厉禁止这种行为，甚至他还为此挨过打，结果却适得其反。看着眼前这个眼神倔强的小家伙，也许一切问题的根源都在于他真的太喜欢昆虫了。我再次发问：“你为什么总是捉虫子？”“我喜欢！”小高一脸不服气。“喜欢？”我接着问。“就是喜欢！怎么了？”小高的语气越来越强硬，他试图用语言保护自己。“老师再问你一遍好吗？你为什么捉虫子？”“我喜欢，我愿意！”说完又仰起了头。“那太好了！”我很真诚地对他说。他被我出乎意料的回答惊住了，一动不动地看着我。“喜欢捉虫子，你就尽情地去捉吧，不过，光捉虫子可没什么了不起，你得研究，知道别人不知道的专业知识那才真厉害。老师给你布置一项特殊的作业，开学第一课，你把你喜欢的虫子讲给大家听，好吗？”

令人惊喜的是，他兑现了我们的约定。开学的第一课，小高站在了讲台上，带着自己在暑假中翻山越岭捕捉后制作的各种各样的昆虫标本，并制作了精美的课件，为同学们带来了一场生动的昆虫知识讲座。我把他的讲座视频发到了班级群，同学、家长也第一次对他佩服又羡慕起来。我为他颁发了“班级昆虫小专家”的证书，他从“调皮大王”变成了小专家，小专家头衔的约束也让小高学会了遵守纪律。没想到的是，这次事件却激发了全班同学的参与热情，陆续有同学来询问自己喜欢的领域能不能也像小高一样给同学们开讲座、当专家。于是，我决定每周在固定时间进行班级小专家课程。

无独有偶，男生小步，特别喜欢枪械，经常带各种各样的相关书籍到学校来和同学们交流，有时甚至把玩具枪带到学校，上课时偷偷在桌洞里练习组装。同学小刘，父母都是银行工作人员，他经常会带些银行点钞的练习币到学校来，很多不明缘由的同学就经常告他的状。经过长时间的观察发现，他们并不是单纯的捣乱，对于这些方面他们还真是有一手。经过引导，小步成为枪械专家，他讲座结束后，同学们仍意犹未尽地听他继续讲解。小刘成了理财小专家，给同学们介绍识别真假人民币的方法。

杜威认为以旧方法教现在的学生是剥夺他们的未来，教育方式变革能让教室容纳更丰富的学习资源，学生也能互相影响。雷夫则强调打造以信任为基础的教室，让孩子知道老师公平可依靠，有安全感且能学到东西。

这一个个学生身上出现的问题其实正是我的突破点。我拉近与他们心灵的距离，耐心地观察和了解他们的兴趣爱好，把问题和兴趣当作课程研究的切入点。满满的信任和安全感给了孩子们变得更好的动力。

几次讲座后，全班积极性被调动，很多同学询问能否开讲座。我顺势引导，同时加入了演讲、课件制作等方面的针对性指导。我也发现孩子的世界精彩各异，他们上知天文，下知地理，玩得了枪械，下得了厨房，研究过航模，揭秘过恐龙……单对恐龙的研究就分别由恐龙的起源、恐龙的分类、恐龙的灭绝三个小专家来完成。很多孩子还自发组成了“恐龙兴趣组”“汽车兴趣组”“兵器兴趣组”“历史兴趣组”“昆虫兴趣组”“海洋兴趣组”“医学兴趣组”“天文兴趣组”“美食兴趣组”等多个兴趣小组。兴趣涵盖多个领域，课程分类最终形成9大类、27个小类、128个主题。每个孩子的资质各不相同，但每个人都有自己的兴趣爱好，都能自信地站在讲台上侃侃而谈。

教育家于漪说：“教师要构建学生的知识、精神和生活世界。”由尊重兴趣引发的课程建构给了我启发，小课程可承载大梦想，能启智润心、因材施教，多渠道铺就学生成长之路，让学生自主、个性、科学、全面发展，使梦想绽放，赋予学生成长的自信和力量。

激发：成就梦想的舞台——“圆梦教室”的推进

课程深入开展时，学生个体差异问题凸显。如何让不同资质的学生都有所发展？

《论语·雍也》说：“知者乐水，仁者乐山；知者动，仁者静。”孔子的弟子中，颜回好仁，子路好勇，子贡好商，冉求好政。孔子根据他们不同的兴趣爱好分别设立德行、言语、政事、文学四科，使其特长都得到充分发挥。苏霍姆林斯基也认为，不了解孩子——不了解他的智力发展，不了解他的思维、兴趣、爱好、才能、禀赋、倾向，就谈不上教育。

教师准确把握学情，为学生提供多样化学习路径和资源，尊重兴趣、差异和规律是关键。通过观察和调查，我发现学生研究兴趣点分为广而不深、深而不广和无法发现兴趣三类。基于此，我以学生为中心设置课程，采取“课堂主题拓展”“课外专题探究”等形式，并根据学习交流和共性发展情况动态调整。

例如，根据语文大单元阅读主题和学生兴趣点，进行分专题研究学习。每学期8次主题阅读研究，孩子们的主题化学习，一步步走向深入，逐步构建了自己的专业阅读框架。在枪械小专家的影响下，小温成了“二战”小专家。相关书籍就有几十本，通过阅读，他了解各国的历史、地理，背下了所有国家和首都的名字，了解各国文化，眼界大大拓宽。全班人人都是小专家，都有自己独当一面的风格。

我把课堂与“课题研究”结合，以主题项目推进课程深度发展。如对“济南二安”的研究，学生们通过资料搜集整理、实地考察，撰写近30篇研究报告。全班完成“城市夜经济”调查研究，通过多种研究方式，走访摊贩、管理人员、经济学教授，采取绘制地图、录制视频等形式完成了小组的研究报告和主题分享。为了持续激发学生的研究热情，我又引导学生躬身实践，把问题和偶发事件也当作课程资源。比如，小毕同学将课桌坐断，从这一偶发事件中找到了有关断裂力学的知识；发现同学买路边的辣条，小陈专门研究了三无产品的危害。

与班里“无法无天”的实践者不同，“飞行员”小闵一直都是一个特别文静的姑娘，皮肤白里透红的她，戴着一副小小的眼镜，安静得像只乖巧的小绵羊，但却十分胆小，她的同桌爱搞恶作剧，小闵每次回家都哭鼻子。经过一段时间的观察，我始终没能找到她的爱好。原本小专家课程要让每一个孩子都找到自己的兴趣，拥有自己精彩的目标，看来真的过于理想。但在2016年6月13日这一天，她让我相信了：梦想是要有的，万一实现了呢。

若不是亲眼见证，我不敢相信这个极其内向的女生居然喜欢飞机。她以《波音公司旗下的飞机研究》为题开启了她小专家课程的第一次讲座。台上的她好像浑身都散发着自信，通过课件、视频、飞机模型等不同形式全方位进行介绍，我为她录下了一段58秒的视频发到班级群里，家长们纷纷为她点赞鼓劲。后来交流中才知道，为了这次讲座，孩子已经在家里默默准备了一两个月，家人也一起当学生陪孩子试讲了多次，但面对孩子人生中的第一次讲座，激动和紧张的情绪把小闵妈妈的脚紧紧钉在了校门口，那段不足一分钟的视频孩子妈妈一遍一遍在门口看了又看，她难以置信讲台上那个声音洪亮、镇定自若的小姑娘就是自己的女儿，一张张课件伴随着台下同学的惊叹声，小姑娘展现出来的是从未有过的落落大方和满满自信。当天晚上孩子妈妈发了一条朋友圈："从入学之初的'进班即是读书时'到这学期小专家讲座，学校一直都在想方设法调动孩子的积极性，把'要我学'变成'我要学'，而受益的不仅仅是小朋友。在备课期间，爸爸协助查找资料，课件定型后，一家人围坐在电脑前为完善课件纷纷发表自己的意见和建议。孩子入校以来的变化和提高，也让爸妈逐渐放下手机拿起课本，上个月一人考了一个资格证，家里的学习氛围也越来越浓，选对一所好学校、遇到一位好老师足以改变一个家庭的命运！正所谓'读万卷书不如行万里路，行万里路不如名师引路'。感谢张老师，我们一家都是您的学生。"

这段文字让我温暖了很久，有些兴趣与生俱来，有些需要被发现，而有些需要被唤醒。之后的日子里，小闵先后进行了《空中客车集团飞机》《只能乘坐四个人的呆萌系列飞机》讲座，还受其他年级邀请进行了巡讲。她利用假期专门参加了"小飞行员夏令营"，成为一颗自信闪光的星星。

小专家课程的开展让我和学生形成了"亦师亦友"的师生关系。在我的心中，学生是我的老师，也是我的朋友。一个小小的课程让我看到的是学生的博学多识，我们不得不承认，在信息爆炸的时代，学生的学习能力很强。

班里有个孩子叫小樊，是个特别内向、敏感又追求完美的男孩。每次作业出现错误，还没等老师订正，他就会自责地哭起来，还经常把同学的玩笑当作对自己的戏弄，所以同学们都不敢和他交流，他总是独来独往。但小樊却从小酷爱天文，平时也特别爱看相关的书籍，小专家课程开始之后，他始终处于观望态度。根据对他的了解，我和他的父母进行了谈话，同时也和他约定，他可以有充分的准备时间，等他胸有成竹，小专家的舞台随时等他到来。经过认真准备，他终于站上了讲座的舞台，为同学们带来了《宇宙中的行星》讲座，同学们发自内心地为他的博学鼓掌。得到认可的他，又带来了《星云》《云和气象》等四场讲座，他开始涉猎更多的相关书籍并下载专业 APP 观测星星，到香港、日本等地的天文馆参观学习，并专门购买了一架天文望远镜。正值几年前的“红月亮”事件，小樊准备了大量的资料，专门邀请同学们在附近的大学操场进行实地观察并提供讲解。那个奇妙的夜晚，不仅充满科学的力量，更让一群孩子的心走得更近了。2017 年教师节，他送给我一份亲笔书写的作品当礼物。学贵得师，亦贵得友。

每一个孩子的成长，都给我带来惊喜和感动。在很多方面孩子们的知识和能力远超过我们，甚至可以成为我们的老师。课程，让我从高高的教师神坛上慢慢走下，学会去倾听、欣赏他们，甚至和他们成为无话不谈的挚友。

《教育的情调》一书中写道：孩子们在他们的生活探索中，向我们展示出生活里那些丰沛的希望和多姿多彩的可能性，以及生活必将更加美好的愿景。在这间教室里，小专家课程让学生走出班级，走进学校、电视台、图书馆、社区、幼儿园等举办讲座 200 多场。曾经那个调皮的昆虫小专家，如今在美国的高中校园里继续研究昆虫，在这间梦想启航的教室里，另一个热爱昆虫的孩子，他的研究之路刚刚起步。曾经酷爱人体骨骼的孩子获得了山东省高中生物奥赛一等奖，在这间梦想启航的教室里，针对色彩心理学、垃圾分类、哺乳动物等研究正悄然开始。这间教室不仅打开了学生综合素养之窗，更成为打开学生未知世界的钥匙，引导学生走进生活、走向未来。他们充满自信，积极表达，成长为属于他们这个时代的少年模样。

守护：共托明天的太阳——“圆梦教室”的助力

10 年来，小专家课程蓬勃发展，如何守护孩子的梦想？

为实现课程可持续发展，为学生成长提供动力，我打破学科界限，实现全环境育人，融通家校社协同育人，营造温馨和谐的育人氛围。

小专家课程如火如荼地进行着，我一直在想，该怎样守护孩子们的这份梦想呢？每个人心中都有一团火，除了带领孩子们阅读，我又从环境入手，建立起教室图书馆。通过多方募集，班里的藏书达四五百本，种类涉及文学、军事等。我发起创建小专家课程智库，为有共同爱好的学生进行二次学习提供平台，开展“小书虫”图书漂流活动，涵盖名人传记、历史文化、科技百科等各类主题的图书漂流，增进学生交流与分享，培养学生的合作共享精神，让他们感受文化魅力。我定期组织“丽采”读书交流会，包括线上线下赏读会；邀请知名人士进行名家分享会；带学生参加著名作家梅子涵老师的诗文朗诵会，让学生积淀情感，启智增慧。处处可读、时时能读、人人皆读的阅读生态悄然形成。

孩子们的阅读离不开家长的支持。于是，我带领孩子们和家长一起搭建起家校联动平台。孩子们被分批推荐到了各年级、市图书馆、电台直播间等做讲座。我开设了原创文章诵读平台、公众号，编写《小专家课程诗词诵读教材》，让小专家课程外延更加广阔。

我定期开展“一家人”家校体验活动，让家长、学校和社会深入了解孩子的学习生活。家长通过担任竞赛队友、活动伙伴、客座教师、项目活动顾问等角色参与课堂与活动，以促进亲子关系与各方协作。我还设立“一家人”家庭教育微讲堂，邀请优秀家长、班主任、社会专家进行主题讲座，提升家庭教育力，让家长成为班级育人的同盟军。

孩子是每个家庭的希望，孩子越快乐，家长越高兴，孩子越成长，家庭越幸福，孩子们的精彩和热情影响着父母。在班级小专家活动开展的同时，家长们也通过各种各样的方式交流小专家活动的经验和体会。大家互相鼓励，给孩子们充分的肯定。反观 10 年的实践，其实这是一次高效的家校合作尝试，不同于以往的家长进课堂、社会实践活动、亲子运动会，在这种模式中，家长的参与是显性的，这样的合作才是深入且优质的。家校合作受益的是孩子，是家长，是老师，是每一个用心教育的人。

辐射：成就更多梦想——“圆梦教室”的引领

随着小专家课程的推进，如何让更多学生受益？

教师要以学生为中心，变革教学方式，从知识传播者变为学习设计者，发现学生兴趣、培养学生乐趣、树立学生志趣，尊重生命、尊重规律、尊重差异，让学生在适切环境中成长。

2022 年，我牵头成立学校“舜耕读书人”项目组，让更多学生成为更好的自己。学生实现了从班级到校级、社区、电台专题节目开展讲座的跃迁。我还邀请专家学者为孩子带来专业讲解，借助读书小切口实现立德树人大导向，为全校孩子搭建梯次成长空间。

“圆梦教室”帮助学生实现一个个小梦想，让生命鲜活有力量。我们一起筑梦、追梦、圆梦，走向生命远方。在“大思政”教育背景下，“圆梦教室”以小专家课程为依托，从初构到推进、助力、引领，不断探索创新，为学生成长搭建广阔舞台，努力践行全环境育人，让每一个学生都能绽放光彩。

探寻“传家宝”　厚植家国情

王　娜

人物扫描

王娜，济南市纬二路小学教学管理部部长、语文教师。荣获山东省语文课堂教学评优课一等奖、山东省首批“家庭教育指导名师”、济南市“立德树人双领军教师”、济南市“领航教师”、济南市“优秀班主任”等荣誉。

“道德不修，如丧生命。知识不备，寸步难行。体格不健，疾病丛生……”济南市纬二路小学的百年校训至今熠熠生辉。温润生命、立德树人是济南市纬二路小学这所百年老校的使命担当。习近平总书记指出：“家风家教是一个家庭最宝贵的财富，是留给子孙后代最好的遗产。要推动全社会注重家庭家教家风建设，激励子孙后代增强家国情怀，努力成长为对国家、对社会有用之才。”家是国的基础，国是家的延伸，国家与家庭、社会与个人是密不可分的。我努力在家校共建好家风中厚植家国情怀，让中华民族传统家庭美德成为助力学生成长的精神力量。

班会课探寻“传家宝”

“呵，这里的冬天的确够冷的，风就像刺刀那样尖，冷得刺骨，真有点北国特色。天虽然这样寒冷，但我的心却觉得热乎乎的。因为今天我们受驻地大队的邀请和部队领导的委托，到大泥河大队进行土地测评，去执行这项光荣任务，我是高兴的。寒冷怕什么，看看贫下中农战天斗地的干劲，不怕严寒，不怕风雪，为实现大寨县的生产目标而奋斗的精神吧。”这是我的父亲写于 1977 年的一段文字，记录了一个年轻人的成长经历，透露着一份深沉的家国情怀。这本泛黄的日记本成为我家的“传家宝”。

“传”意味着家风的传承，有了世世代代对家风的尊崇，才使得优秀的品质得以在下一代身上熠熠闪光。“宝”意味着精神之可贵，如果一个家庭的价值追求没有高尚的道德情操，那子孙后代的美德就无法传承和建立。“传家宝”是每个家庭家风可视化的载体，有的是一个物件，有的是一张照片，有的是一段文字……它们承载着一个故事、一段岁月、一种精神、一种风尚。鲜活可见的物品成为每个家庭精神的象征。

探寻“传家宝”，让好家风彰显并得以弘扬，是培养学生家国情怀的重要路径。于是，针对四年级学生的系列班会课应运而生，我希望学生了解中华民族博大精深的家文化，认识到好家风对个人成长的影响力；让学生从一个个物件中寻找自己家庭成长的足迹并与自己相联系；培养学生传承家风的责任感，并使之成为好家风的践行者。

第一课：明礼承家风——知根

孝、悌、忠、信、礼、义、廉、耻是古人总结的家风八德。其中，“明礼”不仅是个人修养的外在表现，更是构建和谐社会的基石。对学生来说，家庭生活、学校生活都有所涉及。因此，我把它作为班会课上学生了解家文化的窗口。

环节一：拜孔礼。端身立正，扶手高揖，以至诚、感恩、恭敬之心向大成至圣先师孔老夫子行三鞠躬礼。学生通过对古礼的学习，感受中华文化的博大精深和无限魅力。环节二：正衣冠。“中国有礼仪之大，故称夏；有服章之美，谓之华。”“冠必正，纽必结，袜与履，俱紧切。”出门做到衣冠整洁是个人修养的具体体现。此环节指导学生在“早晨出门正衣冠”的真实情境中进行实践，引导学生从细节做起，让他们做到衣冠整洁，从而培养他们良好的习惯。环节三：创歌谣。我们把生活中的“明礼”编成了小歌谣，“见到老师行个礼，同学相遇微微笑”“衣服穿着要得体，文明就餐要光盘”“父母养育懂感恩，好好说话讲道理”……学校生活、家庭生活的一点一滴呈现了出来。我将这些歌谣贴在教室里，既是学生学习成果的彰显，也是对他们行为的鞭策。

第二课：探寻“传家宝”——寻根

我借助具象化的物件探寻学生个体成长背后的故事，引导学生解密影响个人成长的家庭文化精神。

环节一：围绕课前“家庭小档案”的调查进行分享。学生从一个橄榄球、一把椅子、一个记账本、一个算盘中，去了解自己成长的家庭，甚至家族的过往。从一个个鲜活的故事中，学生们体会到了勤俭持家、勇往直前、忠于职守等优秀品质，并看到了家庭成员在家风传承中的具体行动。环节二：学生通过小组讨论形成具体的行动清单，以此作为行为指南指导自己的一言一行。通过小实验游戏，学生在真实体验中感受到家风对个人成长的影响是一点一滴的，是潜移默化的，良好家风的传承也是需要每个家庭成员积极践行并坚持不懈的。环节三：通过观看开学第一课《英雄》视频资料，学生了解从 1949 年开始，一家三代坚守在祖国西大门的护边队伍的故事，感悟到家族的命运与祖国紧紧联系在一起。

第三课：讲述家故事——扎根

我设计以家风为中心的实践活动，包括采访“家人”、撰写“家志”、绘制“家谱”。环节一：学生分享家故事，交流从家人身上汲取、传承未来成长的力量，在一个个故事中传承家庭好风尚。环节二：学生撰写“心愿卡”，立足自我，思考当下可以怎么做，突破“小我”，走向“大我”，为家人、为身边有需要的人做点事，悄然埋下一颗爱家爱国的种子。

通过系列班会课，我引领学生从对家风懵懂的认知，到借助“传家宝”打开探寻家风的密码，再到实践层面的践行，将家风传承与家国情怀紧紧相连。

“亲子节”书写好家风

好家风是一本大书，无声却有力，无字却广博，无言却深远。这个“传家宝”潜移默化地培养学生的大视野、大格局、大情怀，引导学生形成正确的价值观，养成良好的生活方式。如：清正廉洁是一种价值观，而勤俭持家便是这种价值观在生活方式上的体现。书香家庭、孝亲家庭、公益家庭、美食家庭……影响着学生性格、品质、价值观的形成。为了让良好的家风建设在班级中发挥榜样引领作用，我以“亲子节”为平台，组织开展“好家风好少年”活动，涌现出一批传承优良家风品质的好少年。

1.0 版的亲子节聚焦亲子游戏，让学生猜猜哪只手是爸爸或妈妈的。亲密的肢体语言是亲子关系的黏合剂，就在“找啊找啊”的过程中，一双双小手与一只只呵护成长的大手相遇了，在握向彼此的时候，传递的不仅仅是温度，更是信任、期待与爱。

2.0 版的亲子节“话佳节”。学生与爸爸妈妈一起过佳节，感受家的团圆。

不管是在中秋节制作月饼，还是在小年夜里包水饺，都能在饮食文化中体会团圆的幸福，真切感受家的意义。

3.0 版的亲子节指向“家”的核心理解与感悟——“家”是什么。我先让学生与家长了解“家”的汉字起源及“家”文化的传承与演变，在博大精深的中华文化中强化对“家”的内涵理解。然后，亲子一起阅读绘本《团圆》，爸爸的胡须、强壮的肩膀、神奇的魔法……“家”的幸福感一下具象化了。随后，亲子诵读《颜氏家训》，并交流自己家的好家风。最后，用自己喜欢的方式对心中的“家”进行表达分享。一个爱写诗的孩子在原创诗《“家”是什么》中阐述了对家的深刻认知，她说：“爸爸妈妈告诉我，以后我也有自己的家。我想让现在的快乐，也传到我自己的家里去，我也要有自己的画，自己的大树，自己的城堡，自己的家。爸爸妈妈还告诉我，我还有一个很大很大的家，它的名字叫祖国。我想我要多加努力才行，不然，小小的我和你，可撑不起它。”在爸爸妈妈的指导下，这个孩子以小家庭的独特视角诠释了对家的理解，在心里种下了一颗中国梦的种子。

协作中共育家国情

家庭是人生的第一个课堂，父母是孩子的第一任老师。《中华人民共和国家庭教育促进法》第二章“家庭责任”明确指出：教育未成年人爱党、爱国、爱人民、爱集体、爱社会主义，树立维护国家统一的观念，铸牢中华民族共同体意识，培养家国情怀。

如何通过好家风这个“传家宝”落实家庭责任？接班伊始，我开展了主题为“高效陪伴，做智慧父母”的调查问卷活动，内容涉及亲子关系、家规制定、陪伴方式等问题。一是了解家庭教育的真实状况，二是引导家长认识到“家风”在育儿中的重要性。

随后，我围绕调查结果开始与家长交流。渐渐地，家长们发现自己的“高度”决定了孩子的“高度”，别人家孩子的背后总有个别人家的家长。于是家长们在“阳光麦粒读书会”中通过阅读不断提升自己。《曾国藩家书》《完整的成长》《新家庭如何塑造人》……读书、实践、反思、再实践，闭环式的读书活动引领家长发现教育规律，逐步提升家庭教育能力。一位妈妈在沙龙交流完《爱和自由》后写道：“学校‘致格轩’飘逸着浓浓的咖啡的香味，我们或是大声朗读，或是静默思考，或是激烈争论，或是谈笑风生。从来没有想过，我们这些家长会像自己一年级的女儿一样重新回到了课堂，认真思考如何把我们的孩子培养成有教养、有礼貌、有能力的人。家庭是孩子成长的第一个摇篮，父母是孩子的良师益友，那双推动摇篮的手也能推动整个世界。”

我开始思考，在一个生命成长的共同体中，每一个家庭都不是孤立存在的，而是相互影响的，一个个“班级小组”逐渐形成，其发展大致经历了三个阶段：从围绕怎样提升学习成绩的学习小组，到如何提升育人能力的话题小组，再到家家有故事的课程小组。我想，哪怕一个农民工家庭，他把面朝黄土背朝天的劳动故事讲述出来，不也是一个家庭给予孩子成长的精神力量，不也是中华民族繁衍生息的高贵品质吗？家风建设就这样伴随着班级小组的迭代升级慢慢形成了。

作为老师，我努力在阅读中汲取养料，《美的历程》《中国古典哲学》《人格形成及其培养》《父母的语言》等多领域书籍手不释卷。教育犹如农夫在田地里耕作，我在“故事田”里记录教育现象、展开教育思索、进行教育追问。在《家庭教育报》上发表教育观点，《从三心二意到一时一事》《上辅导班的意义，你真“get”到了吗》《在家建个图书馆》等文章引发了泉城家长对教育话题的思考。让自己逼近专业，用专业的力量实现以生命温暖生命的目标，引领好家风建设。

天下之本在国，国之本在家，家之本在身。在全环境育人理念下，家校需携手担负起立德树人的使命，引导学生探寻“传家宝”，传承好家风，厚植家国情，逐步形成爱国爱家、相亲相爱、向上向善、共建共享的社会主义家庭文明新风尚，为国家和社会的繁荣发展贡献教育的力量。

强化语文学科育人平台　立足课程思政深化引导

王潇涵

人物扫描

王潇涵，济南市育新小学教师。荣获市中区优秀教师、市中区优秀班主任、济南市“一师一优课、一课一名师”活动市级优课等荣誉。撰写的多篇论文及案例在国家级刊物发表。

党的二十大报告着重指出，立德乃教育之基石，在课程思政的广泛实践中，各学科均承载着价值引领的核心职责。小学语文课堂是育人的重要阵地，我一直认为我们需要主动摒弃旧有的教学理念，积极探索语文课程中潜藏的思政要素，并巧妙运用教学策略，将课程思政理念无缝融入语文课堂，以此培育学生的精神根基，用博大精深的中华优秀传统文化涵养学生的道德品质。部编版小学语文教材中的课文富含丰富的思政教育资源，我们应深入发掘并有效利用这些资源，以充分展现语文学科的育人潜力，为小学语文课程思政建设积累宝贵的实践经验。

小学语文课程以其独特的人文特质，成为塑造小学生道德品质与行为规范的关键途径。将思政教育融入语文课堂，不仅是教育发展的内在要求，更有助于拓宽语文教学的视野，增强学生的心理素质，以及提升课堂教学的针对性和全面性。然而，审视当前课程思政在小学语文教学实践中的融入情况，仍存在许多问题。基于此，我们语文教师就需要探究课程思政视角下的小学语文教学策略，力求探寻出切实可行的实施路径。

基于语文教材，提炼思政教育素材

语文学科肩负着涵养学生审美心灵、推动学生智力成长的重任，有效丰富学生的基本文化素养与生活认知体验，同时助力学生塑造健全的人格与清晰的道德价值观念，使他们能够更好地融入社会生活并实现个人价值。课程思政则对于培养学生的奉献精神、集体观念及家国情怀等宏观意识具有显著作用，是有助于他们成长为新时代人才的重要力量。因此，深入挖掘语文教材资源，有效实施课程思政，积极探索将课程思政融入小学语文教学的有效策略，显得尤为重要。

统编语文教材将工具性和人文性精妙地交织于一体，构建了一种“人文主题”与“语文要素”双轨并进的编排体系。此编排策略不仅深刻反映了对语文教学本质的透彻理解，也精准契合了时代进步的需求与脉络。教材中的课文与插图，作为传递知识与文化的载体，蕴藏着丰富的思政教育资源，包括深厚的爱国主义情感、悠久的孝亲敬老美德、深刻的人生智慧，以及对自然与祖国壮丽风光的由衷赞美等，共同铸就了语文教材的人文精神内涵。因此，在日常的语文教学活动中，我就常常从课文与插图中提炼出思政教育素材，引领学生细致解读文本，深刻领悟其精神实质，旨在全面增强学生的个人综合素养，培养其高尚的道德情操与完整的人格特质。以课文《纸的发明》为例，我们可以多方面入手，深入发掘其蕴含的思政教育素材。首先，本课文展示了古代劳动人民的卓越智慧与不懈努力。他们凭借长期的观察与实验，成功发现树皮、破布等材料能够转化为轻便且易于书写的纸张，这一成就启示我们，要勇于探索、勤于实践，不断追求科学的进步与创新。其次，从文化传承的角度来看，纸的发明在中华文化史上具有举足轻重的地位。纸的出现极大地推动了文化的广泛传播与深入发展。在古代，无论是官方的文件记录、典籍编纂，还是民间的书信传递、艺术创作，纸都扮演了不可或缺的角色。作为文化的重要载体，纸使得文化的传承更为高效便捷，也促进了不同文化之间的交流与融合。我从这些思政教育元素出发进行教学设计，引导学生深入理解纸的发明与中华文化传承之间的深刻联系，让他们认识古代科技文明的辉煌成就，感受中华文化的独特韵味，进而培养他们的文化自信与爱国情怀。

语文，作为启迪智慧、塑造精神的学科，自然而然地成了思政教育的重要载体与滋养源泉。文字不仅是人类沟通交流的基本工具，更是价值观念传递与塑造的深层次媒介。思政教育，作为引导学生确立科学世界观、人生观、价值观的核心教育体系，不断从语文学科的丰富内涵中汲取灵感与滋养，使其教育内容更加鲜活，更加富有感染力与启迪性。以语文教材为深厚根基，以课堂教学为实施平台，一系列精心设计的思政教育活动得以有序开展。这些活动不仅加深了学生对中华优秀传统文化的理解与认同，同时也显著提升了他们的语文素养与思想道德修养，为培养全面发展的高素质人才奠定了坚实基础。

立足语文课堂，设计思政教学内容

语文学习作为一种系统化的知识获取与价值认同强化手段，对于小学生而言显得尤为重要。所以我们就要从学生主体性的角度出发，精心构建以思想政治教育为核心的任务体系框架，并借助学习任务群组这一创新形式，促使学生在实践中将理论知识与实际情境相结合，进而培育他们的思政实践意识与能力。此教学模式区别于传统的讲授式教学设计，更强调学生主体性的发挥与综合素质的提升，旨在通过实践环节的有效嵌入，塑造小学生的思维，提升小学生的行动能力，使小学生在语文学习的旅途中，潜移默化地接受并内化思想政治教育。

以《纸的发明》这一教学任务设计为例，我设定了“探秘古代科技，探寻纸文化中的智慧”这一核心学习任务，并规划了三个相互关联、逐层递进的学习活动。在第一课时中，我聚焦于“懂历史”这一主题，旨在引导学生深入了解纸文化，提取关键信息，并梳理纸的发明过程。通过生动的讲述与丰富的史料，学生们能够清晰地把握纸文化的发展历程。第二课时则围绕“知传承”展开，我们在探究蔡伦改进造纸术的具体过程及其被广泛传承的原因的同时，进一步引导学生深入认同纸文化，并思考如何将其传承下去。这一环节旨在培养学生的文化传承意识与责任感。而在最后一课时，我们通过“话辉煌”这一任务，将学生的情绪推向高潮。我们鼓励他们运用所学知识，畅谈纸文化对后世的影响，以及在现代社会中如何继续传承与发扬这一辉煌的文化遗产。这一环节不仅锻炼了学生的表达能力，更激发了他们对中华文化的自豪与热爱。

在全球化持续深化与国际交流合作日益广泛的背景下，小学生的思维方式与价值观念正处于一个至关重要的构建期，他们像海绵一样不断吸收着来自外部世界的信息，其中不乏西方文化的渗透与影响。小学语文教材，作为传承民族文化、培育未来人才的重要载体，蕴含着极为丰富的思想政治教育资源，这些资源覆盖了爱国主义、集体主义以及社会主义核心价值观等多个核心领域，为小学生提供了全面而深入的思想启迪与精神滋养。因此，我认为我们在教学实践过程中，应当深入挖掘并充分利用教材中所蕴含的思想政治教育资源，通过科学的教学方法与手段，将其转化为学生的实际思想政治素养。这一举措不仅有助于提升学生的思想政治水平，更能在一定程度上强化他们的文化自信，使他们在全球化的浪潮中保持清醒的文化自觉与坚定的民族立场。

借助实践活动，拓展思政教育形式

小学语文综合实践活动的实施，对于促进学生语文学科核心素养的提升具有重要意义。学生在参与这些活动的过程中，能够有效巩固已学知识，强化语言运用能力，进而取得更为显著的学业进步。为此，我认为我们应当紧密结合学生的生活实际和学习特点，精心策划并设计一系列形式新颖、内容丰富的综合实践活动。在活动中，我们应注重融入思政教育元素，引导学生深入领略并传承中华优秀传统文化，弘扬其中的美德精神。通过这些活动，学生不仅能够充分展现个性与才华，还能在实践中不断提升自身的思想道德修养。

以《纸的发明》一课的学习为契机，我设计了“纸文化小小传播者”这一跨学科实践活动，旨在促进学生对劳动、美术与语文学科的综合学习。具体而言，该活动首先与劳动课程相结合，我安排学生亲自动手参与纸张制作的过程，通过实践操作使他们深刻体会古代造纸的复杂工艺与智慧结晶，从而深化对纸发明历史的理解。随后，借助美术教学的力量，激发学生的创造力，我鼓励他们运用纸张进行多样化的创意设计，如制作精美的书签、贺卡等作品，以此展现纸张的多样应用与个人创意的碰撞。活动最后，我引导学生制作宣传小报，旨在倡导珍惜资源、保护环境的理念，强调个人在推动可持续发展中的责任与担当，从而激励学生将学习成果转化为实际行动。

行为的产生与意识的驱动紧密相连。在小学阶段这一学生行为模式形成的关键时期，我们通过充分利用课程中的思政教育元素，引导学生构建科学、正面的价值认知体系与道德评判标准，使他们能够准确辨识真善美与假恶丑的本质差异，进而在日常生活中形成符合社会规范与道德准则的行为判断与行动模式。而小学语文教学，则通过一系列精心设计的课文与故事，为学生提供了丰富的行为塑造素材，这些故事往往蕴含着深刻的教育哲理与道德启示，能够深入触动学生的心灵世界，激发他们的善良本性与正义情感，从而在学生行为模式的塑造过程中发挥积极的促进作用。

开发主题活动，优化思政教育的实践体验

在几千年历史发展的长河中，中华民族在实践与经验的基础上形成了以爱国主义为核心的民族精神，其中包括伟大创造精神、伟大奋斗精神、伟大团结精神、伟大梦想精神。基于此，我们在进行红色革命主题教学时务必要从细节入手，整合革命精神，厚植爱国情怀，将特定情境中的每一种精神都能提取出来供学生深入地学习与感悟。

在课文《朱德的扁担》中，文章是以具象的扁担为线索引出了一系列在红军会师背景之下发生的故事，我在着手准备课文教学时做好相应的资料与素材搜集工作，让段落中的每一句话、每一个词在事件发生背景的衬托下都能鲜活呈现、生动描绘，让学生更加淋漓尽致地感受爱国主义带给革命战士的巨大精神支撑。

我设计了导向问题“带着爱国主义精神的理论内容去寻找课文具象的体现”，让学生在课文浏览环节就能直击主题，找准课文主基调，随后借助相应的新媒体音频、视频技术手段，立体化、直观化地呈现课文中所描述的场景。在突出“挑粮”道路的险恶时，具有冲击力的画面更加形象地将自然条件恶劣、路途遥远曲折以及“红军在山上、敌人在山下”的危险情景展现出来，营造出紧张的氛围，学生在学习过程中也理解得更加透彻与深入。

我在教学的过程中也注意循循善诱、层层递进，引导学生用心感受革命

斗争环境的艰辛。我让学生思考假设自己身处特定的情境之中是否会有不怕困难、勇往直前的决心与斗志，“身临其境”进一步思考为什么会有、为什么会没有的问题，从而更加深入地理解爱国主义给予战士们的强大精神力量。

除此之外，我还重点引导学生对“扁担”进行解读。对“扁担”这一具象化的物品进行分析时，我着重让学生理解“扁担”的使用不仅仅凸显的是朱德指挥不怕吃苦、与民亲近的党的领导人的形象，还更深层次地突出所谓“朱德的扁担”并不是一把随处可见的普通扁担，而是朱德爱国主义、奋斗精神、梦想精神的记录者与见证者，是革命斗争胜利的保证之一。

创设真实情境，优化思政教育的理解感受

一般来说，教学情境主要是指作用于学生这一课堂主体，促使学生产生一定情感反应与变化的客观环境。针对来讲，教学情境包括具体的课堂环境、学习内容、师生互动、师生情绪等所构成的教学氛围，有物理和心理上的双重含义，是“情”和“境”的最佳融合。在关于革命题材的语文课堂教学中，为直观化、有效化地培养学生人文意识，我们更应该营造真实化情境，借助一系列教学手段与资源提供有利的教学条件，激发学生参与的积极性与主动性，帮助他们完成对所看、所学、所感内容的意义构建的同时，尽可能缩减知识内涵与实际问题之间的距离，提升学生知识转化、迁移与应用的能力。

比如，我在进行《七律・长征》情境教学设计时，会充分利用历史资源创设情境。首先分享资料，引导学生了解作者毛泽东的生活背景及写作背景，随后通过多媒体视频展示，让学生们在画面的冲击之下，置身于课文故事所处的情境之中。在这一过程中，通过欣赏现代美术作品，学生联系自己的登山经历，想象自己走在悬崖峭壁上，以此延伸和联想到红军在长征中爬雪山、过草地时的场景，唤醒感知体验，感受红军战士不怕困难的革命精神。

作为现阶段的小学语文教育工作者，我们必须充分认识到课程思政理念的融入在小学语文课堂中的重要应用价值。首先，为了能够科学地渗透以课程思政理念为核心的教育模式，教师应与学生一起发掘语文学科中的思政元素，并结合学生的兴趣以及需求，设置多元化的课程思政语文主题活动；其次，教师则要放开手来，以学生为语文课堂的主体，引领学生在课程思政语文课堂中展开积极的探索与实践；最后，教师就可以在完善的课程思政反馈体系中，逐步加深学生对思政的理解与认同，全面发挥课程思政理念在其中的教育功能，推动我国小学语文教育进一步发展与革新。面向未来的教育实践，我将持续深化对语文教材中思政资源的挖掘与提炼，积极推动学科内容与思政教育的有机融合。借助丰富多样的教学活动，引导学生深入剖析中华优秀传统文化的核心精髓与深层内涵，着力培养学生的文化素养与综合能力，为学生的全面发展奠定坚实的基础，以助力他们成为具备深厚文化底蕴和综合素养的新时代人才。

创新学校思政教育　多元体验促进品格提升

刘　秀

人物扫描

刘秀，济南市机场小学教育教学中心主任、大队辅导员。荣获济南市教育高质量发展工作表现突出个人、槐荫区优秀班主任、槐荫区优秀大队辅导员、槐荫区教学能手、山东省级优课、济南市优质课一等奖等荣誉。多篇案例在《辅导员》杂志发表，多篇论文及案例荣获市、区级一等奖。

行为源于认知，认知源于体验。“体验”，就是让学生在实践中以“身”体之，以“心”验之，以生活实践为基础的一种重要教育形式。

经历来自生活，生活德育是整体性、社会性、实践性、真实性、有效性德育，是对知性德育和思维德育的全面超越。从“体验教育”角度来看，德育文化是一种精神环境、文化氛围，它深刻地影响着每个学生的情感体验、思想品德、行为习惯和生活方式。这一理念充分揭示了教育的本质，强调了体验式教学在小学阶段的重要性。

济南市机场小学深知此理，高度重视学生的思政教育，通过多元体验活动，全面促进学生的品格提升。学校确定了“体验式”德育课程内容，以理想信念、社会主义核心价值观、中华优秀传统文化、生态文明、心理健康为五大必修类别，围绕各学段目标和学生成长特点，用“参与”“体验”“内化”的方式，培养学生高尚的品行、健全的人格、美好的心灵、积极的精神。

思政有你、有我，是我们大家的共同使命

学生的思想政治工作是一项系统工程，需要我们站在全局的高度，以战略眼光进行整体布局和系统管理。济南市机场小学从顶层设计出发，强化思想政治引领，提升全体教职工的育人意识，树立全环境立德树人的理念，保证思政教育能够“随时随地”地进行，确保在合适的时机、合适的场所给予学生积极正面的引导。

思想政治教育并非德育处或班主任的专属职责，而是全体教职工共同肩负的使命。不论是教师、后勤保障人员，还是来校的水电维修工、园艺修剪师、物流司机，只要心怀关爱，都能扮演好思政教育者的角色。学校借助环境创设、组织专题会议等手段，让这一观念深入人心，同时探索新机制，以增强思政教育工作者的责任感与荣誉感。

刘师傅在济南市机场小学负责水电安全维护工作。某日，在维修水电设施的过程中，他注意到一名学生正全神贯注地观察着墙角的一只小虫。刘师

傅并未立即离开，而是亲切地与学生攀谈起来，对学生的好奇心和探索欲表示了赞赏，并从自身专业出发，向学生指出了墙角区域潜在的安全隐患。这次不经意的相遇，不仅让学生收获了安全方面的知识，也让他深切体会到了学校的温暖与关怀。为表彰刘师傅对学生的细心关怀与爱护，学校特别邀请他为学生们开展了一堂别开生面的水电安全教育讲座。在讲座上，刘师傅借助通俗易懂的语言和贴近生活的实例，使学生们深刻认识到水电安全的重要性，从而赢得了学生们的喜爱与尊敬。

思政随时、随地、随处发生在我们身边

思想政治教育并非单纯的伦理道德宣讲，而是在持续的学习、欣赏、实践与省思中，使个体内心悄然发生正向转变。无论是校园内的每一面墙饰、每一扇展示窗、每一条励志标语，还是教师的一个温暖微笑、一句亲切问候、一个鼓励的眼神，以及学校定期举行的升旗仪式、各项评优评先活动，都是传达关心、理解、信赖与鼓舞的重要媒介。只要倾注心力，思想政治教育就能渗透到每一个角落。

在一次课间休息时，一名学生急切地想要赶往操场，因此在走廊上奔跑，不慎与一位迎面而来的老师相撞，导致老师手中的作业本散落满地。面对这突如其来的状况，老师并未严厉责备，也没有表现出愤怒，而是温柔地触碰了学生的额头，并关切地询问："抱歉，我刚才可能走得太快了，你有没有撞疼？"学生一时愣住了，但很快便满怀愧疚地帮助老师拾起散落的作业本。老师衷心地表达感谢："谢谢你，孩子！"学生羞涩地笑了。虽然没有言语回应，但从那以后，他每次经过这条走廊时都会不自觉地放慢脚步，对老师和周围的同学也更加尊重。

思想政治教育离不开"润物无声"的影响。它应是一种兼具坚韧与温情、艺术性与生命力的教育形式，既要融合理论与实践，又要展现其鲜明的个性与深度，既要饱含情感与意蕴，又要充满趣味与吸引力。

在四年级一名学生的日记里，记录了这样的一天："今天对我来说格外幸运。早晨踏入校门那刻，校长的亲切问候如同阳光般温暖了我。我们班有幸负责了今日的升旗仪式，我尽全力唱响了国歌，声音响彻校园。而在随后的班会中，班主任老师特别表扬了我，原因是我主动拾起了一张遗落在地上的废纸。虽然我不清楚老师何时注意到这个小举动，但那份荣誉感和幸福感瞬间涌上心头。"这一天，学生深切体会到了学校的关怀与肯定，也让他对自己的言行举止更加珍视。这些日常中的微小肯定与鼓励，正是思想政治教育在不经意间发挥效力的真实写照。

在体验式的思政课堂中，学生感到有趣、有用、有为

教室是教育活动的核心场所，深化对课堂教学的探索与革新，实现思想政治教育与课堂教学的有效融合，是确保思政工作有效实施的核心环节。济南市机场小学通过创新教法、多元体验、情理交融等方式，积极推进课改工作，努力构建高效、生动、富有感染力的思政课堂。

道德与法治课堂是开展思想政治教育的主要场所。济南市机场小学注重道德与法治课的实践研究，通过体验、探究、互动、情景模拟等方式，让学生在实践中感悟道德的力量和法治的威严。在《温暖老人心》一课中，教师没有直接讲述尊老爱幼的道理，而是组织学生进行了一系列体验活动。他们佩戴上耳塞，亲身体会听力减退带来的不便；架上老花镜，切身体验视力衰退的困扰；在身上绑上沙袋，模拟行动不便的老年人生活状态。这些实践活动使学生们深切地体会到老年人在身体和心理上所经历的变化，进而增进了他们对老年人的理解与尊重。课后，许多学生表示愿意为长辈做力所能及的事，如搀扶他们过马路、帮他们做家务等。这种通过亲身体验来改变思想观念的做法，让思政教育更加生动、有效。

多学科融合体验思政教育。在《资治通鉴》中，司马光阐述道："才德全尽谓之'圣人'，才德兼亡谓之'愚人'，德胜才谓之'君子'，才胜德

谓之‘小人’。”此言突出了评价人才时应遵循“德才兼备，以德为先”的原则。济南市机场小学将这一原则融入各学科的教学实践，重视在各学科教学中自然而然地融入思想政治教育元素。

在英语教学中，老师不仅传授英语知识，还巧妙地将中国传统节日“中秋节”纳入教学内容。他们指导学生掌握如“品尝月饼”“观赏明月”和“共享团圆饭”等相关活动的英文表达，以此加深学生对中国传统节日文化精髓的理解。同时，老师激励学生分享对不同国家节日的看法，以此拓宽他们的国际视野。在学生交流之后，老师总结道：“外国节日充满‘趣味’，而我们的节日则饱含‘情感’，不论是哪个国家的节日，都寄托了人们对美好生活的憧憬和追求。”这种将思想政治教育与学科教学相结合的方法，不仅扩大了学生的知识领域，还培育了他们的爱国情感和文化自信心。

随着信息技术的高速发展，混合式学习已成为一种新兴的教育模式。济南市机场小学紧跟时代发展，致力于融合传统学习与数字化学习的优势，积极探索并实施混合学习策略，优化学生的成长路径。学校建立了云平台，开设了“空中课堂”，采用“问卷星”“腾讯会议”及“班小二”等现代化办公软件来辅助教学与管理。党员教师队伍制作了“廉洁美德故事”的音频内容，通过红领巾广播站进行宣讲，并通过公众号向社会发布。这种混合学习模式打破了时空界限，让学生可以随时随地进行学习和交流。同时，学校还注重评价方式的创新，采用多元化、多维度的评价方式，既关注学生的学业成绩，也关注他们的综合素质和个性发展。这种融合学习的时代创造，不仅提高了教学效率和质量，也培养了学生的自主学习能力和创新精神。

思政活动如细雨润物，虽无声却力量惊人

德育的过程如同细雨滋润万物一般，虽无声却力量惊人。我们注重从活动根源上培养学生的良好品德和行为习惯，让教育如春雨般润物无声地滋养学生的心田。

不忘历史，牢记初心使命。中华五千年悠久的历史文明、中国共产党引领全国人民的奋斗历程、改革开放以来波澜壮阔的发展轨迹、家乡在物质文明与精神文明建设上的创业历史，以及学校深厚的传统文化底蕴和优良的家风传承，共同成为滋养学生精神世界不可或缺的重要养分。济南市机场小学重视发掘这些珍贵资源，借助多样化的活动与课程，使学生能够深入理解国家的历史文化，从而增强他们的民族自豪感与文化自信心。

在庆祝新中国成立 75 周年的时刻，学校举办了一系列以“为祖国庆典”为主题的活动。低年级的学生们参与了“我与国旗同框”摄影活动和“绘制祖国肖像”绘画活动，用镜头和画笔抒发对祖国的深情厚谊；中年级的学生们开展了“对比老一辈的童年时光”和“亲手绘制中国版图”等活动，通过对比不同时代的童年生活及亲手绘制国家地图，加深了对国家的认知和情感认同；高年级的学生们则组织了“我爱我们的祖国”合唱演出和“新时代少年心声”演讲比赛，以悠扬的歌声和激昂的演讲，表达了对祖国的深深感激以及对未来美好生活的热切期待。这些丰富多彩的活动，不仅使学生们深切体会到了祖国的发展历程，也增强了他们的爱国情感和时代责任感。

赓续红色血脉，让红色基因代代相传。中华民族历经艰辛与辉煌，从独立、富裕走向强盛，这一路上充满了挑战。铭记祖国历史至关重要，红色基因更需世代相传。济南市机场小学充分利用本土红色资源，积极研发红色教育课程，并创新红色主题活动形式，旨在让学生在不知不觉中受到红色文化的深刻影响与熏陶。

英雄是民族最闪亮的坐标。济南市机场小学积极创建“英雄中队”，以英雄的名字命名中队，用英雄的精神引领队员成长。自 2019 年起，学校连续开展少先队“英雄中队”创建工作，引领少先队员们以英雄楷模与先进典范为标杆，继承红色传统，赓续红色血脉。学校还安排教师带领学生参观英雄故居、讲述英雄事迹、演唱英雄赞歌等，使学生在实践中体会英雄的伟大情操与崇高精神，激发他们向英雄学习的热情。

紧跟时代的步伐，争做新时代好少年。随着社会的持续发展与进步，新兴人物、事物及科技不断涌现。济南市机场小学高度重视并紧密贴合时代发展脉搏，积极挖掘当下的教育资源与素材，奏响属于这个时代的强劲旋律。

思政教育在家庭中开满幸福花

家庭与学校犹如并蒂之花，共同滋养，情深意长。随着时代的发展，家长们愈发意识到，孩子的教育绝非学校单方面的责任，家庭同样扮演着至关重要的角色。特别是在塑造孩子的行为习惯、思想政治观念以及价值观方面，家庭的影响力往往超越学校。因此，学校致力于融合家庭与学校的教育优势，紧密贴近生活，明晰道理以引导行为，旨在培育出知行合一、富有觉悟与责任感的“机场少年”。

诸葛亮在《诫子书》中阐述：“静以修身，俭以养德。非淡泊无以明志，非宁静无以致远。”曾国藩为家族留下了16字真言：“家俭则兴，人勤则健，能勤能俭，永不贫贱。”优良的家风汇聚了华夏儿女数千年的价值观念与精神追求，它是中华民族代代传承的精神财富，也是滋养社会主义核心价值观的重要源泉。

在“家风家训引领我成长”的主题班会上，同学们纷纷分享了自己家庭中的优良传统。一位同学提到：“我家崇尚勤俭节约，与人和善相处。”另一位同学则说：“我们家注重诚实守信，尊敬长辈，孝顺亲人。”还有同学表示：“我家的家风强调自强不息，勇于挑战，敢于拼搏。”与家人、同学进行沟通交流，这一过程本身便是对家风的一种传承与弘扬。学生们将家风作为自己的座右铭，贴在书桌上，这无声的提醒，时刻激励着他们前行。

以激励铸魂，借美德育人

表彰先进不仅能够增强个体的集体归属感，还能营造出一种积极向上的环境氛围。优秀学生的选拔可以促使优秀者更加出类拔萃，同时让后进者认识到自身的不足，通过学习和采纳他人的长处，致力于自我改进与提升。当那些原本落后或存在不足的人开始积极向优秀者看齐时，整个集体就会焕发出一种欣欣向荣、奋发向上的活力。

在新学期伊始，我们表彰了“七乐好少年”“少先队星级奖章”“十佳教子有方好家长”和“十佳书香家庭”获得者。在教师节期间，我们也对“最美教师”和“最美班主任”进行了嘉奖。尽管推优评优属于传统且常见的激励手段，但只要我们将这份工作做得细致入微、扎实有效，这种老方法同样能焕发出新的活力。即便是在一年级，在选拔“三好学生”和“品学兼优生”时，我们也采用集体评议和民主投票的方式。这一评议和投票过程，本身就是一种教育和激励，它会让学生逐渐认识到，群众的眼光是敏锐而公正的。

道德体现在日常生活的点滴之中。衡量思想政治工作是否真正取得成效，核心在于观察学生在实际学习与生活中的行为表现是否有了实质性的提升。例如，在升旗仪式上能否高声唱响《国歌》，捡到遗失物品时能否自觉归还，见到垃圾时能否主动拾起，完成值日后能否细心关好门窗，得到他人帮助时能否心怀感激……这些细节虽小，却能反映出学生的整体风貌，培养小节之德方能成就大德之行。

“每日行一善”是学校思想政治教育的一个关键环节，教师与家长们利用手机捕捉并记录下学生们展现美德的瞬间，通过照片和短视频的形式，在班级群中进行即时分享。同时，鼓励学生们充分利用“三簿一册”，翔实记录同学间发生的善行义举。持续的行为实践有助于学生良好习惯的形成，而这些良好习惯将进一步内化为学生的优秀品格。

“凿井者，起于三寸之坎，以就万仞之深。”思想政治工作不仅要求我们具备“任凭风雨变换，我自岿然不动”的坚定意志，还需付出“持之以恒，久久为功”的不懈努力。为此，学校完善了全员参与、全程覆盖、全面渗透的全环境育人体系，旨在通过理想信念教育，为学生们扣好人生第一粒扣子，培育全面发展的“机场七乐少年”。

尊重“一米视角” 奔赴滚烫星河

于 艳

人物扫描

于艳，济南市槐荫区泉新学校大队辅导员，小学语文教师。荣获济南市优秀共青团干部、济南市表现突出个人、槐荫区优秀少先队辅导员、槐荫区优秀班主任、槐荫区少先队活动课一等奖等荣誉。主持研发的研学课程荣获第五批山东省中小学优秀研学课程、济南市中小学优秀研学课程。参加济南市教育科学“十三五”规划一般课题研究，主持区级课题“‘双减’背景下少先队德育实践策略研究”。

“努力做好少先队员的引路人，做好星星火炬的传递者，让胸前的红领巾更加鲜艳。”这是我作为一名大队辅导员的工作信条。

在我的办公桌上总放着两个醒目的盒子，一个盒子里装着许多与少先队工作相关的文件，还有一个闪亮的“宝盒”，里面放着一些照片、文稿、小手工……这都是我和队员们的纪念品，我把队员们称为“星星”，“一米校园”就是承载星星的星河。让我们打开这个“宝盒”，来听听星河里那些有关思政的故事。

一米“视”界，做回自然的孩子

生活即教育，社会即学校。铺展学生的视角，课本上的知识鲜活起来，课内课外知识无缝衔接。历史书上的人物走出课本，变得可以触摸，可以感知；与名人隔空对话，切身实地感受名人精神和力量；提升创新意识和实践能力，在各种场景中观察、互动，探寻科学技术带给当地的变化与进步，从而促使自身创新意识及实践能力的提升；感受大自然的魅力，激发认知和探索的欲望。

为了让孩子们走出校园，用脚步丈量美好的世界，我让孩子们用“一米视角”描绘这个没有天花板的课堂，做回自然的孩子。我和红领巾寻访小队们来到“人间氧吧”济西国家湿地公园，学习了解“珍爱湿地，人与自然和谐共生”的理念。在寻访中，队员们将“小发现”写进了研学报告——园区植物达到了 867 种，陆生野生动物达到了 202 种、昆虫达到了 500 多种、鱼类达到了 21 种，被列为国家二级保护植物的有 6 种。这里是水鸟鱼虫栖息繁衍的绝佳之地。队员们还拿起手中的相机，记录下了大美湿地的美景，橘黄色的水杉林、金黄色的银杏林、红色的五角枫，将整个湿地装扮得绚丽多彩。寻访湿地活动十分荣幸被“全国少工委”“红领巾集结号”采稿转发。由此研发的“自然解码：济西湿地的生态笔记”课程荣获山东省中小学生优秀研学课程。真正让队员们“住槐荫、知槐荫、爱槐荫、赞槐荫”，实现“家住槐荫，‘育’见成长”的美好愿景。

秉持着“让少年儿童站在正中央”的理念，我时刻关注队员的需求，带领队员们开展实践活动。走进济南稻香花海劳动实践教育基地，放慢脚步，远离喧嚣，百亩荷塘、油菜花田、稻田艺术、育苗插秧、浑水摸鱼、美食烹饪、玫瑰花艺等等，数十种研学课程为学生提供德智体美劳全方位体验。我们乘着地铁踏青去，来到济南国际园博园，观富有民族风情的建筑艺术，享繁花锦簇。我们追逐春天的气息，走进济南森林公园，听春风细语，嗅百花清香。

泉水文化是济南生态文明的闪亮名片，泉水赋予济南灵动的生态气息和深厚的文化底蕴。紧扣“大国少年，乘诗而行”活动要求，突出济南的泉水文化特色，孩子们跟随研学地图，以“一米高度”的视角探寻“济南二安”文化，挖掘趵突泉里诗词楹联的人文内涵，体味楹联文化中对仗关系的绝妙韵味。观地图、赏建筑，名泉水畔有深意。吟经典、怀易安，传诵千秋是著书。“二安”文化是济南的特色名片，作为“二安”之一的宋代著名女词人李清照在中国文学史上留下了千秋传诵的诗词瑰宝。队员们走进李清照纪念堂，在郭沫若的笔下，解读她命运多舛的一生。

一米“生”音，做校园的“小主人”

教育就是倾听孩子的声音。儿童的视角与格局原本就隐匿在他们的精神世界，我们选择倾听，就是对他们的尊重。让孩子成为主角，给孩子时间和空间，去探索、去发现、去成长，而我们，就在这里，静静地守护，静待花开。

我愿意安静地去倾听。那天，天格外的蓝，班级里的“红领巾小主播”活动开始了，看到大家在讲台上学着老师的样子自信飞扬，心中很是欣慰。为了能让更多队员真切发声，我鼓励孩子们组建了一支红领巾宣讲团，让孩子们在不同的舞台上，用少年儿童听得懂的语言宣讲党、团、队的历史，讲述英雄人物故事，甚至走出校门，打卡泉城红色地标，解说红色历史。学习党的二十大，致敬泉城最美建设者，“红领巾讲解员”的声音传递着泉城榜样人物的事迹，荣获2023年济南市“红领巾讲解员”竞演讲述活动一等奖、二等奖的好成绩。讲述革命先烈英雄事迹，汲取革命精神的力量，“党建微镜头·童心向党”的视频不仅在学校的公众号播放展示，更在“槐荫党员e站”中频频展播，获得广泛点赞转发。

有件事，我至今记忆犹新。那天我一进办公室，突然发现一张被塞在门缝里的卡片，卡片中记录着小A同学的“难言之隐”，原来他在上操的路上发现校园里的宣传栏有了破损，又不知道该告诉谁，所以就采取了这种方式告知我。每个孩子都有建设美丽校园的义务和改造美好家园的权利。一些对于学校发展、课程研发、队活动开展的意见和建议，他们该怎么表达出来呢?因此，我萌发出设立“民主信箱”的想法，一封封发自肺腑的“红领巾小提案”让孩子们的心声展露出来，校园里的每一次变化也彰显出孩子们主人翁意识的提升。

课间十分钟的“百宝箱”。红领巾小记者通过《课间十分钟》专题报道，了解到全国的队员们最关心的问题都有哪些，从而进行学校课间活动的采访。

课间活动的“宝藏”。学校课间活动没有特殊场地，也能玩得别出心裁，既有队员们自己的“发明创造”，还有学校的“硬核支持”。不仅有精心设计的步道和趣味运动场地，更有跳房子、贪吃蛇等充满童趣的传统游戏区域，以及智慧体育跳远区域，真正把课间十分钟的主导权交给了队员们。队员们能够参与更多的运动与锻炼，投身于快乐的课间游戏中。在进行趣味体验后，队员们纷纷在红领巾民主信箱中留言，他们表示学校为大家设计的游戏不仅可以锻炼身体、增强体能，还能把队员的不良情绪通通带走，让大家在快乐中学习、成长。

一米“抒”信，做成长的小记者

书信，德润生心。书信是人类古老、浪漫的沟通方式，细品书信中的绵绵情思，执笔写出沉积内心的话语，鱼传尺素，见字如面。以书信为媒，让父母和学生，一起铺开信笺，虔诚写下饱含浓浓亲情的勉励，字斟句酌地互相表达思想和情感。“成长节点”是指学生在成长和发展过程中经历的重要时刻或阶段。“成长·感恩·信心”思政德育基于“生命关怀”，发现学生成长需要，探索学生成长的节奏和规律，通过结合学校自身的文化积淀与发展特色，选择学生成长过程中的重要节点，融合校园学习与学生生活以及家庭教育，形成一种适应学生成长节点的学校思政德育模式。

一年级“期盼·眷眷心语”以“我上一年级啦”为主题，小豆包们手握画笔，用双手勾勒自己的人生画卷；一年级的家长们，对开启小学生活的宝贝们，写下自己的殷切期望。愿孩子们像颗种子，勇敢地冲破泥沙，我们一起陪伴孩子成长、放飞。

四年级“成长·寸草春晖”以“我十岁啦”为主题，学生在人生的第一个十年，笔墨传情，对父母寄予感恩；家长在孩子从儿童期走向少年期的特殊日子里，祝贺身边的“他”成为一个小大人。

六年级“足迹·致谢春雨”以“我们小学毕业啦”为主题，学生提笔感谢这些年我们一起走过的路，感谢在最美好的年华里有老师和家长温暖的陪伴；家长们用笔记录下那个最让我们牵挂的孩子，愿孩子们勇往直前，愿孩子们在万人之中闪闪发光。

一米“拾”光，做未来的体验者

“儿童友好”是指为儿童成长发展提供适宜的条件、环境和服务，切实保障儿童的生存权、发展权、受保护权和参与权。可见，“儿童友好空间”

是指能够满足儿童成长需求，并能促进其全面发展的空间环境，这种空间充分考虑儿童的使用需求和发展需求，并能为儿童提供安全、舒适和有趣的体验。

“于老师，今天可以带我们去社区看书吗？”“于老师，我们什么时候还可以自己制作文创？”自从我带着他们去学校附近的图书馆看书打卡后，孩子们的心中一直惦记着。除此之外，亲手制作文创、亲手制作美食也是他们的心中所期、所盼。“让儿童走出校园，让城市走进校园”，学校以“儿童视角”为切入点，侧重“儿童探究”，以“双减”为契机，积极探索国家课程的校本化实践，拓展“五育融合”型校本课程体系，构建出具有生命力的、专属队员的课程“生长圈”——拾光里儿童城市课程体验中心。体验中心于学校十周年校庆之际正式投入使用，它就像校园里的“星期8小镇”，按照儿童身心成长的发展规律，从“一米高度”视角出发设置了食育工坊、制衣坊、融媒体中心、摄影工作室、非遗工作室、电影院、花房、茶艺室、书吧、文创制作及展示区等十一间教室作为开展课程和活动的核心空间。这下就可以满足孩子们的心愿了，队员需要在学校的综合素质评价体系的数字化平台——“行有尚”上累计积分，凭积分就可以到“城市银行”进行兑换、领取“梦想护照”和课程体验券，每体验一次课程，可获得一枚课程印章。

1. 食育工坊——大城小厨。

“食育工坊”设置了学习区和制作区两个分区，队员们在学习区学习食物知识，在制作区可以亲手制作美食，体验中式烹饪、烘焙等美食制作的乐趣。食育工坊已经制作出带有十周年印记的烘焙点心，队员们还可以跟随课程导师进行烫印体验。

2. 制衣坊——衣世界。

“衣世界”主要分为服装展示区、作品展示区、上课区三个部分，队员们可以在学习服装制作的基础上设计衣装并进行积分兑换，还能进行缝纫操作体验。学校十周年的定制款卫衣、纪念版校服都会在教室中展示。

3. 泉新在线——融媒体中心。

融媒体中心主要负责学校官方微信公众号、微博、抖音等融媒体平台的日常信息策划、采集、发布及维护工作，锻炼队员的新闻捕捉、写作、拍摄、剪辑能力。学校还组织开展“泉新小主播”的直播选拔活动，队员们可以选择自己喜欢的口播卡进行直播体验。

4. 摄影工作室——时光社。

在“时光社”，队员们会学习单反相机的使用和基本的摄影技巧，以及图片后期处理技术。在照片墙上可以看到老师和队员的很多摄影作品，有丰富多彩的学校活动，还有拍摄的美丽风景。工作室还是学校十周年校庆的纪念打卡基地。

5. 非遗工作室——匠心工作室。

非遗走进课堂，不仅提高了队员们的动手能力和创新能力，对中华优秀传统文化的传承也起到了至关重要的作用。通过扎染、陶艺等非遗课程，队员们可以学习到非遗文化相关知识，体验传统文化的经典魅力。

6. 电影院——视聚影院。

“视聚影院”为我们提供电影院经营体验，在这里队员们可以体验电影院经营，电影票就是队员们的体验券，还可以享受沉浸式观影。

7. 花房——百卉舍。

在最美的地方安放最美的时光，这就是我们的花艺教室——“百卉舍”。教室包括学习插花区域、鲜花展示区域两部分，在这里，队员们可以倾听花开的声音，感受中国传统插花艺术的魅力。

8. 茶艺教室——品茗轩。

队员们不仅能在茶艺区打卡制茶、沏茶、品茶、鉴茶的过程，还能学习茶文化理论知识，增长见识，修身养性。

9. 书吧——淘书小驿。

无论是查阅资料还是纯粹享受阅读的乐趣，“淘书小驿”都成为队员们心灵的港湾，激发队员们的智慧和创造力。精心设计的阅读记录卡、书签都是阅读体验的纪念。

10. 文创教室——奇趣屋。

创意无极限，“奇趣屋”就是这样一间充满创意的新奇空间，导师会带领队员体验文创的制作，打造出独具特色和充满吸引力的文创产品。课程导师还会指导队员们使用平板电脑和 procreate 软件进行创作。

11. 文创作品展示区——泉新映象。

“泉新映象”，是我们学校“宝藏老师”王老师的工作室，她是队员十分喜欢的科学老师，也是公认的“创作大咖”。“泉泉新新”的表情包、别致的文创产品、研学课程的 LOGO 等，都是出自王老师之手。

周五的下午，阳光惬意，“大城小厨”的孩子们一起研究怎么把一份甜点制作得精巧，有力气的就负责把面和好，有刀工的就主动去切装饰品，分工合作，好不热闹。孩子们用勤劳的小手诠释的是劳动的意义，体现的是食育教育的魅力。“食育”课程的有机联动，让“济南市食育教育试点校”的光辉更加闪耀。

“育”见美好追光之旅

坚持以儿童发展为中心，倾听儿童心声，立足儿童视角，满足儿童需求。未来，我研究的思政德育课程将以创建儿童友好型学校为契机，凝聚多方智慧，坚持以确保儿童利益最大化为首要任务，引导家、校、社共同打造健康、安全的空间环境，让每个儿童都能够健康成长、快乐生活。

在课堂上，少先队员是主体，应站在教室的正中央，通过自主学习、同伴交流、分组讨论、导师引导，感受学习的过程。只有队员们在分享中积极表达自己的观点，参与到学习的过程中，真正的学习才会产生。

我的思政德育之路将继续遵循儿童的成长规律，发展多元智能，探索“自主、合作、探究、创新”的新模式，让每一位少先队员都能成为一颗璀璨新星，为生命奠基，为成长赋能。

书信让亲情隔空对话

一封封书信记录了孩子们一个个成长的里程碑，一封封书信将理想教育、感恩教育、亲情教育浸润校园生活，让校园焕发生命的气息。书信让平凡的日子闪闪发光，让思政德育工作充满生机与活力，让亲情隔空对话，让学生在书信中汲取力量。

仪式让学生成长清晰可见

仪式感，就是使某一天与其他日子不同，使某一时刻与其他时刻不同。它足以让平凡的日子也可以散发出光芒。思政德育故事里定期举办的入学礼、成长礼、毕业礼，给学生带来了安全感、秩序感、归属感、神圣感。通过无处不在的仪式，学校变成美好的场域，班级处处彰显艺术，处处充满温暖，处处具有意义，处处流淌文化，处处富有美感。

探索协同育人，创新思政教育

在具体的思政德育课程的实施中，尊重学生身心发展规律，同样体现在各年级课程实施的层次差异上。我们勾勒出基于学生成长需要的阶段性发展线路图，作为教育的行动指南和依据，进而发现、满足并提升学生的成长需要，让教育充满创造性，让学校展现出焕发生命活力的新型思政德育生态。

我从成长、发展的角度认识、体悟当前学生的成长，以探寻节点的眼光去发现学生当下已经显现出来的成长可能性。同时，我设计书信课程、仪式课程、研学课程，把思政德育课程和学生成长节点相结合，精心设计，充分挖掘课程活动中的思政德育资源，主题明确、内容丰富、形式多样，在潜移默化中培养学生良好的思想品德和行为习惯。

在我的“时光宝盒”里，故事每天都在更新。这些故事，在每一个少先队员的生命中留下了闪亮的印记——一颗温暖的心，一颗红色的心，一颗自信的心。这些故事，更加激发了我对少先队的热爱，更加坚定了我做好少先队工作的决心，也让我与队员共同成长为更好的自己。教育是一场温暖的修行，无论是作为一名普通的语文老师，还是大队辅导员，只要眼中有光，心中有爱，目光所及皆是美好。未来，我也将和更多的少年儿童携手在求真、向善、尚美的道路上，一起向未来。我将继续深入拓展思政教育的实施媒介，不断提升思政德育工作的实效性，强化学校教育的烙印效应，谱写育人为本、思政为先的新篇章！

以“莲”养德　润泽君子

孙春红

人物扫描

孙春红，济南市槐荫区楚庄小学语文教师、大队辅导员，槐荫区第二批后备干部人选。荣获全国生态劳动教育实践先进个人、槐荫区优秀少先队辅导员、槐荫区教育高质量发展工作表现突出个人等荣誉称号。

作为一名少年儿童思想政治工作者，我始终坚持以习近平新时代中国特色社会主义思想为指导，全面贯彻党的教育方针，围绕立德树人根本任务，依据学校“荷莲文化”的办学理念，树立了“无处不课程、无事不课程、无时不课程”的大课程观。即以国家课程为核心，以地方课程、校本课程为拓展，以德智体美劳五育为途径，充分开发和利用学校、社区、社会资源，形成以校为本的特色实践课程“荷·润课程”，旨在培养君子少年。

莲之德：会做人，有理想

营造“书香荷韵”育人环境。我和学校德育合作组的同仁们围绕“荷文化”设计了校园吉祥物“荷荷”“莲莲”，创编了校歌《魅力楚庄》，出版了校刊《荷香》，让学生置身于荷文化氛围中，去感知、去体会荷文化所蕴含的精神、意蕴、内涵、品质，这对发挥荷文化的育人作用具有重要的意义。

荷花仙子，历经风霜始终芳香；莲之君子，承载雨露更加兴旺。老师就是那碧绿碧绿的荷叶，学生就是那一朵朵盛开的荷花，莲塘和韵，和谐自然。“荷莲”是对师生高雅品位的熏陶，“和廉”更是对师生高尚品德的渗透。

如：“荷·润课程”——探秘村里的“军事博物馆”。

在中国少年先锋队建队 70 周年的时候，敬爱的习爷爷给我们发来贺信，并提出了殷切的希望。他希望少先队员们“从小学先锋，长大做先锋，努力成长为能够担当民族复兴大任的时代新人”。在我们的队名当中也用到了“先锋”两个字，那“先锋”的意义到底是什么？对于我们来说，什么样的人可以称之为“先锋”呢？队员们在孙老师的带领下寻访了老兵杨培卿。

坐落于山东省济南市商河县杨楼村的麦丘文化博物馆，占地面积 1700 平方米，藏品千余件。主要陈列有中国工农红军时期、抗日战争时期、解放战争时期军民使用过的物件，包括个人用品、民工支援前线的车辆等。还有农耕、民俗器具展陈，是中华民族优秀传统文化的缩影。

创建这个博物馆的杨培卿是一名老兵，曾在海军北海舰队某部服役13年。“当初建造这间博物馆就是想给孩子们打造一个第二课堂，让孩子们明白学习的目的，不要忘记过去，趁着现在好好学习，展望未来，这是我的责任。”谈及办博物馆的初衷，杨爷爷这样说道：“一切为了孩子，让孩子树立正确的学习观念，将来为国家做出更大的贡献。”

杨培卿耗资几百万元，历时十几年，将自家的小院打造成了现在这间村里的“军事博物馆”。博物馆所有题字、刻字、墙画等等，也都是杨培卿亲力亲为，一笔一笔历时数年完成的。其间为了筹钱，他甚至卖了自己在县城的一套商品房。即便如此，他仍坚持让博物馆向公众免费开放。他还把展品带到学校、村庄、幼儿园，让更多的人了解历史，关心国防。

有人曾经问杨培卿：“这些年一路走来，你把家庭的全部资产投入到博物馆，你图个啥？你挣了多少钱？”杨爷爷却回答说：“图国防强，图中国强，我一分钱也没有挣，没有向来访者收一分钱的门票。”还有人问：“您已年近七旬了，做到什么时候为止呢？”杨爷爷说：“这项工作我会一直做下去，做到我干不动为止。再穷不能穷文化。”

老兵杨培卿的博物馆虽小，却如星星之火，点燃参观者的红色爱国心。他这种不忘初心、默默奉献的精神与我们“不蔓不枝、香远益清、亭亭净植”的荷莲文化完美契合。

回到学校，队员们纷纷表达自己对杨培卿爷爷的崇敬之情，并认真思考：作为一名少先队员，如何在自己的能力范围之内为国家、为人民、为社会做出自己的贡献。队员们还主动化身红领巾宣讲员，将活动中的所见、所闻、所学、所感分享给身边的同学、朋友及家人，使更多的人了解杨培卿、学习杨培卿，传播这间“村庄博物馆”背后的精神。还有一些队员化身志愿者，为他人送温暖，多做力所能及的志愿服务工作。

在这次活动中，队员们自主、自觉寻找身边值得学习的先锋榜样，从而树立自己的阶段奋斗目标，丰富自身内涵，提升自身素质，将“人民的利益高于一切”付诸行动，努力使自己成长为与先锋榜样具有一样品质的新时代少先队员。

莲之智：会学习，勇探索

推进荷文化课程，打造校园特色文化，仅仅靠营造荷文化育人氛围是不够的，还需要将荷文化浸润到学生的教育活动当中，通过指导、实践来实现荷文化在学生思想观念、品质行为方面的渗透。

如：“荷·润课程”——我们一起“趣”挖藕。

漠漠秋云澹，红藕香侵槛
藕是盘中的美味
是诗句中的优雅
却很少有人了解挖藕人的辛苦
这个十月，踩着金秋丰收季节的尾巴
让我们一起来到吴家堡兴沃农场
走进“藕”的一生
让孩子切身感受挖藕人的辛劳
了解“藕”的独特文化吧！

1. 农场知识小课堂，“藕”的秘密。

“藕为什么有许多小孔？”“藕断丝连的原理是什么？”“藕和莲的关系是什么？”带着这些问号，农场知识小课堂开课啦！

藕是莲花的地下茎，它的小孔是为了输送氧气，而有韧性的“丝”其实是它输送水分和营养的组织……随着校外辅导员的讲解，队员们了解了藕的前世今生，知道了采藕的小技巧，加深了对整个荷花家族的认识。

2. 下泥塘采藕王，小小少年干活忙。

纸上得来终觉浅，绝知此事要躬行。只见队员们弯下腰，小心地在荷叶之间慢慢移动，先用脚试探性地寻找莲藕的踪迹，深一脚，浅一脚，在淤泥中摸索。找到啦！用力一拔，再仔细剥去表面滑黏的泥土，白生生的莲藕就和大家见面啦！

3. 解剖识藕，巧手制作“藕”印画。

不管是藕还是荷叶的结构中，都有和人体血管一样的组织，叫作“导管”。为什么人们称藕为“路路通”？七孔藕和九孔藕有什么区别？有什么方法可以“透视”到荷叶内部的秘密呢？队员们通过自己闻一闻、摸一摸、切一切，一起探究“藕”的构造。

然后利用切段的莲藕制作一幅藕印画吧！取适量黑色颜料，在墨碟中稀释一下，将莲藕切开的一端蘸上颜料，将蘸好颜料的莲藕在素描纸上拓印出来，作为莲蓬的顶面；待颜料半干后用勾线笔勾勒出莲房，方向可以多做变化，在莲房中画出细细的线条填充；再用水粉笔蘸取黑色颜料加上莲蓬的花茎，要注意的是花茎上布满细小的毛刺，需用勾线笔表现出来；最后可以在画面中加入蜻蜓或蝴蝶等装饰一下。除此之外，我们还可以利用莲藕拓印去表现各种各样的画面，颜色也可以丰富运用哦。

4.“藕”遇厨房，快乐翻倍。

“荷莲一身宝，秋藕最补人。”采藕辛苦，自己的劳动成果更要细细品尝。这些富有营养的“白胖子”们，将排队走进食堂，变身美味佳肴，出现在孩子们的饭桌上。队员们也将变身“小厨师”，共同制作各种与藕有关的美食。

5. 藕塘中的“泡泡器”。

荷花的茎是它能在水中生活的秘密，因为茎是空心的，可以连接外面的空气。藕塘中一根根又直又长的荷茎，就是一个个自然生成的泡泡器。队员们先制作泡泡液，然后用荷花的茎吹出形状各异的泡泡，在阳光的映照下五彩缤纷，与一张张笑脸一起编织成了一个快乐有趣的科学教育课堂。

清雅的荷、成片的叶、鲜嫩的藕。一颗小小的种子，在时光里酝酿出生命的奇迹。于是，就有了这一场美好的“藕”遇。“趣”挖藕，悦劳动，实践出真知，劳动最快乐。

莲之体：会健体，强意志

学校武术社团的开设旨在培养学生高尚的武德、优良的作风和坚强的意志品质，注重培养学生的组织能力、创新能力，和吃苦耐劳的意志品质、团结互助的集体主义思想，让学生在习武过程中坚定文化自信，促进学生身心全面发展，健康成长，为将来适应社会打下良好的基础。

如：“荷·润课程”——“明德”尚武社团。

中国武术是一个丰盈饱满的文化载体，在一招一式中折射着中华智慧，在一拳一路中体现着中华精神，在一技一理中内隐着中华文明。新时代，传承与发展好中国武术文化，应成为一种社会责任。为进一步精准贯彻“双减”政策，落实立德树人理念，聚焦培养德智体美劳全面发展的时代新人，少工委组织开设了“明德”尚武社团。

爱不是让孩子成为温室里的花朵，而是让他们能拥有一个健康的身体、强健的体魄。武术社团课上，老师耐心指导每一位学生。学生跟随老师的节奏反复练习着一个个动作，中国武术精神在他们身上展现得淋漓尽致。武术训练的价值是通过严格的武术锻炼来达到精神上的修炼，使学生战胜自我，克服自身原来的懒散、胆怯、懦弱、自卑、消极等缺点，培养学生积极进取、顽强拼搏的精神以及坚韧不拔、自强不息的意志品质。

社团自创立以来，一直秉持着“以德为先，以武为体”的宗旨，通过系统的武术训练，让学生们领略到中华武术的博大精深。在社团成员们的共同努力下，“明德”尚武社团已成为学校优秀社团之一，武术课间操也成为“荷·润课程”的一个特色项目。

莲之美：会生活，懂审美

莲之美，美在韵味。春天来临，万物复苏，群花都感受到了温暖的气息，露出了自己最美丽的笑脸，群芳争艳，美不胜收。可是，这时候的你，却身在何处？隐身在荷叶中，池塘里，你默默无闻。夏天来了，百花虽还没有凋谢，但原来的笑脸皱成了难看的苦瓜脸，叶子收紧了，花瓣被炎炎烈日晒得干瘪残败，全失旧时的风采。而你，却在隐忍了一个春天后，骤然出世，艳压群芳，像极了我们的中华优秀传统文化。

如："荷·润课程"——中华文化"筷"传承。

队员们，提到中国功夫，你们会想到什么？大家的脑海中是不是一下子就浮现出了电影中武林高手的画面？那可真是太厉害了。而在外国人眼里，咱们每一位中国人都有过硬的中国功夫，一项令他们震惊的独门绝技，你们知道是什么吗？那竟然是——使用筷子。有不少外国网友打趣地说，这双小小的筷子仿佛能夹起来宇宙乾坤，还可以撬动地球，这是怎么做到的呢？万物终极奥义就藏在这两根长条木棍里。

1. 小小的筷子，透着大大的自信。

你们呀，可真别小瞧它。这一双小小的筷子，透着大大的自信。

它在我国算是个老古董了，至少已有 3000 年的历史。瞧，这简单的两根木棍，却巧妙地应用了物理上的杠杆原理，像是人类手指的延伸，挑、拨、夹、拌等，样样全能，且不怕高温，不怕寒冻，是不是高明极了？在民间还流传着这样一首小诗：小小筷子七寸长，动静结合运阴阳，天圆地方大道广，孕育华夏万古长。

对于咱们中国人来说，筷子是智慧的结晶，更是文明的传承。

2. 小小的筷子，饱含浓浓的亲情。

队员们，这小小的筷子更饱含浓浓的亲情。

回想小时候，我第一次充满好奇地尝试着用筷子吃饭，却怎么也夹不起菜来，就哭闹着要用勺子。妈妈一边耐心地教导着我怎么用筷子，一边说："我们是中国人，必须会用筷子。"渐渐地，我会用筷子了，吃饭时就抢着去夹菜。爸爸轻轻地收回我的筷子，微笑着说："请爷爷先吃。"长大后，在过年的饭桌上，我喜欢拿着公筷为家人夹去他们爱吃的饭菜，看着他们的笑脸，我感觉幸福极了。

对于咱们中国人来说，筷子是对家的温暖记忆，更是对中国人这个身份的自信与认同。

3. 小小的筷子，链接深深的文化。

其实，筷子只是中华优秀传统文化的一个缩影。如今，中华文化正大步走向世界。

瞧，盛行于明清时期的灵魂穿搭——马面裙竟悄悄走进了巴黎时尚圈，成为外国街头的时尚单品。现在，越来越多的外国人爱上了中国文化，成为“中国迷”。我们中国在世界上有地位、有影响，靠的不是拳头武力，不是对外扩张，而是中华文化强大的吸引力和感召力。

这强大的吸引力，让 2023 年杭州亚运会成为全球关注的焦点。瞧，国风少年以地为画，踏墨而舞，一抹丹青再现了 900 年前的传世名画《千里江山图》；从地面奔涌而上的钱塘江潮水和那跃然于运河之上、栩栩如生的拱宸桥，都呈现出震撼人心的视觉效果，汇聚一场穿越时空的文化盛宴。中华优秀传统文化正在与时俱进、守正创新中焕发新光彩。

队员们，习近平总书记在党的二十大报告中指出：“推进文化自信自强，铸就社会主义文化新辉煌。”作为新时代的少先队员，让我们增强传承中华文化的责任感，争做“四个自信”好少年，为实现中华民族伟大复兴的中国梦时刻准备着！

莲之行：会创造，爱劳动

我还非常注重融合家乡地域特色，拓展“荷莲文化”周边实践活动：兴沃农业劳动实践、魅力席庄感受乡村发展变迁、赛石玫瑰园艺术鉴赏、五洲农业见证科技兴农、徒步黄河体验博大精深的中华文化，走进槐荫“十大场域”，遇见不一样的成长，跟着课本研学济南，感受作家眼中不一样的泉城荷韵。

如：“荷·润课程”——“小脚丫丈量家乡，红领巾见证成长”系列活动之劳动篇。

作为新时代的少年儿童，生活条件越来越优越，见识面也越来越广泛，怎样培养孩子们主动参与劳动的意识，树立正确的劳动价值观和良好的劳动品质迫在眉睫。于是，我综合考虑学校地处城乡交界处的实际情况，结合周边近年来不断引进的高科技农场，发挥就近就便的社会化育人作用，带领队员们开展了一次别样的劳动实践体验课。

1. 蔬菜迷宫。

对于蔬菜，大家都不陌生，天天见、天天吃。但是，你真的了解它们吗？它们生长在哪里？还没成熟之前长什么样子？如果实地在田间地头去找一找生长中的蔬菜，你觉得你能分辨出多少呢？让我们看看同学们的表现吧。

游戏规则：全体同学平均分成 4 个小组，选派 1 人为组长。两位校外辅导员老师分别站于队伍集合处与蔬菜种植区。游戏采用接力赛方式进行，先由一名辅导员老师给各组组长分发纸条，上面写着应季蔬菜的名称，听到“出发”指令后，组长去蔬菜种植区寻找正在生长中的该蔬菜。找到后，到另一位辅导员老师处盖上“蔬菜章”，以此证明任务完成。组长返回队伍集合处，由本组下一位同学领取随机纸条后，继续出发。先找到全部蔬菜，盖完全部“蔬菜章”的小组，即为本游戏获胜小组。

孩子们天性爱玩，一听玩游戏很是兴奋，再一听寻找蔬菜，那也太简单了吧。一个个兴高采烈地出发了。“咦？姜应该是长在土里吧？叶子是啥样的？”“胡萝卜？我吃过！但是这是胡萝卜苗还是茴香苗？”“扁豆？应该是长在架子上的？哪个是扁豆，哪个是蚕豆呀？”“菜花？这个我认识！”“什么？卷心菜？我知道，现在还是个团在一起的球呢！”“那一根根绿油油的，跟小树苗似的就是芹菜吧！”“这菠菜怎么跟小白菜长得那么像啊！”……

“唉！还真不能只是纸上谈兵啊！”孩子们边找边嘀咕。终于，在各种忙乱中，各个小组都完成了任务。

从最初的兴奋，甚至嗤之以鼻，到游戏中的慌乱，互帮互助，再到游戏后的若有所思，这就是校外实践性活动带给学生们的收获。

2. 田间运动会。

扁担，现在很少见了。一根扁扁的竹子，两头用绳子拴上两个编织大筐，这就是之前农民伯伯们最原始的运输工具。为了让现在的孩子们也体验一把，我们举行了一场特殊的“田间运动会”——挑玉米。

游戏规则：还是按照刚才的小组集合队伍，组长站在扁担旁边，准备率先出发，组员帮助他将玉米放入筐中。组长用扁担将玉米运送到对面的粮仓后，空着扁担回来，下一位同学继续。不仅要看小组完成的速度，还要看运送的数量，两者合二为一作为考核标准。

一开始，各小组同学们七手八脚地把两个编织筐装得满满的，结果，组长一起身：“哎哟！”瞬间又蹲了下去。大家这才意识到：装得再多挑不起来还是等于浪费时间呀！于是，又赶忙从筐里往外掏玉米。终于，组长挑起扁担出发啦！一声声“加油”不绝于耳。不对呀，前面的筐直往地上“钻”呢！赶紧把扁担往肩后挪一挪。“不好啦，我的腰简直快要折断了。”又赶紧把扁担往肩前靠一靠。好不容易调整好了平衡点，晃晃悠悠地走到粮仓，倒下玉米，赶紧折返，这下可就轻松多了。轮到女生时，同学们都学会了“怜香惜玉”，先打量打量她的“身材”，然后迅速决定往筐里放多少玉米。

游戏以同学们的小脸个个变得红彤彤落下帷幕。大家还尝试了无工具搓玉米粒，有的用手使劲拧，玉米粒没掉下来几颗，手倒是挤得通红；有的同学聪明，用两个玉米互相摩擦，这样省劲多了，但是要把这粮仓里的全部玉米都摩擦成粒，那可真是一项巨大的工程呀！此时，正好来了一辆玉米收割机，后斗一翻，玉米全都进了粮仓。叔叔告诉同学们：“一般情况下，玉米收割机一天可以收割 20—30 亩，不光不需要人力往粮仓搬运，还可以直接在收割的过程中进行脱粒，这样晾晒起来就更快了。工作时，车上的割刀还会将玉米秸秆割掉，秸秆通过上、中、下三条输送链条从右侧输出，并自然摆放，完成收割。”听到这些，同学们不禁感慨现代科技给农业带来了多大的便利呀！

3. 大自然的搬运工。

园区占地400余亩，集各种果蔬、稀有树木种植，孔雀、鸳鸯等动物养殖，园林景观装饰等功能于一体，里面各种漂亮的羽毛、五颜六色的落叶、奇形怪状的石头等随处可见。

游戏规则：利用园区现有可利用资源，随手捡一捡，插入辅导员老师事先准备好的纸篮中，亲手制作一幅专属自己的早春风景画。

同学们三三两两在园区四散开来，有的捡到了孔雀掉落的漂亮羽毛，有的选择地上形状各异、颜色鲜艳的落叶，还有的同学在田间地头摘几朵野花，归并整理，插入自己的纸篮中，并用胶带进行固定，专属杰作就完成了。一幅幅，都不尽相同，里面融入的是孩子们对大自然的热爱，是孩子们对美的享受。

这次校外农业研学活动，充分发挥了社会与学校多样化协同育人的功效，既是一次劳动实践，更是拓展社会化劳动资源的开端。队员们不仅在各种游戏中出力流汗，获得快乐，在跌宕起伏的心情变化里有所思、有所学、有所悟，更在动手实践中感受到劳动人民的不易，在耳闻目睹中见证家乡农业的飞速发展，心潮澎湃，收获满满。

“荷·润课程”坚持以学生为主体，以教师为主导，充分发挥评价育人的导向作用。评价内容由单纯的评价学习结果向评价平时的学习行为转变；评价方式注重过程性评价，评价中注意适时性、过程性、艺术性和层次性，过程性评价积分汇总产生终结性评价结果；评价主体采用学生自评、同学互评、教师评价和家长评价相结合的方式，让评价更具公平性、民主性。

总之，打造具有学校特色的“荷文化”课程，可以让学生更加深刻、全面地了解荷之美、荷之文、荷之艺、荷之韵、荷之德，充分发挥其德育功能，这对提高学生的素质、品德、内涵都具有重要的意义，从而达成培养“君子少年”的最终目标。

“一心四环”打造有意义有意思的少先队活动课

赵　青

人物扫描

赵青，济南市槐荫区教育和体育局思政科负责人、少先队总辅导员、少先队活动学科教研员。荣获全国优质少先队活动课、省辅导员技能大赛一等奖、全国优秀少先队辅导员、山东省模范少先队辅导员、济南市道德模范、济南市巾帼建功标兵个人等荣誉。曾为中国少年儿童新闻出版总社《辅导员》杂志栏目主持人。

作为一名有着20余年少先队育人经历的辅导员老师，我深切地感受到聚焦政治启蒙和价值观塑造的少先队活动课已日益成为“大思政课”的重要教育阵地，辅导员老师也成为中小学校思政课教师队伍的重要组成部分。那么，如何遵循新时代少年儿童成长规律，依托每周一课时的少先队活动课培养青少年“理想信念、政治认同、组织意识、道德品行、精神品质”等课程核心素养呢？我认为有意义、有意思是评价一节优质少先队活动课的主要标准，用“童言童语”讲好党的创新理论是上好这门课的关键。

基于多年实践，结合区域实际，我们探索打造了“一心四环”少先队活动课育人路径基本模型。“一心”——以对少年儿童进行政治启蒙和价值观塑造为核心，“四环”——辅导员素养提升环、团队课程教研环、队员探索发现环、课后评价延伸环，整合实现有意义、有意思活动课的四要素，形成“培·研·学·评”一体化建设闭环。

有意义、有意思的关键保障——辅导员素养提升

决定少先队活动课质量的关键保障是什么？当然是课程开发与实施者——辅导员老师。要掌握好用“童言童语”讲好党的创新理论的看家本领，就要从源头上增强辅导员的政治素质和履职能力。

为此，我们首先打造“一核、双线、三制、四阶”辅导员阶梯式培养体系，立体搭建辅导员专业成长平台。

一核：强化政治素质，提升“大思政课”背景下少先队活动育人价值，我们积极开展辅导员红色本领锻造活动。首先，培养辅导员会讲红色故事，每学期常态化开展宣讲比赛，带领辅导员采用青少年“愿意听、听得懂、记得住”的方式，将大道理转化成小故事。其次，培养辅导员会开发红色仪式课程，烈士公祭、入队仪式等红色仪式是进行思政教育的有效途径，我们组织骨干辅导员开发“六道十礼”仪式教育课程，带领青少年在仪式浸润下心生感动、心生向往、心生神圣，增强光荣感，活跃组织生活。

双线：我们实行"区域研训航向引领+校域自主研训实践"双线教研模式，提高辅导员"宣讲力"，提高不同学段的"衔接力"，提升学生对道理的"接受度"，努力做到让有信仰的人讲信仰。

三制：针对新任辅导员不敢讲、不会讲少先队活动课的问题，我们成立少先队辅导员"成长学院"，实施"学分制""导师制""课题制"辅导员成长机制。为新任职辅导员开设为期一个月的任职资格培训课程，将政治培训放在第一位，实行学分管理，举行"任职资格考试"，为成绩合格者颁发"任职资格证"，做到持证上岗；为新苗辅导员老师配备骨干辅导员作为成长导师，实施辅导员"青蓝工程"，并依据发挥作用、取得成果等指标纳入导师考核奖励；"成长学院"还以问题为导向，将课程开展遇到的难题转化为课题，教研联盟组每年度围绕一个课题在实践中破题解难。

四阶：我们在全区设置新苗型、新秀型、骨干型、卓越型辅导员，量身定制成长套餐和考评机制，做到"三个畅通"，立体搭建起辅导员专业成长平台。一是畅通职称评审通道，符合中小学教师职称评聘条件的少先队辅导员可以自选参评学科教师职称或思政类教师职称；二是畅通学科发展渠道，将少先队活动作为与语文、数学、英语同等重要的学科列入教师素质大赛，评选少先队活动学科带头人、教学能手，成立少先队活动学科领军工作室，让辅导员真正成为能吸引人、发展人的岗位；三是畅通组织归属渠道，为长期从事少先队工作的辅导员颁发"十年荣誉证书""功勋辅导员证书"，举行颁奖典礼，不断增强辅导员的身份认同感、成就获得感、岗位责任感。

其次是开发少先队活动课"慧辅行动八字四条"。针对日常活动课出现的目标不准确、辅导不到位、实践不生动、资源不整合问题，我们分别从辅导员"慧建、慧创、慧导、慧用"四个角度给予方法指导和规范引领。

一是慧建活动目标。我们以《少先队活动课程指导纲要》为抓手，以课程分学段目标为依据，将大道理从政治启蒙、组织认同、道德养成、全面发展四个模块进行分解确立，做到"细、小、实"，实现小切口，大纵深。

二是慧创实践活动。我们紧扣时代主题和年度热点，拓展实践活动项目和载体，在实践中注意“五个找”：从队员中找切合成长实际的队活动课切入点；从各学科课本中找能与队活动课相呼应的结合点；从社会上找榜样与队活动课的联系点；从以往的特色活动中找队活动课的延伸点；从时代发展的新成果中找队活动课的创新点。比如“在校园里寻找习爷爷的关怀”，感受领导人对祖国未来的殷殷期待，“在奥运赛场寻找金牌背后的力量”，感受日新月异的强大祖国带来的自豪与骄傲。让全景式、体验式、沉浸式的实践活动赋予活动课生命力。

三是慧导思想引领。苏联教育家苏霍姆林斯基说：“教师作为一个教育者，他的工作就是从培养世界观开始的。”“这种世界观就是对待真理、规律、事实、现象、规则、概括以及思想的态度。”我们从“发现兴趣之点、打开实践之门、挖掘红色之根、践行强国之誓”四个层级逐层深入，不做“拼盘”做“拼图”，体现环环相扣。

四是慧用活动资源。善用社会大课堂、搭建大资源平台、构建大师资体系、拓展大工作格局。我们通过联建共育机制，慧眼发现一切有教育价值的元素，做到课堂内外、学校内外、线上线下三融合，实现少先队活动的“一枝一叶总关情”，带领队员体验生活、感知社会、了解国情，既在灯光下感悟，又在阳光下成长，提升活动代入感、时代感、获得感。

有意义、有意思的核心力量——团队课程教研

让更多学生享受优质校园配餐依托的是中央厨房的核心力量，少先队活动课亦是如此，汇聚区域骨干力量，高标准建设少先队活动课程优质资源库。

根据《少先队活动课程指导纲要》，我们从适应当前社会发展的新形势、少先队工作的新任务和当代少先队员获取知识的新渠道出发，以贴近时事、贴近队员、贴近生活为原则，聚焦一项年度主题实践课程进行深度内涵开发，建立全域教研四步机制，即区域主题建构—团队打磨设计—全区展示交流—校本完善推广，为全区各学校、各年级输送理念先进、内容丰富、形式鲜活、

实施规范的少先队活动课程资源。

例如，在"喜迎党的二十大，争做新时代好队员"活动统领下，我们集思广益，结合习近平总书记对青少年的希望与要求，将党史学习教育等内容与游戏有机融合，开展红领巾原创游戏课程开发，聚焦如何让游戏成为丰富少先队政治引领的有效途径与载体。中心组成员校广泛发动队员们展开头脑风暴，从体验、感知与创造出发，进行跨学科整合，经过反复修改形成有意义、有意思的原创"线上 + 线下"红领巾小游戏。满载家乡发展成就标志性景观的研学棋盘带领队员们开启有趣的红领巾图上寻访，投骰子看身边变化、摆棋子说家乡发展，玩出成就教育与对家乡的朴素感情；开箱验宝、你说我猜、航天科技大转盘让队员们感受中国航天的飞跃，感受伟大祖国的崛起。我们通过红领巾原创游戏节向全区展示后，又根据队情校本化生成全区 100 个红领巾原创游戏，将形象化、有温度的成就教育、情感教育与少年儿童喜闻乐见的游戏相结合，为全区 1400 多个班级、60000 余名学子奉献了一份全域参与、全域集备的课程大餐。

围绕"全面构建少先队社会化工作体系"年度重点，我们确立了统筹区域资源优势、构筑多元主体共同参与、校内外联动共享课程资源的方向。我们集全区之力打造"家住槐荫，'育'见成长"区域教研主题实践课程群，将全区 72 所中小学划分为 10 个联盟教研组，对接区委宣传部、区农业农村局、区文化和旅游局、区环保局等部门，在全区 72 个社区少先队成长驿站和 28 个校外实践教育基地基础上遴选打造十大校外实践教育示范基地。我们实行校内校外双师联合备课制，携手开发"探索与发现""科普与生态""文化与品位""传承与赓续"等主题实践课程，配套开发课程指导手册，设计红领巾奖章特色章，推出少先队校外实践教育基地云地图小程序，做到既凸显校外阵地课程优势，又融入少先队活动课专业理念与目标内容。我们还实行十大示范基地课程一月一展示、一站一分享，并借助校外基地资源设立校外红领巾文学院、书画院、科学院和记者团。"家住槐荫，'育'见成长"把握迈向社会的少先队活动改革方向，传递有效实施国家课程、规范落实地方课程、合理开发校本课程的理念，这套引导槐荫青少年“住槐荫、知槐荫、爱槐荫、赞槐荫”的主题实践双师课程项目得到区委区政府高度重视，区委书记、区长亲自为示范基地授牌，为红领巾讲解员佩戴绶带，主题实践活动成功入选济南市2023年教育十件大事。

有意义、有意思的自主创造——队员探索发现

《少先队活动课程指导纲要》提出“少先队活动课要激发少年儿童的自主意识和创造精神”。队员是少先队活动课的小主人，一节少先队活动好课离不开辅导员的巧妙设计，更少不了队员的自主创造。我们鼓励队员自主实践，保护好、锻炼好队员的自主意识、自主能力，大力倡导由少先队员自主设计、组织、评价少先队活动课，从课前、课中、课后做足队员文章，采用“三提升”的方法开发队员探索发现的能力。

一是提升发现问题意识。我们引领队员在活动开展中发现问题、寻找答案、记录感受、反思与分享，收获知识，接受教育。例如，在“探秘不一般的小山村”一课中，学生们听辅导员讲到吴家堡席庄村在“稻改”的生动实践中完成了传奇转变，从一处偏远的小村落发展成为山东省“百强样板村”时产生了浓厚的兴趣：“稻改”是什么？给家乡带来了哪些变化？为什么引发了如此大的反响？辅导员及时“抓住”队员们的好奇心，引导他们去看一看家乡新面貌、新变化。席庄村由贫困的小村庄，成为“齐鲁样板村”，这样的蜕变，除了依托充沛的水资源种植水稻，更重要的是在建设社会主义新农村的好政策和政府专项资金的扶持下，村两委班子带领村民积极探索绿色种养模式，以党员之责命名的道路，更是直接走进了群众的心坎里。干净的道路、富裕的生活……都是党员带头在前，群众努力拼搏取得的。“党员路”的密码就是：一名党员，一个路牌，一份责任。学生从小村庄的进步看到了国家取得的重要成就。

二是提升探索学习方式。每学期初，队员在辅导员的指导下分小组制订、

细化少先队活动课计划，形成中队特色活动内容菜单；自主进行活动分工，合作探究，通过调查、采访、对比、汇总分析等方式，在实践体验中感受时代的发展和社会的变化。例如，在“种出来的小‘芯片’”这节活动课中，队员们分工合作，分组策划、投票，自主设计课程清单。他们走进山东省农科院，通过掰玉米、算产量、说不同、找原因，了解到影响粮食丰收的关键法宝就是这小小的“芯片”——种子。满怀好奇与期待，大家来到种质资源库，看到经过科研人员反复实验、改良、优选的小种子携带着优质的遗传基因，一次次突破粮食增产大关，它们如同一个个蕴含着生命密码的钥匙，打开了中国粮食提质增量的大门，助力我们“有信心、有底气把中国人的饭碗牢牢端在自己手中”。在多样化的探究活动中，队员们在价值认同、责任担当等方面的意识明显增强。

三是提升解决问题能力。我们鼓励学生们学以致用，将活动课中学习到的知识落实到生活中，解决实际问题。在“探秘‘中国智造’”少先队活动课中，探秘小队的同学们与“大国重器”零距离接触，回到学校与伙伴们充分交流，分享研学收获。他们一致认为，工人们艰苦奋斗、自力更生的精神，是中国工业化进程中的强大推动力，是无数工人践行“工匠精神”的缩影。于是，队员们带动其他伙伴一起设计、组织、开展了《这个“刨床”不简单》情景剧展演，还原“中国第一台大型龙门刨床”生产的场景。他们还组建了“红领巾宣讲团”，带领全校队员了解家乡工业的变化，探寻家乡工业飞速发展的原因……队员们通过制作小报、绘画及撰写研学报告等形式，抒发自己对党、祖国和家乡的热爱之情，自觉传承、发扬泉城人民勇于探索、敢于创新的精神，让“工匠精神”的种子在心中生根发芽。

有意义、有意思的科学导向——课后评价延伸

一节有意义、有意思的少先队活动课少不了科学导向的指引，我们由队员和辅导员共同商定评价标准，重视情境表现、过程表现、能力表现，提出

主题鲜明、目标适切、元素丰富、时空多维、辅导到位等要求，对少先队活动课建立开放式、系统性的评价指标体系，为一节优质少先队活动课描摹画像。

一是使用客观评价指标。针对少先队活动课评价方式呈现随意性、盲目性、被动性，思想引领不深入的现状，学科领军工作室设计了“核心素养下的少先队活动课评价指标体系”，包含课程设计、活动过程、队员表现3个一级指标，辅导策略、组织管理、参与程度等13个具体可观察的二级指标。提炼驱动任务，记录实际表现，供辅导员老师进行个体观察与自我反思，实施专业化评课。

“以赛提能强素养，分层推优砺精兵”，我们每学年定期组织少先队活动课评选，并将优秀课例收录云端，汇聚百节网络少先队活动课精品资源库，持续优化少先队活动课效能。百余节少先队活动课登上《辅导员》《少先队小干部》《中国少年报》等期刊，被共青团中央、全国少工委等国家级机构，以及中国教育报和各省市平台转载推广。

二是激励队员参与评价。少先队活动课上得好不好、效果实不实，队员最有发言权。我们将队员纳入评课团队，通过《红领巾奖章争章手册》，鼓励他们当“小教研员”“小评课员”，积极参与评课活动，倡导队员们做到“评课八要”，即“脑要清——少先队课小主人，每次评课要先行。心要诚——诚心诚意提看法，认认真真来点评。耳要灵——多听他人好建议，创新队课记心中。眼要明——发现队课闪光点，不断实践来肯定。嘴要勤——勤学好问长知识，队课帮咱学本领。手要动——课上学习有提高，课下实践学先锋。人要争——比比谁的进步快，人人都有好心情。队要精——团队精神发扬好，集体力量展新风”。

除了“人人评”“课课评”，我们还将课程评价与红领巾奖章争章等少先队员阶梯式成长激励体系有效衔接。建立“积分制”红领巾奖章争章机制，让一枚枚奖章作为评价的有形化载体，持续记录着队员的成长和进步。学期末，我们组织少先队活动课科目素质监测，精心设计闯关内容，进行自评、他评，成绩纳入学生综合素质报告单。

通过对“一心四环”少先队活动课育人路径的探索，我们尝试创建核心素养视域下的“培·研·学·评”一体化有意义、有意思的少先队活动课实践模型，打造让政治启蒙和价值观塑造入脑、入心的少先队活动课样态，呈现少先队活动课提质增效、启智润心的教育效果。槐荫区辅导员蝉联四届省、市辅导员大赛一等奖第一名；“探秘不一般的小村庄”荣获2021年全国优质少先队活动课，“种出来的‘小芯片’”荣获2022年全国优质校外少先队活动课；政治素养和履职能力的提升助力4位少先队辅导员荣获全国优秀少先队辅导员荣誉称号，2位辅导员当选全国少工委委员；37000余名少先队员注册成为全国红领巾讲解员，传承红色基因，赓续红色血脉。

老辅导员们总是用这样一句话来表达对红领巾事业的热爱，那就是“让白发与红领巾齐飞扬”。我愿以此为荣光，带领着辅导员团队昂首踏入少先队活动课程建设新时代，打造更多有意义、有意思的少先队活动课，培养更多眼里有光、心中有爱、肩上有责、脚下有力的辅导员老师，努力实现学校少先队活动课程发展和少先队辅导员专业发展的共赢，让少先队活动引领我们同成长，共进步！

爱洒成长路　铸魂育未来

——班主任教育案例

刘晓岚

人物扫描

刘晓岚，济南市历城区洪家楼小学教师、班主任。荣获市级优秀班主任、校先进工作者、师德先进个人、历城区语文教学能手、历城区优秀教师等荣誉称号。所带班级被评为市级优秀班集体。执教的课例被评为省级优课，撰写的论文在省级教育刊物发表。

济南的三月，春意盎然。窗外丁香花吐露芳菲，白得耀眼动人。我打开窗，那清香丝丝缕缕随风飘来，花香溢满小屋。我打开学生的日记，一段文字映入眼帘："在我看来，人终究是会死亡。在死亡的那一刻，是什么也带不走的。所以，一个人存活在这个世界上，重要的是你能给别人多少，而不是自己有多少。"那字迹虽不工整，还略显稚嫩，但这些语句却让我震撼，这是一个 12 岁的孩子对自己人生的观照和领悟。看着这些沉甸甸的文字，我心中百感交集，三年里的点点滴滴涌上心头……

爱是勇气的源泉

2020 年 9 月，我接手了一个新班级。对于像我这样一个已经有 22 年班主任工作经历的老师来说，这是一次再普通不过的工作调整。开学第一天，我自信满满地走进教室，准备迎接 45 个活泼的生命。但是一个月的接触后，我却看到了这样一幅幅画面：课上纪律涣散，组织教学成了老大难；课下胡打乱闹，毫无秩序可言；同学间言语攻击，矛盾不断升级。我预感到这将是我从教以来面临的最大挑战。果然，小宇的离家出走给了我当头一棒。我至今仍然记得那个夜晚：在穿梭的车流中，拥挤的火车站广场，静谧的公园里，老师和民警们焦急地寻找着孩子。我目不转睛地盯着街边走过的小小的身影，多么希望小宇出现在我的视线中。我心中的疑惑、不安、担忧、自责在孩子平安归来与我相拥的那一刻化作眼泪流下来，流入我的心田。

这是一个怎样的孩子？他遭遇了什么？心中在想些什么？感受到了什么？为什么会有这样的行为？我思绪万千，一个个问号萦绕在心头。从教以来，我从来没有遇到过这样的孩子，他本该享受快乐的童年，家庭和学校应该是他最温暖的港湾，为何选择离开家，离开学校？同时，一个信念也在我的心中深深扎根：当孩子走出学校大门时，我一定要看到一个自信开朗、心理健康的阳光少年！

爱是打开心灵的钥匙

如果教师把学生当成自己的孩子一样呵护，那便会出现思想与思想的碰撞，会出现心灵与心灵的交流，教师与学生才会真正融为一体。

班主任的工作秘诀有很多，但我深深知道，要想改变学生唯有走进他的内心深处。只有了解学生，走进学生的心里，才能发现问题根源，找到解决问题的方法。信任是一把钥匙，它会开启心灵深处最隐秘的宝藏。

怎样在短时间内快速了解学生，建立起相互的信任呢？我想到了“贿赂”的方法。在那次离家事件之后，我每天都会在放学后陪着小宇一起回家，与孩子的同行之路我走了一个学期。回家之路总是轻松愉悦的，我们会漫不经心地谈论很多话题，不只是学习，还有孩子的日常生活，兴趣爱好，每天开心的事或烦恼的事。在漫不经心之中，我有意识地问及家庭环境，特别是亲子关系，因为多年的经验告诉我，一个想逃离家庭、逃离学校的孩子背后多数会有一个问题家庭。在聊天过程中，孩子想说就说，不想说绝不强求。转换角色，蹲下身来与孩子平视，作为一个聆听者，不加评论，用心聆听每一句话。回家路上我们会在超市买一点零食，边吃边聊，我还请他吃他最爱吃的汉堡，我们一起大快朵颐。没过多久，我们便熟悉起来，在几次交谈中我了解到父母之间的吵闹让他烦躁焦虑，于是有了第一次离家出走，父母对他的过多干涉限制让他烦恼生气，不良情绪愈积愈多。同时我也对小宇的性格有了一定了解，他是一个聪明的孩子，理解力强，很有主见，独立自主，爱运动，喜欢电脑。跟他聊天时，我从不把他当孩子看待，而是像与一个志同道合的大人交谈。渐渐地，小宇把我当成了他的朋友，他不再沉默不语，我们的话题也越来越多。

与孩子建立起信任后，当他心烦意乱时、遇到困难时就会求助于你，因为你在他的心中是一种支撑和依靠。父母吵架时他总会打电话向我寻求帮助，我们会隔空长谈，我教给孩子首先控制好自己的情绪，不要受父母的干扰，这是他们自己的事，你帮不上忙，但要相信他们会处理好自己的事情。小宇喜欢音乐，于是我给他买了 MP3，让他烦恼时戴上耳机听听音乐，听听故事。他对《百家讲坛》中的故事很感兴趣，我就在网上下载音频放到 MP3 里，让他在课余时间听一听，而且我们还有了交流的新话题。在这段时间里，小宇的母亲给我说，吃饭的时候小宇会给他们讲故事，一家人有了交流的话题。就这样，我在短时间内了解了孩子，走进了孩子的内心，我们无话不谈，亦师亦友。

爱亦有道，尊重孩子的发展规律

只有在学生心灵里播下爱的种子，才能收获有爱心的学生。

从四年级上学期开始，小宇在学校开始表现出情绪易激动、难以控制的问题。有时同学的哭声会让他猛然起立，挥拳击向黑板；前后位同学的一点小摩擦会让他气愤难当，摔门跑向操场。情绪最为激烈时，他一言不发，眼神呆滞，使出浑身力气握着门把手，想要逃离，在操场上狂奔，什么话也听不进去，直到自己筋疲力尽，瘫坐在地上。这时，我会抱着他，先安抚他的情绪。等他把情绪发泄出来，我会给他一块巧克力，然后一起聊聊天，从不说教。

经过一段时间的接触，我会通过观察他的表情敏锐地察觉出他的不良情绪，并把他的每一次异常行为都详尽地记录下来，不断摸索出一些行之有效的方法，比如转移注意力。当我察觉到他有不良情绪时，我不询问原因，而是岔开话题，让他尽快脱离产生不良情绪的环境，转移注意力。我通常的做法是让他帮助我去办公室取东西，以电脑程序出现故障为由，让他帮忙调整，或是让他帮忙完成文字排版打印的工作。这样会尽快转移注意力，当他忙于别的事情时，会消磨掉不良情绪，以免这种情绪蔓延。

谈心也是帮助小宇最有效的方法，在教室里、走廊上、操场上，都留下了我们谈话聊天的身影。谈心可以分为三步：首先是共情，无条件接受孩子的情绪，让他感到你对他目前的处境感同身受。这样做就能让他感受到有一个人在身边理解他、支持他，他不是孤独的。当我察觉到他的表情趋于正常后，知道他的情绪在逐渐平稳，我就会跟他聊一些别的话题。我经常会把我的一些成长经历、我的所见所闻讲给他听，当我们向对方聊起一些“私事”时，会给对方传递出一个信息，那就是我们的关系很亲近，非同一般。此时他通常是默不作声，有时抬头望着天，有时低头不语，但是我知道他在听。最后当他开始跟我对话，愿意说上几句的时候，我知道他差不多已经将刚才的不良情绪消化掉了。当我看到他的笑容时，我知道他的不良情绪已经烟消云散了。如果他愿意把刚才引起他不良情绪的事情说说的时候，我就借机教给他如何看待问题，如何正确认知，如果他不想说也不急于处理这件事情，我就缓一缓，第二天再谈，如果他避而不谈那就作罢，不纠结于此。

此外，我还帮孩子预约了学校的心理咨询老师，让他每周定期去心理咨询室，在那里跟心理老师聊聊自己的心事，获得心理老师专业的指导。到了五年级下学期，当小宇对我说他不需要去心理咨询室的时候，我知道我们的心理干预起到了良好的效果。他的眼睛变得更加清澈了，情绪也越来越稳定了。

不良情绪是点滴积累瞬间爆发，当我们用爱的橡皮擦去不快的痕迹时，怎样帮助孩子用善的铅笔勾画出美的世界呢？心理学家阿德勒的个体心理学观点给了我启发。于是我买来关于个体心理学的书籍，系统学习了个体心理学的理论。我发现这是一门实践性很强的心理学分支学科，它给了我极大的鼓励和支持。于是我开始对小宇异常行为的记录进行分析和思考，我发现他对声音极为敏感，特别是吵闹无序的状态，经常会激起他的愤怒，让他想逃离。这与他家庭成员间的吵闹有不可分割的联系，让他对嘈杂的声音格外敏感。他不会处理与其他同学的小摩擦，除了逃离，还会有攻击倾向。通过自学个体心理学的理论书籍，我学会了科学地看待这些异常行为，并尝试解读它们，然后找到干预的突破口。个体心理学认为每个人都是不可分割的整体，每个人都是以整体的形式发挥作用的“个体”；所有行为都是有目的的，只有理解个人的目标，才能理解其行为的含义；所有人都是“社会性”的，人类活动只有在其社会意义上才能被充分理解，每个人都有“归属需求”。我在书中学到了科学看待这些异常行为的方法，形成了正确认知，自己也变得不再焦虑。

一天早上，小宇垂头丧气、情绪低落，通过询问，我了解到原来昨天晚上他因为做幻灯片而与父母发生了争执。父母认为孩子不能在短时间内完成这个任务，因此横加干涉，指手画脚，导致孩子情绪崩溃。根据个体心理学理论，每个人都有一种‘归属需求’，都需要在社会共同体中获得自己的归属感与位置。为了对群体产生认同，孩子需要感受到自己是群体的一员，感受到自己属于群体。孩子的这种感受越强烈，其形成的社会兴趣就会越多。集体感是一种包括共享感、互相作用感以及自己在群体中的存在对群体利益很重要的感受。而父母的干涉恰恰降低了孩子的这种感受，让孩子感觉不到自己的作用和力量。当一个人为群体的福祉做贡献时，他才有可能开发自己解决问题、完成任务、学习和创新方面的能力。心理治疗的关注点就是帮助孩子发展社会兴趣。小宇是一个智力水平很高的孩子，他的理解力和接受新知识的能力都很强，想法新颖独特，特别是对电脑有浓厚的兴趣。抓住这一特点，我让小宇参与班级管理，给我当起了班主任助理。管理班级多媒体，帮助上课老师打开课件视频，运用 word 和 excel 编辑文字、表格，打印材料，他都做得有声有色。其他班级的多媒体坏了找他帮忙，老师的电脑出了故障也找他修复。在我的鼓励下，他自学视频剪辑，自学编程，并报名参加了区科技节活动。我们开展了校外一周实践活动，在这期间他协助我做宿舍管理工作，他对这项工作尽心尽力，出谋划策，保障了活动的顺利开展。我充分信任他，放手让他去做，遇到问题放低姿态，向他求助，当他困惑时再去指引他。通过完成这些事情，他找到了自己的位置，树立了自信心，有了归属感，在集体中激发出更多的社会兴趣。

一个人的改变不是一蹴而就的，老师不仅是管理者更是教育者，我学会了耐心等待，等待成长，等待花开。到了五年级时，我的干预策略有了效果，小宇情绪激动的次数逐渐减少，眉宇舒展开了，少了怒气，多了笑意。我每天都会看到他忙碌的身影，为同学们讲题、收发作业、安抚遇到困难伤心沮丧的同学，他逐渐找到了自己的价值，开始思索自己人生的意义。

每一个问题孩子背后都有一个问题家庭，在小宇的身上我更深刻地感受到了这一点，家庭教育始终是学校教育无法绕开的话题。为孩子营造一个和谐融洽的家庭氛围是孩子健康成长的关键，而家庭教育的方法同样重要。一开始，我与小宇家长沟通的时候是存在困难的，当他们看到我对小宇无微不至的关爱，看到小宇的改变之后，真诚终于融化了冷漠。他们开始信任我，接受我给出的家庭教育建议。学校心理老师也与小宇父母进行交谈，帮他们分析小宇的情况并指出家长在教育方式方法上的问题。三年中，我通过电话、网络和上门家访等方式与小宇家长进行交流，惊喜地看到了他们的改变，而这种改变对于一个家庭来说，对于这个家庭中的每一个成员来说又是多么可贵呀！我还结合生动的教育案例给一年级家长进行了家庭教育的讲座，启发家长思考，手把手教给家长们如何正确理解孩子、尊重孩子，如何看待孩子“不听话”行为背后的原因，以及怎样解决与孩子之间的冲突。家长是孩子的第一任教师，他们对孩子的成长和发展具有不可替代的作用。而教师则是专业的教育者，他们有着丰富的教育经验和专业知识。只有家庭和学校密切合作，才能更好地促进学生身心健康发展。

爱亦有道，尊重儿童发展规律，以系统的观点看待人的发展，爱才能迸射出耀眼的光芒，照亮孩子前行的道路。

用爱倾听你的心

如果爱有声音，一定是笑的声音；如果爱有颜色，一定是彩虹的颜色。

从心理发展阶段来看，四年级的孩子正处于自我意识崛起、思维能力迅速发展的时期。接手这个班级之后，我发现这个班的学生自我意识发展迅速，比如，学生们会要求公平，活动中的吵闹大多是因为规则制定不公平，自己小组在活动中“吃亏了”，如果被老师或同学冤枉，就会特别激动，会出现争吵等情况。其实这些混乱的场面就是学生们渴望被尊重，追求个体优越性的表现。因此在带班方略上，我的原则是充分尊重孩子们的意见，注意倾听他们不同的声音。作为老师绝不能高高在上，而是放下姿态把学生放到与自己同等的地位上，让孩子们参与到活动规则的制订和班集体的管理中。

小组合作的方法是推动课堂有序进行的法宝。我一直使用这种方法组织课堂教学，起到了事半功倍的效果。首先是分好小组，每个小组在人员的安排上兼顾学习能力和行为习惯处于不同层次的学生，以便在后续的评价上做到公平。如果人数不同，在最后的评价上也要照顾到人数少的小组。其次是与学生一起制订评价课堂的细则，根据班级存在的问题选择好评价的角度。比如我就从课前准备、遵守纪律、认真倾听、积极发言、小组合作、精彩发言等方面来评价课堂。每一项怎么加分一起商议好，这样确保大家都没有异议。最后要有奖励，每周评比一次优胜小组，积分可以兑换奖品。我一般会给孩子们买一些比较实用的学习用品、书籍等。奖励与惩罚都是教育的手段，但是我还是尽量避免使用惩罚，一般对于缺少凝聚力的班级，奖励的手段更能激发孩子的集体荣誉感，让学生在每天的点滴进步中逐步成长，也让他们懂得进步更可贵。

不要吝啬你的表扬和赞美。孩子的发展需要鼓励，就像植物需要水。赞扬应当是客观的，基于孩子已经做的事情给予他称赞，而不是基于他是什么样的人。我努力捕捉每一个学生的闪光点，让他们树立自信，培养进取心。要知道每个孩子都是独特的存在，都是在不断发展和完善过程中的人。作为一个教育者，只有深深理解这句话，牢记这句话，才不会被学生各种不良的言行所激怒，而老师不冷静和不理智状态下的言行不仅不会帮助你解决问题，还会产生负面的教育影响。“你是我见到的最勇敢的孩子！”“你今天的回答精彩极了！”“我为你的努力感到高兴！”这些语言都会提升孩子们的自信心，让他们明确做得好的地方在哪里，什么是更重要的。

通过两年多的努力，班级里同学间吵闹的声音没有了，课堂上真诚的掌声多了，课下讨论问题的声音多了，活动课上欢声笑语多了，大课间跑操时的脚步声一致了。孩子们和睦相处，形成了努力学习、积极向上的班风。

我深刻地认识到教师不仅要启迪心智，更要培根铸魂。在孩子们的身上，我看到了一颗颗纯真的心灵，真切地感受到了他们的喜悦与烦恼。在他们成长的路上，我用爱陪伴他们走过，给他们温暖，为他们积蓄力量，让他们立德向善。

春和景明，万物勃发。我的这些孩子们已走出小学的大门，投入新一阶段的学习生活，他们在成长的旅途上有爱相伴，正如这朝气蓬勃的世界，焕发出熠熠光彩！

用满腔热情　润半亩方塘

张景奇

人物扫描

张景奇，济南市历城区岩棚小学英语教师，班主任。历城区教育高质量发展表现突出个人、暑期小学教师能力提升培训优秀学员、历城区人民政府港沟街道办事处优秀教师。荣获历城区小学英语素质大赛创题二等奖、历城区优质课二等奖等荣誉。

我依然清晰记得八年前刚走上工作岗位时领导的谆谆教导：“教育是国家之本，乡村教育更是重中之重。你要有决心，有毅力，塌下身子，为乡村的孩子们带去希望，带去未来。”从那一刻起，我就深深感受到了自己肩上的责任和使命。一个孩子的背后是一个家庭，一点星星之火可以照亮一个孩子的未来，可以改变一个家庭世世代代的命运。

八年来，我始终坚守在乡村教育的岗位上，多少次季节轮回，多少个春夏秋冬，多少个不眠之夜，多少次灯火长明，我始终无怨无悔，埋头坚守。乡村的孩子们需要的不仅仅是知识的灌输，更是关爱和陪伴。我不仅在课堂上认真教学，还在课下与孩子们交流谈心，关心他们的生活，了解他们的想法，用师爱呵护着山村少年，引领着他们健康成长。我用真情传播着智慧的火种，用真爱抚慰着一棵棵幼苗。教育如种花，既然有播下种子的勇气，也要有静待花开的智慧和坚守。

守护一朵特殊的花

择一事，终一生，不为繁华易匠心，不舍初心得始终。让乡村的孩子站在教育的起跑线上，是我入职的初衷。对于乡村孩子来说，唯有知识能够改变命运，而我们这些乡村教育工作者就是孩子前行路上的“提灯人”。

在班里，有个名叫小乐的学生，他是出了名的“反应迟钝”。在众多学生中，小乐的表现明显与其他孩子不一样，他的行动似乎总是慢半拍，在学习上也颇感吃力。这样的状况使得小乐经常感到自己与其他孩子有所不同，有时甚至会产生自卑和失落感。

小乐的情况，我看在眼里，疼在心里。他的“迟缓”就像一根细细的针，轻轻地扎在我的心上，让我格外怜惜。我没有因为小乐的“迟缓”而忽视他，反而给予了他更多的耐心和关注。我知道，每一个孩子都是一朵独特的花，需要特别的呵护和关爱。小乐这朵花或许绽放得比其他孩子慢一些，但只要给予呵护和关爱，他也能在阳光下绽放出属于自己的光彩。

勤能补拙，弥补先天不足需要后天的勤奋，更需要有自强的精神。我们从最基础的字母识记开始，别人读一遍能学会，我领着小乐读三遍、五遍……不厌其烦。当小乐费力地记住一个简单的字母时，我会慈爱地对他说："小乐，你太厉害了！这个字母很难记呢，你却做到了，老师真为你骄傲。"当他费尽力气正确回答一个问题，哪怕声音微弱如丝，我也会立刻给予他热烈的赞扬和鼓励："小乐，你真棒！你的回答非常准确，继续加油哦！"我想通过鼓励和赞许让他感受到自己的努力是有价值的。在不断被鼓励、被支持、被理解的环境中，小乐有了安全感，能愉快地接受挑战，愈挫愈勇，自信心也就更强了。

我知道，对于小乐来说，理解新知识可能比其他孩子要困难一些，所以我会适当放慢语速，让小乐能够更好地理解接收。同时，我也会特别关注小乐的反应，如果他有任何困惑或不解，我会立即停下来，为他详细讲解。

我相信每一个智力落后的孩子都有闪光点，足够的耐心和持久的信心一定能点燃它。课堂上的时间是有限的，而知识的吸收巩固是一个需要持续努力的过程。为了避免小乐产生自卑情绪，我在班级里成立了互助小组，让学习暂时领先的同学有针对性地帮助暂时落后的同学，大家互帮互学，共同进步。我也加入了小组，我的帮学对象就是小乐。因此，我会牺牲自己的休息时间，在课后单独为小乐辅导功课，陪他一起复习和预习功课，一起解决学习上的困难。辅导时，我会和小乐坐在安静的角落里，耐心地为他解答每一个问题，一遍又一遍地重复讲解那些他难以理解的知识点，直到他完全掌握为止。我时常真诚地对他说："小乐，你一定可以的，老师相信你。"鼓励的眼神和温暖的话语，让小乐感受到老师的关爱和支持，学习劲头更足了。

我会与小乐一起制订学习计划，帮助他合理安排时间，提高学习效率。在我的守护下，小乐逐渐变得更加自信和努力。他开始尝试挑战更多、更复杂的学习任务，不再害怕失败和挫折。他的脸上也渐渐有了笑容，那是努力后收获的喜悦。

小乐的点滴进步，让我体会到了教育的意义。辅导他，就像领着一只蜗牛在前行，虽然步伐不大，但是只要不停下来，离目标就会越来越近。我们教育的目的不就是引领学生成为更好的自己吗?

日子一天天过去，小乐就像一朵慢慢积蓄力量的花骨朵。他开始变得更加自信和勇敢，面对困难也不再轻易放弃，在一次学习检测中终于取得了明显的进步。虽然他的成绩并不是最优秀的，但对于他来说，这是巨大的突破。他的努力得到了回报，他正在逐渐变得优秀。看着小乐的进步，我心中满是欣慰。我知道，我所做的就是静静守护着小乐，等待着这朵特殊的花朵在属于他自己的时刻绚丽绽放。尽管这个过程可能会漫长而艰难，但我愿意一直守着小乐，守着他的成长，守着他的花开。因为我相信，只要给予足够的关爱和耐心，每一个孩子都有可能绽放出最美丽的花朵。

冰心曾说："世界上没有一朵花不美丽，没有一个孩子不可爱。"在教育这片沃土上，我坚信总有爱随风而来，总有人守着花开见月明，每粒种子都能化成一个美好的春天。

我就像妈妈一样照顾你

在一个宁静偏僻的小山村，有一所小小的小学。我是这所学校里的一名班主任，肩负着教育和引导这些山村孩子们的重要使命。在这个宁静的山村里，生活节奏平缓，学生们纯洁善良。小成是我班里的一个孩子，他曾经是一个充满活力和阳光的孩子，然而，一场突如其来的变故，让他的世界瞬间崩塌——他的母亲因病突然离世了。

在那些令人心碎的日子里，孩子仿佛被抽走了所有的生机与活力。原本明亮而灵动的眼睛变得暗淡无光，往日里挂在脸上那灿烂的笑容也消失不见，取而代之的是无尽的哀伤和迷茫。他就像是一只受伤的小兽，默默地蜷缩在自己的角落里舔舐着伤口。而这种情绪也不可避免地反映在了他的学习上，曾经那个对知识充满渴望、积极进取的小成不见了，他的成绩一落千丈。

小成的变化，把我的心深深地刺痛了。我清楚地知道，这个突然丧失至亲的孩子正在遭受着何等的痛苦。八九岁的年龄正是需要有人陪、有人爱的时候，突然的变故让他无所适从。“有妈的孩子像块宝，没妈的孩子像根草。”此时的小成需要有人拉他一把，带他走出这片黑暗的深渊。我不仅是一位老师，也是一名母亲，舐犊情深，于是我下定决心，一定要尽我所能去帮助他重拾生活的勇气和学习的信心，让他重新找回那个积极向上的自己。

我开始了漫长的帮扶旅程。一天放学，我发现小成迟迟不肯收拾书包，好像不急于放学回家。我到他座位上轻轻抚摸着他的头，温柔地问道：“小成，不收拾书包，不想回家吗？”小成点了点头，泪涌了出来。是呀，没有妈妈的家，少了妈妈的爱，谁愿意回去呢？我紧紧抱住他，轻声安慰道：“别难过，以后我就像妈妈一样照顾你，好吗？”孩子点点头，仿佛感受到了久违的温暖。对于受过伤的孩子，哪怕一句轻柔的安慰，也能给予他爱的呵护。

我是这样说的，也是这样做的，我用实际行动履行着对孩子的承诺，诠释着母爱。每天早晨，我早早地来到学校，在教室门口迎接小成，给他一个温暖的微笑和鼓励的眼神。当他走进教室时，帮他整理好书包，把他的文具摆放整齐。在课堂上，我特别关注小成的表现，当他有些走神时，及时提醒他集中注意力。如果他回答问题正确，我就给予赞扬，让他感受到自己的价值。这些看似微不足道的举动却让小成感受到温暖，眼睛里有了些许的光芒。

课后，我无论多忙也要抽出时间单独辅导小成的功课，耐心地为他讲解每一道难题，用生动有趣的歌谣帮助他理解知识。当他遇到困难想要放弃时，我鼓励他坚持下去，告诉他：“妈妈也会希望你勇敢面对困难。”我还会时常准备一些小礼物给他，比如一本有趣的故事书、一支漂亮的钢笔，让他感受到被人关爱的幸福。

在生活中，我也会像妈妈一样关心小成。他的衣服破了，我会帮他缝补好；他饿了，我会给他准备一些小零食。我主动找他聊天，听他倾诉内心的烦恼和对妈妈的思念，给他讲一些关于勇敢和坚强的故事，告诉他生活中虽然会有困难，但只要我们勇敢面对，就一定能够战胜困难。

这些事情看似琐碎平常，但是坚持下来，真的需要耐心和爱心。在帮助小成的过程中，我遇到不少困难和阻碍。我与小成的父亲交流孩子的状况，他忙于生计，对孩子关注少，无法陪伴引导，一副无所谓的样子："孩子学个啥样就啥样，只要身体好好的，没病没灾的就行。"山村环境封闭，家长不仅对教育缺乏足够的重视，对孩子的心理健康更是满不在乎，而且担心心理疏导带来舆论压力，更是排斥。家长不管不顾，因为诸多教学任务和班级管理工作，我的时间和精力也有限，导致小成的情绪状态反复，令人无奈挫败。尽管困难重重，但是每当看到孩子那无辜无助的眼神，我就想绝不能放弃。我需要不断思考、调整和坚持，努力寻找更好的方法帮助小成走出困境。

小成嘴上不说，但是每到周五下午放学，从他磨磨唧唧装书包的样子就能看出他不愿意周末放假。家里没有大人，连午饭都吃不上。突破口打开了，每到周末，征得小成爸爸的同意后，我就把小成带到自己家里，给他做好吃的，带他逛书店，带他买新衣服……爱是开启心灵之门的钥匙，孩子只有感受到爱，才会接受爱。在持续不断的努力下，小成逐渐发生了许多令人欣喜的变化。他对学习的兴趣也一点一点被重新点燃，开始重新融入集体活动中，和同学们一起玩耍、讨论问题。他的笑声再次回荡在教室里，让整个班级都充满了活力。

看着小成的这些变化，我心中充满了欣慰和感动，也更加坚定了要继续帮助更多像小成这样的孩子的决心，让他们都能在关爱和鼓励中茁壮成长。

帮扶小成的这段经历，让我心中涌起了许多感慨和思考。山村的孩子们就像一颗颗等待发芽的种子，充满了无限的可能和希望。然而，他们所面临的环境和生活条件制约了他们的成长。童年的经历会影响一生，有些人用一生来治愈童年，尤其是像小成这样情况特殊的孩子。有人在关键时刻及时拉孩子们一把，扶他们一程，那么他们便不会倾其一生的精力来治愈童年的创伤，而是有无穷的潜能成长成才。而作为老师，我们要给予他们更多的时间和空间，付出更多的爱心与耐心，帮他们慢慢治愈心灵的创伤，重新找回成长的勇气。

山村的教育资源相对匮乏，但这并不意味着我们不能为孩子们创造良好的教育环境。我因地制宜，利用有限的资源设计丰富多彩的班级活动，像春天的种植节、秋天的收获节，让孩子们在活动中激发学习兴趣，体验实践的快乐。同时，我努力为孩子们争取更多的机会和资源，带他们去博物馆，感受中华文明的博大精深；领他们去图书馆，体验阅读的魅力；鼓励他们参加研学活动，让他们有机会去接触外面的世界，开阔眼界。

在拓展孩子们眼界的基础上，我结合任教的学科特点，编选了许多用英语介绍中国历史和新时代社会风貌的小短文，指导学生阅读，让学生们既感受到语言的魅力又了解到祖国新时代的巨大成就，让语言学习和生活实际紧密结合，学以致用。

播种爱，收获爱，守护着山村孩子，我时常收获着感动和温暖。孩子们那真诚的笑容、质朴的话语，家长们那信任的眼神，都让我深感这份工作的意义和价值。尽管会遇到各种困难和挑战，但每当我看到孩子们的进步和成长，所有的疲惫都化为乌有，心中只剩下满满的幸福和力量。

无声的教育更有力量

记得法国作家卢梭说过：“没有榜样，你永远不能成功地教给儿童以任何东西。”法国作家罗曼·罗兰也说过：“要撒播阳光到别人心中，总得自己心中有阳光。”我想，教师的师德就如同他们所言的“榜样”和“阳光”。当窗外的一米阳光照耀每个孩子的脸庞时，温馨而惬意。每每此时，我总想身为班主任的我也应该像那缕暖阳，让教育之光照进孩子们的心田，爱无巨细，润物无声。

小学班主任面对的孩童淘气顽皮，工作繁杂琐碎，所以有时候免不了有一些超出正常分贝的声音出现。然而有件事却让我明白：无声的教育更有力量。

还记得那天，窗外风很大，雨很急，气温很低，而教室内却温暖如春，孩子们也欢乐得很，以至于上课铃声响起，他们还沉浸在与同学“探讨”的世界里。我如往常一般，兴致勃勃地走进班级，见到如此场面，心中怒火即将喷涌而出。可是，就在这时，我脑海里一闪而过“冷静”二字。我深吸一口气，默默走向讲台，打开课件，其间我一言不发。我的内心在挣扎，一方面是对孩子们不遵守纪律的不满，另一方面是对他们成长的期待。

等我完成这些准备工作后，随着值日班长的一句“安静”，教室里有一半学生安静了下来，但是仍然有一些同学没有反应。于是，我默默打开了课件。第一张幻灯片播放的是班里几个同学家长在工作时的视频。视频中，有的家长在烈日下挥汗如雨地搬运着沉重的货物，他们的脸上满是疲惫却又透着坚毅；有的家长在狭小的车间里专注地操作着机器，眼神中充满了对生活的希望。这时有几名同学安静了下来。接着，播放第二张幻灯片，内容是几个学生的父母对孩子的寄语。一位家长用朴实的语言说道：“孩子，爸爸妈妈每天辛苦工作，就是希望你能好好学习，将来有一个好的未来。”另一位家长则深情地说：“宝贝，我们知道学习很辛苦，但这是你走向更好生活的道路，一定要珍惜。”

我还是一言不发，静静看着他们，停顿了几秒。在这短暂的寂静中，学生们的内心被深深触动。有的学生眼眶湿润了，他们想到了父母的辛勤付出；有的学生紧紧咬着嘴唇，暗暗下定决心要好好学习。学生不再讨论，也不再东张西望，大家都很自觉地端正了坐姿，看着我。那一刻，我忽然就明白了，如果我这次对他们发火，把他们教育一番，得到的结果也许只是短暂的安静。但是，此刻，他们的自觉更能让他们的规则意识长存。他们从父母的言行中深刻体会到了生活的不易和学习机会的珍贵。他们明白了，只有遵守课堂纪律，努力学习，才能不辜负父母的期望。

从那以后，每当上课铃声响起，孩子们都会迅速安静下来，投入到学习中，珍惜每一个学习的机会，班级学习氛围浓厚了许多。

每个孩子都是家庭的希望，每名学生都是祖国的未来。要培养他们主动学习的意识，养成自觉学习的习惯，必须让他们树立明确的学习目标。结合班主任工作和英语教学特点，我经常给他们讲，中国学生在学习英语，世界上许多国家的学生也在学习我们的汉语。语言无国界，学好了语言，才能更好地沟通交流，让中华文化走向世界。我会利用班会，播放中华文化走向世界的视频或短片，让学生了解学好语言的重要性，激发学生的民族自豪感。

教师，是一个需要用语言去工作的岗位，我们每天都在有声的世界里奋斗着。可是，我们的所有语言都是有力量的吗？“育苗有志闲逸少，润物无声辛劳多。”身教重于言教，在班级管理、教育教学中我总努力蹲下身子与学生对话，也努力用自身的行动，去影响他们。因为我相信，无声的教育更有力量。冰心老人说：“爱是教育的基础，是老师教育的源泉，有了爱便有了一切。”我相信每一位教师都和我一样，走在梦想的路上，走在实干的路上，日夜兼程，在孩子的心灵世界耕耘播种，无怨无悔。用爱播种一米阳光，看着幼苗一天天茁壮成长，那是一份属于人民教师的骄傲与荣光。

“白日不到处，青春恰自来。苔花如米小，也学牡丹开。”

在全国教育大会上，习近平总书记提到清代诗人袁枚的这首诗，强调“教育的目光不能总是盯着花园里耀眼的牡丹花，而要更多投向墙角处不起眼的苔花”。山村孩子就如这些苔花。“教师承载着传播知识、传播思想、传播真理，塑造灵魂、塑造生命、塑造新人的时代重任。”一直以来，党和国家领导人高度重视教育发展和教师工作，以各种形式表达关怀、提出期望。作为一名普普通通的基层教育工作者，一名乡村教师，绝不能辜负党和国家的信任和嘱托。

在未来的教育工作中，我会以更加饱满的热情和更强烈的责任感去对待每一个孩子，不放弃任何一个需要帮助的学生。我会不断提升自己的教育教学能力，用更好的方法去激发孩子的潜能，让他们都能在爱的阳光下健康快乐地成长。成长无止境，教育的道路也没有尽头，我将继续在这条乡村教育道路上坚定地前行，用满腔教育热情，滋润乡村小学半亩方塘，为乡村孩子们的美好未来贡献自己的力量。用我的坚守与奉献，展现责任和担当，“你若盛开，蝴蝶自来”，我若盛开，必是桃李芬芳，定有累累硕果。

做好文化传承　育合格接班人

赵文娟

人物扫描

赵文娟，济南市莱芜区鹏泉程故事小学语文教师。荣获市级优质课、区级优秀班主任、教学工作先进个人、优秀教师、市教科研工作先进个人等荣誉。参与省级课题“分层异步教学的有效性研究”。

翻开历史的长卷，漫漫长河文化璀璨；仰望历史的天空，英雄精神熠熠生辉。在无数英雄里面，爱国诗人陆游影响了我，无论是“僵卧孤村不自哀，尚思为国戍轮台”的忧思哀伤，还是“壮心未与年俱老，死去犹能作鬼雄”的报国之志，更或是“王师北定中原日，家祭无忘告乃翁”的爱国遗憾，都让我为“拳拳爱国心，殷殷报国志”而感动自豪。读遍史书，感悟文化变迁，传承中华文明。仁人志士于战火纷飞、困厄重重中坚守信念，护家国安宁，守个人气节；在和平岁月里，又有多少人以勤劳的双手和创新的思维，为国家的繁荣兴盛添砖加瓦，用默默奉献诠释着信念的多元内涵，将爱国之情融于每一寸山河的建设与守护之中。而他们都在教育中传承信仰的火种。青年时期的我将“持传承火炬，以知识为材，品德为芯，燃学生敬仰之火”作为我的职业梦想。

幸运的是，长大后我成了老师，挑起了育人的担子，我的梦想实现了。从“师道尊严”到“有教无类”，我也在思考，学生心中的好老师是什么样子？我要教出怎样的学生？通过不断的学习与摸索，我立下育人目标：要把学生培育成爱党爱国的人，有民族信仰的人，人格健全的人，有理想有志向，有责任有担当，敢于向自己发出挑战，不断创新，实现自我价值的人，无论遇到什么困难险阻，绝不认输，不怕吃苦不怕受累，敢于拼搏的人。我希望我教过的孩子将来能怀揣热情，坚定前行；能拥有真诚和善良，有坚持和坚韧的精神，努力实现人生目标；能有勇气和智慧面对挑战，为国家做出贡献。为实现这个目标，我在教育中从小处着手，身体力行；蹲下身子，尊重个体；尽我所能，践行责任与担当。

把主题班会作为阵地，指引人生方向，明志报国

大国崛起，教育为先。我理解的教育，是教与育的结合。教，就是给知识，给道理，给方法；育，是对孩子思想的升华，需要潜移默化。也就是说，我觉得育比教更重要一些。在新时代新征程上，少年学知识很快，也很便捷，

但我总感觉孩子对事情的持续专注力还不够。所以，学生在少年时期怎么定好人生方向，教师做好思想上的引领必不可少。

主题班会是班主任进行思想教育最得力的助手。从我第一天踏入校门，我便重视每一次主题班会，把它作为孩子成长的媒介。我不但每次都认真准备，还会让孩子自己设计主题班会。比如 2003 年，“神舟五号”载人飞船成功发射，我就放手让孩子自己组织主题班会，引导他们先了解中国载人飞船的研发过程，然后了解杨利伟成为我国第一代航天员而付出的努力，以及发射成功的意义和不为人知的故事。学生深刻地感受到了中国航天的魅力，心中充满了对航天员的崇拜，在幼小的心灵中扎下长大后为祖国做贡献的爱国种子。

十年之后，2013 年，“神舟十号”飞船发射，与“天宫一号”完美对接，让全国人民都觉得“上一次月球就像出差一趟”，振奋人心。当时的少年已工作数年，有一个孩子就曾经给我写过信：“感谢老师对我的栽培，虽然我没有实现当科学家的梦想，但仍然记得老师说过，只要能为国家出点力，任何职业都可以发光发热，我觉得现在我的人生也很充实。”这个沉默寡言的小男孩，勤奋刻苦学习，成为一名即时翻译工作者，看到了更广阔的世界。我想，也许是当年埋下的那颗种子，一直激励他不断前行吧。

在一次主题班会上，我组织学生观看王亚平太空授课，亲眼见证月球在失重状态下的神奇，大家按捺不住激动的心情，纷纷提出疑问。我马上就联系科学老师，让她答疑解惑，满足学生的求知欲。然后让孩子们尝试给王亚平写一封信，询问自己对航空科技感兴趣的问题。随后开展了课后实践活动，孩子们动手制作航空飞船的模型，虽然大家用的是手中的牙膏盒、废弃的饮料瓶和薯片桶，在上面写上“神舟几号”的字样，但同学们做得也有模有样，镜头里留下了美好珍贵的回忆。我们还在学校里做了仿天宫实验。这次班集体活动让我们班获得了区“英雄中队”的称号。

2023 年，“神舟十六号”飞船成功完成在轨轮换的高难度发射，我也接了一批一年级新生，看到他们，我会想起最初的那班学生。我不知道他们身在何方，从事什么职业，也许他们没有实现理想，做不到摘星辰为眸、揽骄阳作灯，但我可以肯定，他们不论在哪个岗位上，都在兢兢业业地工作，为祖国做贡献，展现他们对祖国大家庭最深沉的爱。山河不忘，初心不忘，此刻我与国同在，风华正茂。

目光所至皆华夏，五星闪耀皆信仰。通过主题班会，学生们不仅提升了对世界的认知、对精彩人生的把握，更振奋了爱国爱党的精神。我也明白了好老师就是要跟随时代的进步，与国家社会发展同频，与教育理念与时俱进，思想上、行动上要始终坚持一个原则，就是建设国家需要什么样的接班人，我就努力培养什么样的人才。

发挥语文学科思政阵地作用，红色铸魂，培育担当

在语文学科思政教育的广阔舞台上，创新教学方式成为学生深入理解红色精神、培育责任担当意识的关键。传统的教学模式已难以满足新时代学生对知识与思想深度融合的需求，因此，借助课本剧、诵读活动等多元化的语文教学手段，构建起多维度的红色教育体系，显得尤为重要。于是，我从找准每篇课文的情感点入手，用小切口讲好大道理。

课文《为中华之崛起而读书》就是周恩来总理小时候立下的宏伟志向，也是他为之奋斗的目标，激励和影响了一代又一代的中国人。课文中的少年心中有大爱，肩上有担当，展示了少年该有的样子。课后，我们共同完成了“明志之行”主题班会，分小组学习人物形象，男生搜经典讲故事，女生制作故事卡，查找周总理生平纪事。通过读课文，我们站在巨人的肩膀上看到了新思想，思政教育于无形中内化成一颗拼搏奋发、积极向上的种子，一颗爱民族、爱国家的种子，一颗无私奉献、艰苦奋斗的种子。我们一起创作的《少年周恩来》课本剧，获得了区级比赛徽章。

红色经典诵读活动，是一场声音与情感交融的红色之旅。百年前，梁启超先生写下《少年中国说》，每次朗读，我的内心都被深深震撼。“故今日

之责任，不在他人，而全在我少年。”少年，自古英雄出少年。古有少年时期文武双全的辛弃疾，立志一生抗金，驰骋沙场，展现了强烈的爱国主义精神，这是他的使命与担当；今有鲁迅少时立志学医，后弃医从文挽救民族于危亡，这是他的使命与担当。“月缺不改光，剑折不改刚。”有志向的人，自信自强。“及时当勉励，岁月不待人。”有志向的人，不会虚度时光。少年应有鸿鹄志，当骑骏马踏平川。新时代少年当肩负使命，勇于担当，书写祖国未来的新篇章。我还会带领学生仿写课文，“少年义则国义，少年慈则国慈，少年诚信则国诚信，少年友善则国友善，少年和谐则国和谐”。学生把新时代的价值观演绎为少年新时代之责任，从内心深处理解“强国梦”。毕业时我们把这篇课文以节目的形式搬上了舞台，我们用中国扇设计动作，加上聘请校外辅导员指导的武术动作，一招一式，展现了少年蓬勃向上、勇于担当的一面。

学习《梅兰芳蓄须》《青山处处埋忠骨》《军神》等课文时，梅兰芳、毛岸英、刘伯承这些英雄，让人倍感动容。他们不但超越了个人名利的羁绊，更是经受了生死考验。我组织学生讲一件英雄背后的故事，探索英雄不为人知的一面，每一件都堪“惊天地，泣鬼神”。孩子们在感慨当今幸福生活来之不易的同时，更加热爱伟大的祖国。

阅读红色经典活动给学生们搭建了一个表达与感悟碰撞的红色舞台。我将红色阅读素材进行了详细的分类：一是用红色素材坚定文化自信。我们要坚定文化自信，增强做中国人的自信心和自豪感，坚持中国特色社会主义道路，实现精神上的独立自主，为民族复兴立根铸魂，不断增强实现中华民族伟大复兴的精神力量。二是用英雄故事激励学生斗志。有刘胡兰的“生的伟大，死的光荣”，有陈祥榕的“清澈的爱，只为中国”。无数仁人志士用生命换来这繁荣盛世，我们更应该赓续红色血脉，传承红色基因。三是用红色事迹启迪学生心灵。《小英雄雨来》《小兵张嘎》《鸡毛信》，一个个鲜活的少年英雄，给我们树立了勇挑责任与担当的榜样，我们唯有好好学习，奋发图强，创新科技，为祖国的未来贡献自己的力量。四是读红色诗篇引发情感共鸣。

夏明翰在临刑前的就义诗中写道：“砍头不要紧，只要主义真。杀了夏明翰，还有后来人。”一首直击心灵的就义诗，感人肺腑。孩子们从一字一句中，深刻地感受到了我国革命历程的艰辛以及中国共产党人无畏生死、追求信仰的伟大精神。他们为了民族的解放和人民的幸福，毫不犹豫地投身革命事业，不畏艰难，英勇斗争！如今的我们站在这繁荣的华夏大地之上，享受着革命先辈留给我们的美好和平，理应肩负起建设祖国的责任与担当，理应不问终点，全力以赴。

丰富思政育人形式，在行走的思政课中见证成长

时代在变，年轻的面孔也在变，但爱国爱党和追求进步的目标永远不变，始终奋进在时代前列的精神永远不变。爱国从来不是空泛的，深厚的爱国情、高远的强国志，落脚点在于务实的报国行。

《中小学德育工作指南》指出，中小学德育总体目标是要培养学生爱党爱国爱人民，增强国家意识和社会责任意识。关注社会，心怀祖国是学生人生成长的必修课。

多出去走一走，提高少年的认知。我会在合适的时间组织学生参观科技馆、博物馆、艺术馆，学生通过欣赏实物、观看视频、聆听音频等多种方式，全面了解国家的传统文化、高端科技，做科技强国的新时代“追星人”，厚植爱国情怀。

多联系沟通，拓展孩子的视野。我会邀请本土各行各业的优秀工作者，比如“种菜大王”，来我校给孩子讲授植物生长的秘密，也会带领孩子到大棚基地去参观，体验种植业。我会到社区联系老人到校讲述过去的故事，忆苦思甜，让孩子们感悟幸福生活的来之不易。我还会选出优秀家长代表，讲一讲他所从事的职业，给少年耳目一新的认知。

多练一练，脚踏实地，砥砺前行。爱国爱家不应当只是口号，它应该是每一位中国人的信仰和使命担当。我组织学生进行主题演讲，谈梦想、谈

理想，以及如何为实现梦想而努力，锻炼学生的表达能力和规划能力，增强学生自信心，引导他们树立为社会做贡献的决心。除了练胆量，我们还练手艺——鲁绣，学生在亲身实践中感受刺绣的美，在赞叹劳动人民智慧的同时，爱上祖国传统文化。

多读一读，少年应树立积极读书学习的态度。我们每学期都开展“书香校园”“书香班级”“书香家庭”评选活动，组织各类读书分享会，邀请知名作家、学者、名师等来学校做讲座，让孩子更深入地了解书籍的魅力，提高他们对阅读的兴趣。我们还不定期开展亲子读书交流会，推广阅读文化，以学生这个点，带动家庭这个面，提高全民的阅读素养。

多学一学，不光是围绕课堂，课外公益活动也是丰富多彩。我引导学生从自身做起，从现在做起，为国家繁荣昌盛做自己力所能及的事情，如“环保志愿者服务”活动的开展。每当三月春天来临，我们就会开展“雷锋帮扶月”活动、“和小树一起长大”植树节活动。课下，我们还会去社区开展环保志愿活动，捡一捡绿化带里的垃圾，给小花小草浇浇水、培培土，对于歪倒的小树苗及时救助，学生心里保护环境的种子也会生根发芽。

多一点关爱，做好自己能做的事，回馈社会。如开展敬老院送温暖活动，送老人一件自己制作的礼物，给老人表演一个节目，陪老人聊天，给卧床的老人用温水擦手擦脸，学生在实践中体验爱，种下懂感恩、懂友善的种子，把关爱回馈社会。再如，去消防队学习消防知识，体验这种危险职业的意义，学生在心底根植长大后为人民服务的种子。

百年奋斗路，少年启新程，祖国的未来要靠少年去建设，种下一颗种子，这颗种子以后会在祖国大地上生根发芽。作为一名普通的小学语文老师，我深知自己做得还不够，达不到心中的期盼。在新时代新征程上，身为教师，我更应具备符合新时代的育人能力，加强多方面的学习，提升自己的水平，课上育人，课下实践，把“大思政”思想“润物细无声”般融入祖国日益发展的教育之中，为育时代新人尽绵薄之力。

“天下难事，必作于易。天下大事，必作于细。”我谨记完善“大思政课”立体化构建工作，坚持课上课下协同、校内校外一体、线上线下融合，打造思想教育特色品牌。怀揣爱国情，莫忘凌云志，我将继续围绕“大思政”思想，扎实做好新时代好少年的培育工作，温暖育人，赞美成才，躬耕于教，孜孜不倦。

怀揣“四心”　做学生成长的引路人

袁义文

人物扫描

袁义文，商河县韩庙镇明德小学数学教师、班主任。荣获济南市优秀班主任、商河县教科研先进个人、商河县优秀教师、县级优秀教学课例一等奖、省级安全宣传教育作品短视频类三等奖等荣誉。所带多个班级被评为济南市优秀班集体。撰写的论文在《济南教育》杂志发表。

在教育的广袤花园里，我们每一位班主任都如同一位辛勤的园丁，坚守岗位，默默耕耘。担任班主任工作20余年的我，始终怀揣着一颗童心，它如同清晨穿透薄雾的阳光，带着梦幻般的色彩和温暖，仿佛又找回了被孩子拥抱的欢乐时光；始终怀揣着一颗爱心，它如同轻柔拂面的春风，携着丝丝缕缕的暖意和希望，悄悄地润泽每一个角落；始终怀揣着一颗责任心，它如同坚如磐石的大地，承载着育人的使命，那使命在岁月里深深扎根，无论风雨如何侵袭都毫不动摇，它托举着知识的大厦，让莘莘学子能在其中自由探索，每一块知识的砖石都稳稳安放；始终怀揣着一颗公正心，它如同高悬天庭的明月，洒下平等的光辉，让每个人在平等的光辉下绽放自己的色彩。在我的教育生涯里，我一直怀揣着这"四心"走进我和孩子们的希望与梦想之旅……

童心未泯，共筑梦想

我们以孩童般纯真的目光望向天空，那里有星辰大海等待我们用奇思妙想去丈量。我们用稚嫩却坚定的双手，搭建起梦想的积木，每一块都承载着希望与勇气。在追逐梦想的道路上，我们不怕跌倒，就像孩子学步时无畏摔跤，拍拍尘土继续前行。我们带着童心的好奇，探索未知的领域，那是梦想生根发芽的肥沃土壤。无论是在科研的前沿，还是艺术的殿堂，或是生活的每一个角落，我们保持着那份未泯的童心，将各自的梦想拼接在一起，筑起一座属于我们的辉煌城堡，让梦想之光在其中闪耀，永不熄灭。

苏霍姆林斯基说："童心使我们能够和孩子融为一体。"班主任是真正的娃娃头、孩子王，与孩子们联系在一起，我们的心灵总是年轻的。大教育家裴斯泰洛齐曾这样深情地写道："我决心使我的孩子们在一天中没有一分钟不从我的面部和我的嘴唇知道我的心是他们的，他们的幸福就是我的幸福，他们的欢乐就是我的欢乐。我们一同哭泣，一同欢笑。"

每个班主任都应问问自己：我和学生有共同爱好吗？尽可能保持一些和学生的共同兴趣爱好，这绝不是一味地迁就学生，而是教育的需要。多一种与学生共同的兴趣爱好，便多了一条通往学生心灵深处的途径。当学生发现带他们去郊游并不仅仅是为了满足他们的愿望，而更多的是出于班主任自己的兴趣时，他们会不知不觉地把班主任当作朋友。在与学生嬉笑游戏时，班主任越是忘掉自己的“尊严”，学生越会对班主任油然而生亲切之情，而这正是教育成功的起点。

在班级活动中，我和学生们一起准备话剧表演。我没有像传统老师那样只做指导，而是积极参与角色选拔。最后我选择了一个搞笑的配角，和学生们一起排练。在排练过程中，我像孩子一样对剧本提出各种新奇的想法，比如加入一些搞怪的台词和动作。表演那天，我的表演逗得全场哈哈大笑，和学生们共同享受了欢乐的时刻，也让班级氛围更加融洽。每次话剧表演结束后，我组织学生进行讨论与反思，让他们分享自己在表演过程中的感受与收获，引导学生从思政教育的角度分析剧情中的人物关系、事件发展所蕴含的道理。例如，针对《将相和》的表演，我让学生讨论蔺相如的宽容大度和廉颇的知错能改对团队合作、国家稳定的重要性，以此加深学生对思政教育内容的理解与记忆，促使他们将这些理念内化为自身的价值观。

游戏时刻，操场变成了欢乐的战场。组织一场“长征接力赛”，孩子们分组扮演红军战士，跨越“草地”、翻过“雪山”、冲破“封锁线”。在奔跑与欢笑中，他们能真切体会到长征路上的艰辛，更能感悟到红军战士不畏艰难、团结一心的伟大精神，红色基因在幼小的身躯里缓缓流淌。

和孩子们一起做手工，是创意与思政交融的舞台。我和孩子们一起用彩纸折出和平鸽，放飞对世界和平的向往；用黏土塑造五星红旗，在指尖感受国旗的神圣与庄严。每一个作品，都是他们对国家、对和平的独特理解与表达。

我和孩子们一起布置教室，班级的文化墙是孩子们共同打造的思政天地。他们用画笔描绘祖国的壮丽山河，用文字书写心中的梦想与感恩。在这里，爱国之情、友善之心、奋斗之志熠熠生辉，照亮了整个教室，也温暖了每一个孩子的灵魂。

陶行知多次告诫教育者：“我们必得会变成小孩子，才配做小孩子的先生。”所谓“会变小孩子”，就是教师要尽量使自己具备“孩子的心灵”，用孩子的眼睛去观察，用孩子的耳朵去倾听，用孩子的头脑去思考，用孩子的兴趣去探寻，用孩子的情感去热爱。童心决定着爱心，而教育者拥有这样的童心，正是我们当好班主任所必不可少的“精神软件”！

在教育孩子的漫漫征途中，让我们怀揣一颗纯粹的童心，步入他们的奇妙世界，将思政教育化作涓涓细流，润泽稚嫩的心田。

爱心满溢，呵护成长

班主任宛如一位辛勤的园丁，用满满的爱心滋养着每一株幼苗。当学生在学习上遭遇挫折而沮丧时，我会送上温暖的鼓励，那话语如春日暖阳，驱散他们心头的阴霾，让他们重拾信心再次起航；当学生在生活中遇到困难，我又化身为守护天使，细心地询问、耐心地帮忙解决问题，无论是家庭困扰还是同学间的小摩擦，都在我的化解下烟消云散。在学生成长的道路上，我关注着他们每一个微小的变化，用爱陪伴他们度过青春的懵懂与迷茫，精心呵护着他们的自尊与自信，让他们在充满爱的环境里茁壮成长，向着光明的未来大步迈进。

育人先育心，感人心者，莫先乎情。教师要爱自己的职业，首先要有一颗爱心，有一颗爱学生的心。一个感情贫乏、冷若冰霜的教师给学生的印象常是严肃、可畏而不可亲的，学生难以产生敬仰之情，更不敢敞开心扉倾吐自己的衷肠，自然难以达到心理指导与教育的目的。那么什么是爱学生呢？爱就是尊重，尊重意味着信任、理解、宽容和接纳，充分地重视和欣赏每一个学生，耐心地倾听他们的意见，接纳他们的感受，包容他们的缺点，分享他们的喜悦……我深深地知道，一名好班主任，既是知识的塑像，更是爱的化身，只有接近学生，用爱去感召学生，才能教育好学生。因此，教师只有把爱的种子播撒在学生的心田，以学生的要求作为爱的起点，才能在学生的内心世界培养出爱的感情，并使之升华。

我班留守儿童小琪，父母常年在外打工，跟随年迈的爷爷生活，每天总是不梳头。我早上到校后第一时间给她梳理好头发，扎好小辫，还逐步教会小琪自己梳洗，和她谈心，让她学会照顾自己。小琪感受到了温暖，现在每天梳洗干净来上学，看到我时脸上总是洋溢着笑容，学习成绩也逐渐提高了。

班里有个调皮捣蛋的学生小赵，经常惹事，让其他老师头疼。但我没有责备他，而是细心观察，发现小赵其实很有正义感，只是用错了方式来吸引关注。于是我安排小赵担任班级纪律委员，时常鼓励他。在充满爱的引导下，小赵逐渐改掉了坏习惯，成为班级的积极分子。

学生小王，性格内向，父母常年在外务工，他跟随姥姥生活，总是独来独往。我经常在课间找他聊天，耐心倾听他的心声。有一次小王生病请假，我放学后去看望他，顺便为他辅导落下的功课，还安排了两名同学和他一起做游戏、一起学习。小王逐渐开朗起来，和同学们的关系也变得融洽了。

这三个案例说明思政教育绝非抽象空洞的说教，而是如涓涓细流，渗透于对学生的爱心呵护与成长关怀之中。

当学生在学习上遭遇挫折、情绪低落时，作为班主任不应只是简单地批评或给予冰冷的建议，而应以关爱之心耐心倾听他们的困扰，用温暖的话语鼓励他们勇敢面对。其中就蕴含着思政教育中的挫折教育理念，让学生明白坚持与努力的价值，培养他们坚韧不拔的意志品质。在生活中，若是学生之间发生矛盾冲突，教师应引导他们换位思考、相互理解与包容，这便是在传递人际交往中的和谐友善价值观，使学生学会尊重他人、关爱集体，促进他们社会性的良好发展，为他们成为有担当、有责任感、品德高尚的社会公民奠定坚实的基础。

爱自己的孩子是人，爱别人的孩子是神。细微的爱能感动学生，所以我更加热爱学生。热爱学生是班主任做好教育工作的力量源泉和精神动力。对学生有了爱就有了责任。师爱似春雨，滋润学生的心田。用爱心去引导、包容、教育、感染每一个孩子，细心呵护，使他们健康成长。

责任于心，使命在身

班主任是班级的灵魂人物，如同航海中的船长，引领着班级这艘大船破浪前行。从清晨的第一声问候，到夜晚查寝后的安心离去，我的目光始终追随着每一位学生。班级秩序混乱时，我是公正的裁判员，用责任维护公平，让秩序重回正轨；学生情绪低落时，我是知心的陪伴者，使命驱使我打开学生的心结，让温暖的阳光照进他们的心灵。无论是组织班级活动，还是处理棘手的学生矛盾，我都将责任化作力量，把使命融入行动，为学生的成长遮风挡雨，为班级的发展呕心沥血，成为学生青春路上最坚实的依靠。

班主任在面对很多突发情况时，必须掌握好教育管理的机制，要有责任和担当。小学阶段的孩子们更关注班主任在“做什么”，所谓看人看事看细节。作为班主任，要将到教室门口、到课后的操场多走走看看变成一种“巡视”常态。把问题及时消灭在萌芽中，让学生看到老师后放心、安心。班主任要在学生需要时，当好学校里最亲近的“家长”，及时解决孩子们心中的困惑和难题。

在我的班上有一个孩子叫小花，她是一个性格内向但又叛逆的孩子。在一次以“最爱的父母”为主题的习作课上，小花一个字都没有写。为了拯救这个班级“落跑者”，我利用课余时间去小花家做了一次家访。通过家访，我了解到小花是一个留守儿童，父母外出打工，只剩小花和祖父相依为命。我通过小花的祖父与小花的父母取得了联系，向他们讲明了小花的情况，并请他们写了一封家书给小花。

随后我组织了一次名为“父母心”的主题班会活动，以视频的形式展示了多个父母为子女无私付出的小故事。在视频结束之后，我对学生们说：“可怜天下父母心，天底下的每一个父母都是爱自己的孩子的，只是有时候由于某些原因他们不得已才离开自己的孩子，如果因此被自己的孩子误解，那他们就是世界上最委屈的人了。不久前，我收到了一位母亲写给孩子的信，她希望我转交给她的孩子，并代她说一声‘我爱你’。”随后，我在同学们期待的眼神中走向小花，在她诧异的目光下把信郑重地交给了她。

在接下来的教学过程中，我发现小花的课堂学习状态有明显好转，回答问题也变得积极起来。这是一件小事，可对孩子来说却有着难以估计的重量。

所以我们要关注学生的思想动态，及时发现并解决学生在成长过程中出现的思想问题，特别要关心学生的心理健康，对有心理压力或情绪问题的学生，给予及时的疏导和帮助，让学生感受到温暖和关怀，培养他们感恩的意识、积极乐观的心态和健全的人格。

我关注学生个体差异，鼓励性格内向和学习困难的学生，传递平等与包容的价值观；开展主题班会，如爱国故事分享会，激发学生的爱国情怀；组织社会实践活动，如社区志愿服务，培养学生的社会责任感和奉献精神；日常言传身教，以严谨负责的工作态度为学生示范，让学生明白敬业的重要性。以此，在日常点滴中渗透思政教育，助力学生成长。

新的时代向我们提出了新的要求，新课程向我们提出了新的理念。我们要用真心、动真情、敢担当，做好班主任工作，不放弃任何一个孩子，这是我们的责任。

公正存心，一视同仁

班主任的公正心是指在对待班级所有学生时秉持公平、正义的态度。在奖励方面，公正心体现为依据学生的真实成绩、表现给予表扬、荣誉等，不能因个人喜好偏袒某些学生。我在评选优秀学生时，完全按照客观的成绩、品德、参与活动的贡献等标准进行筛选。在惩罚方面，不管是平时表现好还是差的学生，只要违反了班级规则，我都一视同仁地进行批评或给予合适的处罚。有两个学生发生冲突，我不会因为对某个学生的印象好坏而判定责任，而是根据事实公正处理。在资源分配上，像学习资料、活动机会等资源，我平等地考虑每个学生的需求和能力，不凭关系或偏见分配。

班主任要意识到自己可能存在的潜意识偏见，如对成绩好的学生或者性格活泼的学生更容易产生好感。当处理学生问题或评价学生时，要主动提醒自己不能受这些偏见影响。我在选拔班干部时，不只是考虑那些平时比较活跃的学生，而是关注到每一个有能力、有责任心的学生。我对学生进行全面了解，避免仅凭第一印象或者单一事件就给学生贴上标签。我通过观察学生在不同情境下的表现、与其他同学的相处方式、家庭背景等多个方面来认识学生，确保对每个学生的判断都是基于充分的了解。

我在涉及班级重要事务，如评优评先、选拔班干部等过程中，要让学生清楚整个流程。我通过班会等形式向学生公布评选标准、候选人条件、投票方式等细节，并且在过程中接受学生的监督，对于学生的质疑，我及时、耐心地解答。如果在处理过程中发现确实存在不公正的情况，我勇于纠正，向学生表明自己公正处理的态度。在遵守规则过程中，做到公正无私，我绝不偏袒任何学生，无论是优秀生还是后进生，一旦违反规则，都要按照规定进行相应处理，让学生明白规则的严肃性和权威性。

孩子们都有一颗向善的心，如果我们能在教学过程中，摒弃原有的偏见，以欣赏的眼光公平公正地看待学生的每一个小进步，及时地给予鼓励，那么这个小小的步子迟早会变成一个大大的进步。老师组织的每一个活动，说过的每一句话，做出的每一个举动，在孩子看来都是一种指引方向的信号。世界上没有两个完全相同的学生，所以班主任的公平公正、一视同仁是非常必要的。

进入新时代，党中央坚持把立德树人作为教育的根本任务。作为班主任，我们更是肩负着为党育人、为国育才的神圣使命。班主任工作要始终围绕“爱与责任”这一理念，对照教师职业道德开展班级管理工作。在班级管理和教育教学中以学生为主体，多管齐下，用爱和责任引领学生健康成长。

班主任工作是一个春风化雨、润物无声的过程，可谓是“任重而道远”。不过在这条路上，我将怀揣着我的“四心”，继续在这广袤的花园里奋斗终身，保持心里的一份热爱，保持心里的一份阳光。不忘初心，方得始终。

以德润心　以文育人

——语文课程与思政教育共育共进

陈　玥

人物扫描

陈玥，济南市商河县文昌实验小学语文教师。荣获2023年山东省教育教学信息化交流展示活动一等奖。主持商河县教育科学规划课题。

党的十八大以来，党中央始终坚持把学校思政课建设放在教育工作的重要位置。

中小学课程思政建设，是大中小学思政课一体化的重要组成部分，旨在坚持立德树人，将思想政治教育有机融入教学活动全过程，通过课程教学实现育人目的，培养学生全方位的思想政治素养。我国历来有“文以载道”的说法，语文作为一门人文学科，正是它的人文性与审美性赋予了语文学科实施课程思政的独特优势。作为语文教师，应从思政视角出发，在教授知识的同时，对学生进行情感启发，进一步加强对立德树人教学原则的贯彻，引导学生塑造优秀品德，养成良好的行为习惯。

小学是学生价值观形成的关键阶段，语文教学对于传承中华优秀传统文化、根植爱国主义信念发挥着重要作用。培养社会主义建设者和接班人，首先要培养学生的爱国情怀，要把青少年教育作为爱国主义教育的重中之重，将爱国主义精神贯穿于教育全过程。

播撒红色种子，思政建设浸润心田

春天是播种的季节，只有在春天辛勤耕耘，才能在秋天收获丰硕果实！思政教育也不例外。在幼年时期对学生进行思政教育至关重要，而作为一名语文老师，如何打造充满红色文化气息的小学语文课堂，如何把爱国主义的种子播撒到每个孩子的心灵深处，是值得我深入探索的。对，就从心中的那抹中国红开始，它炽热如焰、深邃如血，它是信仰的颜色。

随着上课铃声响起，我步入教室，面对新一年级的孩子们，第一节语文课的“破冰行动”开始。“孩子们，你们过年最开心的事可以告诉老师吗？”我轻声问。不出所料，大家都认为可以收红包是一件开心的事。我便追问：“当你美滋滋地拿到压岁钱的时候，你有没有注意到那粉红色的纸币上有一位很慈祥的老爷爷呢？”

“我知道，那是毛主席！”

“对，他就是带领人民创建中华人民共和国的毛主席。毛主席的名字叫毛泽东，因为他曾经是咱们国家的领导人，所以我们都很尊敬地叫他毛主席。在中华人民共和国还没有成立的时候，百姓生活困苦，总是被人欺负，吃不饱也穿不暖。毛主席就带领大家一起努力，创建一个美好的国家，经过了几十年的时间，大家终于打跑了侵占我们国家的坏蛋，打败了欺负百姓的敌人。中华人民共和国就在这时候成立了……”

孩子们听得津津有味，《我爱我们的祖国》这篇课文拉开了序幕。我利用多媒体播放了一系列图片和视频，带着孩子们一起浏览祖国的山川大河、名胜古迹，甚至还有中国航天员在太空中的身影。当我问孩子们：“你们知道这些地方吗？你们爱不爱我们的祖国？”孩子们眼中闪烁着兴奋和自豪，纷纷举手回答：“我爱我的祖国，因为我们有长城！”“我爱我的祖国，因为我在天安门城墙上看到了毛主席的照片！”“我爱我的祖国，我去过首都北京……”他们说的这些话，使我深刻认识到，在低学段开展家国情怀思政教育的巨大意义。孩子们的情感是最为纯粹的，他们对祖国的热爱没有太多的修饰，简单、真诚。

那一刻，我真正感受到了他们对祖国的热爱并非抽象的概念，而是与生活息息相关，甚至可以从他们口中的“长城”与“天安门”看出他们对这些祖国象征的崇敬。通过展示图片和视频，孩子们不仅看到了祖国的美丽，也感受到了祖国的强大。对他们来说，祖国不仅仅是一个词语，更是一片能够带给他们希望与力量的土地。

在少先队入队仪式上，孩子们穿着整洁的校服，佩戴着鲜艳的红领巾，站在神圣的队旗下，举起右手，庄严地宣誓。那一刻，他们的心中充满了对少先队组织的敬仰和对祖国的热爱。也许他们还不懂什么是共产主义事业，但爱国爱党的种子已经埋在每个幼小的心灵深处。

步入二年级后，我们学习了《刘胡兰》这篇课文，孩子们在文中画出刘胡兰宁死不屈的语句，并着重分析狱卒的话语，体会“不说就枪毙你”的紧迫感，我利用多媒体技术播放紧张压抑的音乐进行氛围渲染，让学生深刻领会刘胡兰的勇敢无畏。学习过后，孩子们回忆起一年级入队时，胸前佩戴的红领巾，更深刻地理解了红领巾是革命先烈用鲜血染红的，它代表着一种精神、一种力量、一种传承。在讲授新课的过程中，有的孩子陷入沉思，有的孩子热泪盈眶。总结时，小班长说："我们现在生活在和平、幸福的环境中，更应该珍惜这来之不易的生活。同时，我也要好好学习，不断提高自己。"

课堂结束后，很多孩子围在我身边继续讨论他们的想法。课后的家长反馈也让我感到非常温暖。有家长说："孩子今天回家跟我讲了好多关于刘胡兰的故事，自己下定决心要更勇敢、更坚定！恰好我也是党员，也提醒孩子要珍惜现在的和平生活，铭记历史，传承红色基因！"

厚植家国情怀，注重时代角色体验

不久前，网络上流传过一段小学生在语文课上声泪俱下地朗诵革命英雄人物事迹的视频，广大网友纷纷送出鼓励、给予支持。那是真正有感情的朗读，深深地感染着每一个人。那一刻，我们看到了一个怀家国之心、担时代重任的少年。在进行语文教学时，我注意对文章时代背景的把控，确保能够将创作背景融入教学工作当中，帮助学生在具体的时代背景下对教材中的思政元素有更深层次的理解，真正发挥思政元素的教育价值。同时，我通过红色话剧等互动活动，更加直观地将学生代入那个时代的历史背景，让学生们更加真切地感受革命先辈面临的生死挑战。

教学《为中华之崛起而读书》这篇课文时，我首先对当时的社会环境做深入介绍："清朝末年，清政府腐败无能，中华大地内忧外患，动荡不安，人民处于水深火热之中。在1910年的春天，周恩来独自来到奉天求学……"随后，我组织孩子们表演课本剧《为中华之崛起而读书》。台上表演的同学全身心地投入到表演中，忘记自我，完全沉浸在角色的世界。说台词比读课文更感人，举手投足间都充满了真实感和感染力。小演员们能够准确地把握角色的情感变化，并通过细腻的表演将其传达给台下观看的同学。例如，在表现周恩来目睹同胞受欺凌的愤怒，和下定决心要将祖国和人民从苦难中拯救出来时，孩子们能够很好地用眼神、语气和动作来展现这种复杂的情感。

此次演出再现清朝末年中国人民受列强欺凌的历史场景，同学们深刻体会到当时中华民族的屈辱和苦难，目睹了同胞受洋人欺凌却无处说理的现实，深刻体会到“中华不振”的含义，从而立下“为中华之崛起而读书”的志向。孩子们感受到了周恩来的爱国情怀和民族责任感，感受到了民族的觉醒。爱国的种子在他们心中生根发芽、茁壮成长。那一刻，孩子们似乎懂得了什么是爱国，什么是民族自信心！它激励青少年要立志报国，努力学习科学文化知识，为实现中华民族伟大复兴贡献自己的力量。

通过小学四年的学习，同学们更加明确了自己的责任和使命。这份责任感和使命感将伴随他们一生，激励他们不断前行，为实现中华民族伟大复兴而努力奋斗。

培育理想信念，唤醒革命历史记忆

对于 21 世纪出生的孩子来说，上个世纪的枪林弹雨显得太过遥远，而我们身边的红色资源更像是见证历史的“清醒剂”和坚定理想信念的“营养剂”。在语文教学中，我充分利用本土红色资源，引领学生在课堂教育与红色遗迹中自由穿行，搭建起现实与历史的桥梁，唤醒学生对革命历史的记忆，对红色基因的传承。

（一）思政领航，润物无声

六年级上学期，我们学习了《七律·长征》，这是最典型的“诗史合一”的例子，毛主席以诗词记录了长征这一历史上的伟大壮举。

课堂上，我问孩子们：“自从盘古开天地，三皇五帝到于今，历史上曾经有过我们这样的长征吗？”孩子们回答：“没有！”

“两年光阴中间，天上每日几十架飞机侦察轰炸，地下几十万大军围追堵截，路上遇到说不尽的艰难险阻，我们却仅凭双脚，长驱二万五千里，纵横11个省。请问历史上曾有过我们这样的长征吗？”孩子们坚定地回答：“没有！”

课后，我决定带孩子们“走出课本”。商河县贾庄镇长征精神展览馆，位于贾庄镇孟庄铺村，是目前山东省唯一一座以“长征”为主题的专题性展览馆，是集开展党史学习教育、强化素质拓展、弘扬红色文化等功能于一体的综合性党史教育实践活动基地。展览馆通过丰富的历史照片和珍贵的长征文物，辅以现代声光电等展示形式，真实再现了艰苦卓绝的红军长征光辉历程。展览馆设有“摆脱包围，战略转移”“万里长征，浴血奋战”“攻坚克难，胜利会师”“数字长征，历史丰碑”等多个展览单元，深刻诠释了伟大的长征精神。

孩子们对参观长征展览馆充满期待和热情。在前往展览馆的路上，他们兴奋地讨论着即将看到的历史文物和展览内容，表现出对长征历史浓厚的兴趣。到达展览馆后，一下车，他们更是迫不及待地想要深入了解长征的艰辛历程和伟大精神。

走进长征精神展览馆，展厅里的油画、雕塑、老物件一一展现在我们面前，再现了当年红军将士们不畏艰险，克服重重困难，最终顺利会师的场景。我们深切地感受到红军战士们对革命事业的无比忠诚与对党和国家的坚定信念。

在参观过程中，孩子们认真聆听讲解员的讲解，仔细观看展览文物和图片，面对一件件珍贵的历史文物、一幅幅生动的历史画面，他们被深深触动。他们或凝视着展品沉默不语，或眼含泪光，被那段艰苦卓绝的革命岁月深深打动。许多学生表示，这次参观让他们更加直观地感受到了先辈们为国家独立、民族解放所付出的巨大牺牲。有些同学还主动向讲解员提问，以获取更多关于长征历史和人物的信息。甚至有些孩子还在笔记本上认真记录展览中的重点内容，以便日后回顾和学习。

雄关漫道真如铁，而今迈步从头越。一代人有一代人的使命，一代人有一代人的担当。参观归来后，孩子们纷纷写下感悟：我们享受着先辈们用鲜血换来的来之不易的幸福生活，更要努力学习，用知识武装头脑，在不久的将来成为建设祖国的中流砥柱，让五星红旗永远在灯塔飘扬，谱写中国特色社会主义新篇章！

（二）知史鉴今，忆苦思甜

每次讲到《狼牙山五壮士》一课都恰逢9月18日这个特殊的日子，上课前我都会利用多媒体播放一段央视网介绍“9·18”的视频。看完后再结合课本中五位壮士的英雄事迹进行深入讲解。我引导学生们思考五位壮士在狼牙山上所展现的英勇无畏和不怕牺牲的精神。此刻，“以史为鉴，勿忘国耻，吾辈自强，振兴中华”的信念回荡在每个人心中。

《狼牙山五壮士》的故事发生在抗日战争时期，大多数同学对抗日战争已经有所了解。在课前预习小纸条上，同学们纷纷写下自己所知道的有关抗日战争的知识。

“我知道‘九·一八事变’，发生在1931年9月18日。这一天，日本驻中国东北地区的关东军突然袭击了沈阳，以武力侵占东北。”

“我知道‘七七事变’，是日本继‘九·一八事变’后，对中国发动全面侵略战争的起点，也拉开了中华民族全面抗战的序幕。”

“我知道抗日战争中涌现出了许多英勇的抗日英雄，如杨靖宇、赵一曼、狼牙山五壮士等。”

课堂上孩子们还分享了抗日小英雄的故事，例如，王二小的故事。“他的家乡是八路军抗日根据地，经常受到日本鬼子的扫荡。有一天，日本鬼子又来扫荡，走到山口时迷了路。敌人看见王二小在山坡上放牛，就叫他带路。王二小装着听话的样子走在前面，为了保护转移的乡亲，把敌人带进了八路军的埋伏圈。敌人知道上当后，气急败坏之下，将王二小用刺刀刺死了。八路军从山上冲下来，消灭了全部敌人……”

“老师，我还知道雨来的故事。雨来是一个聪明伶俐的孩子，他热爱学习，更热爱祖国。一次，日本鬼子来到雨来的家乡进行扫荡。为了掩护交通员李大叔的安全，雨来机智地将他藏在了自家的地洞里。当敌人发现雨来并对他进行拷问时，雨来始终坚贞不屈，没有透露任何信息。他的勇敢和坚韧，让敌人也感到敬佩。”

作为老师，我不禁为之感动：“亲爱的同学们，今天老师特别感谢这几位讲述故事的同学。他们分享的这些抗战小英雄的故事如同一串串璀璨的珍珠，串联起那段波澜壮阔的抗战历史，让我们仿佛置身于那个烽火连天的年代，目睹了那些稚嫩却坚毅的身影，如何在枪林弹雨中书写着不朽的传奇。谢谢他们的分享！”

这种延伸课文内容的方式不仅能够进一步拓展学生的阅读范围，丰富学生的精神和情感世界，还能够发挥出思政教育的实际价值。孩子们对课文内容有了更新的认识和更深的理解。

课后，通过查阅资料，我了解到当地的商河县麦丘文化博物馆是军转退休干部杨培卿历经十几年，亲自搜集藏品、花费近300万元建成的，其中就陈列了有关抗战时期的展品。于是，我决定带领孩子们前去参观学习。

走进博物馆，首先映入眼帘的是一架巨大的战斗机，孩子们脸上露出惊奇、兴奋的神情。随着讲解员的解说，孩子们知道了这是抗美援朝期间商河县干部群众捐款15.33亿元（旧币）购买的“商河号”战机同型号战机，它见证了商河人民全力支前的光荣历史。随后，同学们了解了“大刀、长矛对机关枪”的抗日战争，并认识了一位和商河有密切联系的抗战英雄——萧华。他们被每一个藏有故事的展品深深吸引，通过参观学习，更懂得要珍惜现在的美好生活，厚植爱国爱党情怀。

参观结束后，学生们纷纷与同伴、老师交流自己的心得和感受。他们分享着在博物馆中的所见所闻，讨论着历史与现实的联系，以及对未来的憧憬。

深耕文化沃土，续写语文思政新篇

做好语文课程与思政教育的融合，要深入贯彻落实党的二十届三中全会精神，牢牢把握教育的政治属性、人民属性、战略属性，努力“守好一段渠、种好责任田”。

永远做学生成长路上的守望者，是教师最深沉的师德底色。在语文课程与思政教育的深度融合中，我们共同踏上了一段意义非凡的知识之旅与心灵之旅。全环境育人的教育理念对教师提出了更高的期待，惟其艰难，方显勇毅。“胸藏万汇凭吞吐，笔有千钧任翕张。”语文是全方位的、多元的、开放的，是来源于生活的，课程思政也是如此。学无止境，弦歌不辍，行之有道，芳华待灼。教师不仅仅是一份职业，还是我人生的事业，我将继续扎根一线，以思政为导航，用爱心去经营，自觉做“四有”好老师、新时代的“大先生”。

坚守教育初心，立足三尺讲台，自觉担当起培养堪当民族复兴大任的时代新人的使命，不负党和国家的重托。

最后，让我们以更加饱满的热情和更加坚定的信念，迎接新的挑战与机遇，让语文课程与思政教育的融合之花在每个学生心中绽放得更加灿烂！

税法课堂的思政之光：我的教学探索与实践

李年乐

人物扫描

李年乐，中级会计师、税务师，山东省济南商贸学校财务专业课教师。荣获历下区优秀班主任、济南市教学能力大赛二等奖、济南市优质课二等奖等荣誉。多次辅导学生参加各种财税类技能大赛，获“衡信杯”全国（中职组）个税师精英挑战赛团体一等奖。

2011 年，我怀揣着对教育的热情和对财会专业的深厚感情，踏上了这片充满希望的讲台。时光荏苒，转眼间，我已经在这里度过了十多个充实而富有挑战的春秋。

记得刚开始教“税收基础”这门课程时，我常常陷入一种迷茫的状态。税收，这个宏观财政的范畴，对于中职学生来说，既抽象又枯燥。法律条文、税率、税额计算、税收优惠政策……这些内容似乎与学生的日常生活相去甚远，难以激发他们的学习兴趣。我试图用各种方法来活跃课堂气氛，但效果总是不尽如人意。

直到有一天，我在课后与学生闲聊时，问起他们：“你们觉得税收与你们的生活有什么关系吗？”学生们的回答让我大吃一惊。有的说：“税收不就是国家收我们的钱吗？”有的说：“我们交的税都去哪儿了？”这些看似简单的问题，却让我意识到，我的教学还远远没有触及学生的内心，没有让他们真正理解税收的意义和价值。

那一刻，我开始反思自己的教学。我意识到，作为一名教师，不仅要传授知识，更要引导学生思考，培养他们的批判性思维能力，让他们形成正确的世界观、人生观、价值观。而这一切，都离不开课程思政的引领。

真知如烛照心灵，思辨启航探奥微

我深入研究了“税收基础”这门课程的特点和教学目标，发现税收虽然属于宏观财政的范畴，但每一条法律法规的背后都蕴含着深刻的思政元素。因此，我在授课时，不再仅仅局限于法律条文和税额计算，而是从宏观（国家）、中观（行业与企业）、微观（个人）三个层面去剖析税收所蕴含的人文素养、家国情怀以及科学精神。通过深入挖掘教材中的思政资源，将税法与国家利益、行业利益和个人利益紧密联系起来，我引导学生思考税法背后的法理逻辑和立法基本原则，让他们理解税收政策对经济社会和个人生活的影响。

（一）以典型案例为引，点亮学生“爱国护税”之心

一开始我尝试在讲课过程中引入学生在日常生活中能接触到的典型案例，将抽象的税收知识与学生的日常生活相结合。在讲解税收的作用时，我列举了许多他们熟悉的公共服务，比如宽敞的大马路、夜晚的路灯、九年义务教育的实施等。这些服务的背后，都离不开税收的支持。通过讲解税收“取之于民，用之于民”的特点，学生逐渐理解了税收与民生福祉的密切关系。他们还意识到，自己缴纳的税款其实是在为国家的发展做出贡献，是在享受着国家提供的公共服务。这种认识让学生更加珍惜自己的纳税义务，也更加热爱自己的祖国。

有一次，我选取了社会上热议的电商主播偷税案例。这个案例不仅为课程增加了现实感和时代感，还极大地调动了学生的学习兴趣。该主播通过设立多个个人独资企业和合伙企业，虚构业务，将自己直播带货所得的佣金和费用以企业经营所得的形式进行虚假申报，最终逃税。我引导学生从税法要素和政策原理的角度，分析主播的行为动机和违法后果。通过讨论，学生深刻认识到诚信才是立足的根本，依法纳税是每个公民应尽的义务，偷税行为不仅违法，还会损害国家利益和社会公平。

除了电商主播的案例，我还提到知名影星的“阴阳合同”事件。她通过拆分合同隐瞒真实收入，最终也逃避了应缴的税款。通过这些反面教材，学生们更加明确了法律的底线和纳税的义务。

在讲授税收优惠政策时，我为学生介绍了近年来国家出台的一系列减税降费政策。国家为了激发市场主体活力、助力经济发展，出台了很多税收优惠政策。我引导学生分析这些政策背后的逻辑和意图，让他们理解国家在征税时兼顾经济发展和社会公平的做法。通过对这些案例的剖析，学生感受到了中国特色社会主义制度的优越性，增强了对党的方针政策的信心。他们更加坚定地相信，只有在中国共产党的领导下，才能实现国家的繁荣富强和人民的幸福安康。

通过引入典型案例，将思政元素无痕地融入课堂，陌生的条文规定变得

不再抽象和枯燥，而是变得具体和有趣。课堂逐渐变得有吸引力，学生也开始积极参与到课堂讨论中来。我不仅让学生们学到了专业知识，更在他们心中植入了“社会主义法治”“依法纳税”和“爱国护税”的观念，引导学生塑造了正确的价值观。

（二）借讨论活动之力，铸就学生“依法纳税”之魂

在我的教学旅程中，总有一些时刻让人难以忘怀，比如那次“税法大白话”系列主题讨论活动。那是一个充满活力的春日午后，阳光透过窗户，洒在每一个专注而兴奋的脸庞上，我和我的学生们正共享一场别开生面的知识盛宴。

“同学们，今天我们要来一场特别的讨论！”我站在讲台上，满怀激情地宣布。教室里瞬间炸开了锅，学生们纷纷交头接耳，好奇地猜测着接下来的活动内容。我微笑着，心中充满了期待。

我给他们布置了一个有趣的任务：每个小组需要用一句接地气的话来解释一个税种，并搜寻相关材料来说明国家为什么开征这个税。这个任务不仅考验他们的专业知识，更是一次将课程思政理念融入实践的绝佳机会。

活动开始了，教室里充满了热烈的讨论声。在“税法大白话——资源税、环境保护税”主题讨论中，一个小组的学生自信满满地站起来，用朴实无华的语言解释了资源税和环境保护税：“资源税，就是向那些开采资源的企业收的税；环境保护税，则是向那些污染环境的单位收的税。”他们接着阐述了国家开征这两种税的重要意义，引用了习近平总书记的“绿水青山就是金山银山”的理念，强调了生态文明建设的重要性。也有学生说：“资源税，就是国家向那些开采自然资源的企业收的‘保护费’，提醒我们要珍惜资源，保护环境。”这样的解释既生动形象，又寓意深刻。他们的发言精彩纷呈，赢得了阵阵掌声，让我看到了他们对专业知识的深入理解和对国家政策的深刻认识，我深感欣慰。

活动进行得如火如荼，学生们一个个跃跃欲试，争相发言。他们不仅锻炼了沟通能力，培养了团队合作精神，更在讨论中深化了对专业知识的理解，

提升了思政素养。我看着他们热情洋溢的脸庞，心中充满了自豪和喜悦。

这次讨论活动不仅是一次知识的碰撞和交融，更是一次心灵的洗礼和升华。它让我深刻体会到，将课程思政理念融入专业教学是多么重要和必要。通过这样的活动，我们不仅能够传授知识，更能够引导学生形成正确的世界观、人生观、价值观，培养他们的社会责任感和家国情怀。

当我宣布活动结束时，教室里响起了雷鸣般的掌声。我知道，这次活动已经在学生们心中留下了深刻的印记。他们不仅学到了专业知识，更在思辨中成长，在交流中进步。而我，也在这场活动中收获了许多宝贵的经验和感悟。

从此以后，“税法大白话”系列主题讨论活动成为我课堂上的一个亮点。每当提起这个活动，学生们总是津津乐道，充满期待。

知行合一践初心，实践锤炼意志坚

除了课堂上的理论教学外，我还非常注重实践实训活动的组织。我深知，专业课的学习在于解决实际问题，只有通过组织各种实践实训活动，让学生将所学知识应用于实际操作中，才能真正培养他们的动手能力、自主学习能力和解决问题的能力。

（一）借个税实操之机，培育学生“责任担当”之识

个人所得税的教学，便是我记忆中一颗璀璨的明珠。在讲授“个人所得税”这一章节时，我决定打破传统的教学方式，给学生们布置一项既实用又充满挑战的任务：让他们自己上网搜索个人所得税汇算清缴的操作流程，并利用课堂上所学的专业知识，在个人所得税APP上帮助家长进行实际操作。

任务布置下去后，我看到了学生们眼中的兴奋与好奇。他们纷纷打开网页，开始认真地查找资料，学习操作流程。那一刻，我仿佛看到了知识的种子在他们心中生根发芽，茁壮成长。

几天后，我收到了学生们的反馈。他们兴奋地告诉我，通过实际操作，不仅掌握了个人所得税汇算清缴的流程，还帮助家长节省了税款。张明轩同

学自豪地说："我帮妈妈节省了1000多元的税款。"那一刻，他感受到了学习的价值和意义。

听到这些反馈，我的心中充满了欣慰和自豪。我知道，这不仅仅是一次简单的实践操作，更是一次深刻的思政教育。通过这次活动，学生们不仅锻炼了动手能力和自主学习能力，更重要的是，他们体会到了作为一名财务专业学生的责任感和使命感。他们开始意识到，自己所学的知识不仅仅是为了应对考试，更是为了服务社会、造福人民。

（二）依仿真平台之基，塑造学生"精准报税"之能

在"企业所得税"实训课堂上，我引入了先进的仿真报税平台，旨在让学生们亲身体验纳税申报的全过程。每当学生们完成一个精心设计的案例申报后，都可以通过点击评分按钮，即时获取自己的得分反馈。这样的设计，不仅能够让学生们迅速了解自己的学习成效，还激发了他们追求卓越的动力。

如果得分不尽如人意，平台还具备一个强大的辅助工具——成绩查询功能。这个功能就像是一面镜子，清晰地反映出学生们的每一个失分点。我鼓励学生们根据这些失分点，逆向追溯自己的操作过程，勇敢地去"发现问题"。

一旦问题被找到，接下来便是"提出问题"和"分析问题"的关键步骤。我引导学生们深入思考每一个错误背后的原因，鼓励他们运用所学理论知识，去剖析、去解构。这个过程虽然充满挑战，但却是培养学生逻辑思维和问题解决能力的绝佳机会。

最后，当学生们找到了问题的根源，他们就可以着手"解决问题"了。他们需要根据分析出的原因，逐一更正之前的错误，并再次提交案例以供评分。每一次更正，都是一次成长，每一次重新评分，都是一次自我超越。就这样，在无数次练习和修正中，学生们逐渐掌握了企业所得税的纳税申报流程，最终取得了满分的成绩。这样的实训不仅仅是一次技能的锻炼，更是一次思维的洗礼。

在实训的尾声，我借此机会向学生们讲述了税收对于国家的重要性，以及我们作为公民应该承担的责任和义务。我说道："税收是国家发展的基石，是每一个公民都应该支持和参与的伟大事业。正确申报纳税，在帮助企业规避涉税风险的同时保障国家的税收，它关乎着国家的经济发展和社会公平。你们今天所学习的，不仅仅是一门专业课程，更是一份对国家和社会的责任。"学生们静静地听着，眼中闪烁着坚定的光芒。我知道，这一刻，他们已经将课程思政的理念深深地烙印在心中。而我，也在这场实训中，找到了那份作为教师的成就感和满足感。

价值引领展宏图，德才兼备耀星辰

在我的教育生涯里，"学高为师，身正为范"不仅是我的职业信条，更是我不断前行的动力源泉。作为一名财务专业课教师，我深知在这个日新月异的时代，只有不断学习，才能跟上时代的步伐，才能更好地引导学生，培养他们成为未来的栋梁之材。

工作之后，我并未满足于现状，毅然选择了继续深造。2017 年，我顺利考上了研究生，开始了为期三年的学历提升之旅。这段经历不仅让我的专业知识更加扎实，更让我学会了如何在学习中不断探索、反思，如何将所学知识运用到实际教学中去。

2020 年，我以优异的成绩考取了中级会计师证书，这是对我专业能力的一次肯定，也是对我不断学习、不断提升自我的鼓励。随后，在 2023 年，我又顺利通过了税务师考试，这标志着我在财务领域的专业知识又迈上了一个新的台阶。然而，我并未止步，我迅速制订了考取注册会计师的计划，并正在朝着这个目标努力前进。

专业能力的提升将更好地服务于我的教学。通过学习，我不断汲取专家、名师的优秀做法和教学经验，然后在教学过程中不断探索、反思，总结出一系列有效实用的教学方法。我始终致力于探寻高效、有活力的课堂，不断加强将课程思政理念融入专业教学之中，让学生在掌握专业知识的同时，也能感受到思政教育的力量。

同时，我也非常注重提升自己的业务能力。从最初的照本宣科，到现在的侃侃而谈、重新整合教材内容、构建知识框架体系、巧妙融合课程思政、高度凝练总结知识点、纠正陈旧教材中的错误，再到参与编写教材，我的业务能力一直在不断提升。因为我知道，只有我自己不断学习、不断进步，才能更好地引导学生，成为他们成长道路上的引路人。

在我的带动下，学生们积极参与各种技能大赛，我们师生教学相长，共同进步。在“衡信杯”全国中职院校财税技能大赛和“衡信杯”全国个税师精英挑战赛（中职组）中，我们师生共同努力，取得了优异的成绩。这些荣誉不仅增强了学生学习专业课的信心，更是对我教学理念和方法的认可。

如今，站在讲台上，我深知自己肩负的责任和使命。我不仅要传授专业知识，更要引导学生树立正确的价值观和人生观。我希望通过自己的言传身教，让学生学会如何做人、如何做事，如何在未来的道路上勇往直前、不断攀登。因为我深知，“桃李不言，下自成蹊”，做一个能在讲台上散发知识和智慧光芒的老师，就是对学生最好的教育和指引。

爱心浇灌育桃李，教育热忱绘春秋

作为一名教师，从教十几年以来，我始终本着爱学生、爱专业、爱本职工作的初心，践行着教师的使命。这份爱，不仅仅体现在我对专业知识的不断钻研上，更展现在我与学生的日常相处中。记得那是给 2021 级职教高考班的毕业生上的最后一堂课，看着这些即将离开校园，走向人生新阶段的孩子们，我的心中充满了不舍和祝福。我告诉他们，人生就像一场马拉松，高考只是其中的一个阶段小结，无论成绩如何，都不是人生的终点。只要他们能够坚持不懈地努力，人生就有无限种可能。我鼓励他们，无论以后遇到什么困难，都要坚信那只是暂时的，一切都会过去，要坚强地面对。我叮嘱他们，只要他们愿意，我永远都会在这里等着，为他们答疑解惑。

说到这里，看到学生们的眼睛里都泛着不舍的泪花，我自己也湿了眼眶。那一刻，我深深地感受到了我和学生们之间情感相通，也相信他们感受到了我的爱和关怀。

这次经历让我更加深刻地体会到了教育的意义和价值。教育不仅仅是传授知识，更重要的是培养学生的品格和情感。作为教师，我们要用爱和关怀去滋润学生的心田，让他们在学习知识的同时，也能够学会感恩、学会坚强、学会面对生活中的挑战和困难。这就是我一直所追求的，用爱去影响每一个生命，让他们在未来的道路上，能够带着这份爱，勇敢地走下去。

教育反思明灯塔，课程思政铸辉煌

在教育这条漫长而充满挑战的道路上，我逐渐明白了一个深刻的道理："教育"不仅仅是"教书"，更是"育人"。教书与育人，这两者应该是相互交融、相辅相成、相互促进的。它们如同教育的双翼，共同承载着学生飞向未来的梦想。

回望过去，我曾以为教育就是简单地传授知识，让学生掌握书本上的内容。然而，随着时间的推移，我逐渐意识到，教育的真正意义远不止于此。我们应该以"知识"为载体，去培养学生的批判性思维能力，帮助他们形成正确的世界观、人生观和价值观。同时，我们还要锻炼他们的社会技能与人际交往能力，让他们学会自我管理，开发他们的创新创造力。

这些能力和品质，对于学生来说是至关重要的。它们不仅能够促进学生的文化知识学习，更能够让学生在步入社会后，以更加成熟、自信的姿态去面对各种挑战。

而这一切，正是我所理解的"课程思政"的内涵所在。职业学校作为培养高素质技能型人才的重要基地，承担着为社会输送优秀人才的重任。作为财务专业课教师，我深知"教什么"和"怎么教"是职业生涯中永恒不变的课题，而“课程思政”的践行则给了我一个完美的答案。

在未来的教育之路上，我将继续秉持“教书与育人并重”的理念，不断探索和实践“课程思政”的新模式和新方法。我相信，只要我们用心去做，就一定能够培养出更多德才兼备的优秀人才，为社会的进步和发展贡献我们的智慧和力量。

立德树人有道　春风化雨无声

殷　菲

人物扫描

殷菲，济南职业学院文化传播与艺术管理系主任。主持、参与多项省级教科研课题，主持省级课程思政示范课1门、省级职业教育在线精品课程1门、省级社区优质资源课程1门、继续教育数字化共享课程1门、黄河流域产教联盟优秀在线精品课程1门。荣获济南职业学院优秀党务工作者、济南职业学院巾帼建功标兵、全国职业院校教学能力比赛一等奖、全国职业院校信息化教学能力大赛二等奖等荣誉。

作为一名高职院校从事数字媒体艺术设计专业教学的教师，我深感推进课程思政建设的重要性。这不仅仅是对教育理念的贯彻落实，更是深入贯彻习近平总书记关于教育的重要论述和全国教育大会精神，以及落实立德树人根本任务的生动实践。我常常思考：如何让立德树人的理念在每一个教学环节中悄然生根发芽？如何将思政元素巧妙地融入艺术教育的课堂，让它们像阳光一样温暖学生的心灵？幸好我们有个非常优秀的“娘子军团”，我和同事们一起，挖掘着艺术设计学科中的思政宝藏，构建着一个个生动的课程思政案例。在教学方法上，我们也是大胆创新，尝试着将思政教育与学生的兴趣相结合，让课堂变得更加生动有趣。教学组织实施的过程中力求让每一堂课都成为学生思想成长的催化剂。每当看到学生们在思政教育的熏陶下，眼神中闪烁着智慧的光芒，课后完成优秀的作品，我就成就感、自豪感满满。

讲好第一堂课，点亮兴趣之光

在我做学生的时候，很不喜欢照本宣科式的课堂，做了老师之后，我更不喜欢机械的知识灌输。那如何在第一堂课就激发学生的学习兴趣？如何通过巧妙的课程思政案例引导学生自主探索课程？如何将理论知识与实践结合起来？我有很多心得。

首先，我要打破传统的教学模式，打破学科的界限，比如在“Illustrator创意设计与制作”这门软件课课堂上，软件课变成了旅游推荐课，来一场说走就走的旅行。第一堂课正是刚开学的时间，我给同学们介绍了自己假期去过的旅游景点，同时融入相关的历史、文化知识，这不仅丰富了课程内容，也提升了学生的文化素养。通过实际案例制作旅游海报，学生可以将理论知识与实践操作相结合，这种实践性的学习方式有助于加深学生对知识的理解和记忆。学习过程也变得有趣，学生更容易投入其中，从而提高了学习效率。学生可以根据自己的兴趣选择旅游目的地，全班30多幅旅游海报可真是一场全国旅游文化展，精彩纷呈，丰富多彩。这样的个性化学习方式能够激发学生的主动性和创造性，促进不同学科之间的融合，有助于培养学生的综合能力，也契合了课程需要培养有情怀、有审美的高素质技术技能人才的目标。

引入传统文化，浸润学生心灵

“岗课赛证”不能只是课程任务的具体展现，课程思政不能只是简单的案例分析，传统文化也不能浮于表面只靠教师讲述。做职业教育教师越久，就越要紧扣时代脉搏，到社会的洪流中去实践、去探索、去总结、去创造。

我的“Illustrator 创意设计与制作”课程探索重构了“技能训练 + 项目实战”进阶，文化浸润贯穿的内容体系。前四个模块对应社会对设计师要求的四项基本技能：软件操作、色彩设计、图形设计、文字与版式设计，可实现从对软件的相对陌生到熟练运用软件的快速转变。后三个模块对应网页设计师岗位三项典型工作项目：产品设计、网页设计与制作、插画包装设计，学生在完善技能的同时还可以了解到不同领域的工作流程和规范。根据设计制作的内容，我构建了“看传统文化之美”“听艺术大师故事”等一系列课程思政案例，这些案例贯穿了以上七个模块，力求立体化培养学生的设计情怀和审美情趣。学生通过看传统文化之美系列动画提升审美情趣，听艺术大师故事培养设计情怀，做设计实战项目提升职业素养。我依据不媚外、不枯燥、不抽象、不空谈的“四不”原则，紧贴学生关注的热点、难点问题，挖掘思政元素融入每个课程模块，促使学生提高专业技能和人文素养，培养学生职业精神，形成观察美、欣赏美、创造美、传播美的成长路径，并引导学生养成积极的设计心态，增强他们对专业的认同感和责任感，建立“专业梦”的人生规划。

真实项目训练，锤炼专业技能

时代在变，需求也在变，以前我们在课堂上听到更多的是理论知识，是原理方法，现在不论什么层次的学生在课堂上都更希望听到社会的需求和工作的内容。

所以，我在课程中引入真实项目，有效提升学生的创新设计和应用实践能力。比如，在网页界面设计模块，我会针对很多果农水果滞销的问题，号召学生帮助果农制作电商页面，为果农打开销路。运用项目驱动法，真题真做，学生参与的积极性很高，通过项目式教学，学生强化了创新能力、实践能力和社会服务意识。第一步，我安排学生搜集资料，分组讨论，各组拟出一个设计方案，并进行组间互评，各组修改，确定方案。第二步，学生根据设计方案使用软件制作页面效果图，将专业知识和技能训练融合到项目操作中。小组成员通过不断修改效果图，最终定稿。第三步，学生进行项目汇报，锻炼设计表达能力。在这三个环节中，我都会及时做出评价，引导学生的项目顺利进行。

我的课程会针对不同专业的学生设置不同的教学内容。例如，针对数字影视设计方向的学生，我将一些典型的思政案例进行改编，融合专业特色和技巧，做成短视频，采用学生更熟悉的课程方式和课程内容，润物细无声地达到专业课程思想政治教育的目的。成功的课堂让我总结反思道：教师要及时将生动鲜明的典型社会事件融入教学中，让教学内容保持“活性”，注重实效，激发情感力量。专业与思政相结合，需要教师作为典型和榜样，言传身教，用个人经验和智慧契合实际，结合生活，给学生更加形象生动地讲述，讲述中国故事，建构中国精神。

真项目锤炼真功夫，真课堂激发真感情

引入真实项目的课堂，才能锤炼出学生的真功夫，才能激发出学生的真情实感。比如，我在垃圾分类展板设计项目中，首先提出问题：如何改变地球生态环境日益恶化的局面？得出从自身做起保护环境的结论。又引出了新的问题：如何保护环境，我们可以怎么做？最终引出作为设计专业的学生，我们可以利用自己的专业做好宣传工作的结论，引出垃圾分类展板设计的主题。通过这个项目，同学们学会了使用专业技能将自己的设计构想进行形象化表达，增强了保护环境的意识，并将环保意识付诸实际行动。

文化产品周边设计——“我和我的祖国”文化衫设计，以真实项目为载体，通过款式图绘制、图案绘制、文化衫设计整合三个任务展开教学。我结合服装设计的基本理论讲解和软件操作过程，融入课程思政元素，课前准备激发情感，课中实施文化浸润，课后拓展实践育人。学生按照交付标准完成文化衫设计整合，完成最终效果图的呈现，达到知行统一。认知层面，学生在掌握了软件使用方法的同时，又了解了设计任务相关的传统文化、现实意义等，并在设计实践中将传统文化和艺术审美完美体现，从而提升了专业幸福感和职业认同感。行为层面，我将传统文化引入教学中，让学生深刻感受到传统文化是我国的瑰宝，是现代设计的源泉，引导学生成为传统文化传播的践行者，将中国传统文化融入自己的作品中，让更多的人了解中国。通过学生的作品，我可以感受到他们发自内心的自豪，和扎根心灵的文化自信。

付出就会有回报，回报有时候是学生的优秀作品，有时候是不经意间的感动。我记得那年的国庆节，在学校举办的国庆活动现场，我的学生穿上了自己在课程中设计的文化衫，为祖国庆祝生日。当我看到这一幕的时候，那种自豪感和成就感溢于言表，我想这也是鼓舞我不断前行的源源动力。

每当看到学生们眼神中闪烁着智慧的光芒，我心中便涌动着无尽的喜悦。我的成就感来源于学生的成长，来源于教育的力量，来源于我对教育事业的无限热爱和执着追求。我深知，教育的使命不仅仅是传授知识，更是塑造灵魂。我将继续努力，以更加饱满的热情和创新的精神，将思政教育融入每一堂课中，让每一堂课都成为学生人生旅程中的宝贵财富，助力他们成为德才兼备的新时代人才。

直播光影下的思政育人之路

马　丽

人物扫描

马丽，济南幼儿师范高等专科学校市场营销教研室副主任、电子商务专业负责人。荣获校先进工作者、青年技术能手、优秀班主任、师德标兵、全国高校商业精英挑战赛电子商务专业教学名师奖等荣誉。指导学生取得全国职业技能大赛“直播电商”赛项三等奖、山东省职业技能大赛“电子商务”赛项二等奖、山东省“互联网＋”大赛铜奖等40余项荣誉。

我是一名电子商务专业的老师，有幸见证了直播电商行业的蓬勃发展，并在这个过程中积累了许多宝贵的实战经验和教学心得。直播作为电子商务的缩影与核心载体，许多直播现象往往能深刻反映社会热点议题和现实挑战。在我的“直播电商运营”课堂中，我不仅目睹了学生们在专业技能上的飞跃，更深刻地感受到了他们在品德修养方面的悄然进步。请您一同走进我的课程思政之旅，聆听那些真实发生在课堂上的温馨小故事。

直播训练营：成功的风采，共鸣心弦

“感谢老师给我们这次机会，这样特别的直播训练营活动，让我们不仅感受到直播的魅力，更感受到团队协作的力量。在活动过程中，有汗水、有泪水，也经常有意见不统一的时候，但在队长和老师的带领下，我们成功克服了各种困难，配合也越来越默契，以后我们会继续努力！”

站在领奖台上的陈爽同学此刻在动情地发言，作为这次直播训练营的杰出代表，通过不懈的努力和精湛的表现，她们团队的四个姑娘获得了一等奖的好成绩。领奖台上，作为代表发言的她热泪盈眶，为自己，为团队而自豪！台下的我，也湿了眼眶。这次的直播训练营是我“直播电商运营”课堂的形式之一，在开展这次活动前，我遇到了课堂中的一个难题。

作为电子商务专业的技能课程，“直播电商运营”是一门理论与实践相结合的课程。很多同学虽然没有系统学习课程，但是在直播行业生态向好的当下，每位同学都会刷一刷直播。我以为在这样的学情下，我的课堂实施会很顺利。然而，现实却给了我当头一棒！当我真正开课后，学生们对直播的热情并没有转化为学习理论知识的动力。最基本的课堂实施都没有保证，更别说思政育人了。到底哪个环节出了问题？我该怎么做，才能让学生喜欢我的课堂？我的课程思政到底该如何实施？

带着这些疑问，我结合网络学习平台下发了关于课程的调研问卷，了解学生的学习情况。同时结合课下一对一的交流谈话，了解学生对于“直播电商运营”课程的真实评价。原来，在全民直播的时代，直播作为一种传播方式已经普及到生活的各个层面，作为产教融合特色的专业，相较于枯燥的直播理论，同学们更关注实践操作。因此，传统的课堂形式已经无法引起同学们的共鸣。那我课程思政的第一关就是先让课堂变得生动有趣，在引人入胜的过程中潜移默化地影响学生。

经过反复思考和探究，我决定改变传统课堂形式，以项目为切入点，嵌入企业真实案例，确保学生能够感受真实的行业工作环境，提高学习兴趣。在学校各级领导的帮助下，借助产业学院的力量，我们邀请到山东小鸭控股集团有限公司的专家和我一起开展家用电器专场直播训练营活动。

于是，结合课程学习目标和训练营的项目要求，我重构“直播电商运营”教学内容，用“立德树人”理念统领课程思政，提炼关键知识点和岗位技能点，确定“在抖音小鸭直播间开展 3 个小时的直播”活动目标，并设置在项目中表现优秀的同学可以提前拿到山东小鸭控股集团有限公司实习 offer 的激励机制。在项目实施阶段，我通过设疑答疑、任务驱动、在线测试等多种教学方法引导学生梳理知识。学生以小组为单位，深入讨论、团队配合。他们不再抱怨学习理论知识的枯燥，而是全力以赴完成直播任务。面对不解的知识点，师生共同探索；面对混乱的数据，团队携手分析；面对难记的汇报，直至深夜仍在背诵。在训练营考核阶段，各个小组顺利在抖音小鸭直播间完成了 3 个小时的直播任务，陈爽所在的小组通过精彩的表现，3 个小时卖了 8 台豆浆机，实现了订单转化。企业专家韩总为陈爽颁发了实习 offer，并且表示：“作为主播，陈爽在训练营中的表现非常出色，她们小组展现出了极高的专业素养和团队协作精神。”

整个活动过程，我并没有过多强调团结协作、精益求精，但是学生们自发领悟了职业道德和职业素养的必要性。这就是课程思政的独特魅力和价值，它能够加深学生对课程、专业的认知和热爱，使更多学生关注社会问题和实际情况，增强他们的参与感，引导他们自觉树立正确的行业价值观。这次直播训练营，对学生来说，不仅是一次技能的锻炼，更是一次精神的洗礼。它让学生在实践中体会到了工匠精神的内涵。在推动知识传授、能力培养、价值塑造融为一体的过程中，我们实现了课程教学质量和学生思想政治教育效果的双提升。

直播助农行：深刻的耕耘，共济民生

2020 年 4 月 20 日，陕西省柞水县小岭镇金米村李旭瑛的直播间，来了一位特殊的“嘉宾”。到村调研脱贫工作的习近平总书记，在金米村电子商务中心与乡亲们亲切交谈。李旭瑛的直播间“火了”，也盘活了当地的柞水木耳。小木耳成了大产业，小直播里彰显出大情怀。这是我给学生在“直播电商运营”课堂授课的案例之一。这节课中，学生不仅感受到了直播助农这一小动作里所拥有的大能量，更体会到了为人民带货，做有担当、走群众路线的新一代青年的情怀与责任。

每次“直播电商运营”课程新授第一堂课和结课最后一堂课时，我都会问学生这样一个问题：你觉得利用直播可以做什么？学生给我的答案是不同的。第一堂课，学生回答最多的是可以通过直播挣钱，而最后一堂课，学生回答更多的是直播可以助农，直播可以振兴产业等。这就是课程思政的影响，将社会关怀与责任带进课堂。

我曾组织学生到济南市南部山区柳埠村的田园农场采摘园进行直播实践，我对此印象深刻。这片占地 100 余亩的土地，在市政府 1000 余万元资金的助力下，建有 30 个现代化大棚，它既是南部山区的重点农业项目，也是目前为止规模最大、产量最多的大棚种植基地。依托“党建 + 乡村振兴”项目，我结合乡村特色资源，成立教师专业团队指导学生参与实践，利用课堂实践活动推进电商专业知识进乡村，打造田间地头的思政大课堂。

“开播啦！开播啦！大家好，我们是济南幼儿师范高等专科学校信息商务学院师生团队，欢迎来到我们的直播间。现在为大家展示的是我们基地的草莓……”直播间里，一名学生正在生动地讲述。而这样的直播课堂，其实就是一门“行走的思政课”。它究竟有什么魅力？我认为，它将直播课堂与乡村振兴融合，构建了社会育人的大情境。同学们漫步在基地的村道上，欣赏翠绿山景，了解柳埠村如何借助现代化大棚走上乡村振兴的道路，实现华丽蝶变。在基地，同学们与种植农户交流，了解草莓采摘特色产业的故事……学生们以重点农业项目为线索，结合当地现代化大棚建设故事成功打磨出基地草莓、西红柿等农产品介绍的脚本，并进行了一场精彩的带货直播。他们通过直播的窗口，将田间地头的农产品带到千家万户的餐桌上，用他们自己的实际行动帮助农户打开销售渠道，助力乡村振兴。

近年来，我把课程思政作为课程建设的重要内容，按照“一主线＋两驱动＋全覆盖”核心理念，通过直播课程中所讲知识的“点”，提炼出一个“理”，通过这个“理”再升华为一个“德”，用这个“德”来育“人”，形成“点—理—德—人”这一主线，结合灵活的教学设计，实现了思政案例与知识点的巧妙融合。我从讲好一个故事、盘活一个案例、深化一个话题、落实一次活动开始，从一节课到多节课，从一个项目到多个项目，循序渐进，最终实现全课程覆盖，促使课程思政润物细无声地与知识点有机融合，达到培根铸魂、启智润心的目的。

“我们的教学实践证明，‘直播电商运营’这门课程的思政教学设计，已经成功地将学生们从被动的听众转变为主动的学习者和探究者。这不仅仅是一次知识的传授，更是一场心灵的触动。”在集体教研活动时，一位老师这样说道。

文化传承路：走心的传承，共鸣古今

看！我们的镜头里展示的是一场音乐剧，当剧中的王尽美满怀深情地唱到“贫富阶级见疆场，尽善尽美唯解放”时，整个剧场的气氛涌上了高潮。同学们直播镜头里的音乐剧，是济南幼儿师范高等专科学校师生自编自导自演的校园红色音乐剧《尽善尽美》，在这场音乐剧的直播过程中，大家一方面熟悉了直播的策划与运作，另一方面也感受到来自身边的革命先辈为国家前途与命运前仆后继、不惜牺牲的壮烈精神。这是我们用“尽美故事”结合文化传承，立德树人，打造直播电商课程思政的一个缩影。

济南幼儿师范高等专科学校的前身之一——山东省立第一师范学校是山东省最早的师范学堂，是一所为中国革命培养了多方面人才的学校，在中国革命史上书写了闪光的一笔，有“红色师范”的美誉。王尽美曾经在我校学习并从事建党活动达3年之久。1921年7月，王尽美就是从这里出发赴上海，参加了中国共产党第一次全国代表大会。如何走近并认识这个传奇人物？如何用好“尽美故事”这个“活”案例？

自2021年起，借助学校教学改革的东风，我鼓励学生们在课前踏上一场心灵的旅程，重温校内“泉城之光——王尽美与中国共产党创建史”的展陈馆，去深刻领会“尽善尽美”的理想信念。在参观过程中，他们宣读《学习尽美精神》倡议书，学唱学校教师自主创作的山东梆子红色历史剧《王尽美》。这些丰富多彩的“尽美精神”文化形式，如同清晨的露珠，轻柔地点缀在课堂的扉页，悄然融入学子们的心田。我也融合现代教育信息技术，利用短视频制作案例，让同学们感受非遗等传统文化的魅力。在学术的沃土上，保护和传承中华优秀传统文化的种子在学生心中慢慢生根发芽，这不仅帮助学生树立了正确的审美观念，还增强了他们的民族自豪感和文化自信，帮助他们成为德智体美劳全面发展的社会主义建设者和接班人。

结合学校环境建设、科研投入、育人体系、文化创新、荣誉激励、人才队伍6个方面的红色文化传承体系，我把党史学习教育融入课堂建设及教材编写中，把学习成效转化为工作成效，课堂建设成果愈加显著。我多次带领学生参加各级各类技能训练比赛。2023年8月，我校电子商务专业取得了全国职业院校技能大赛高职组直播电商赛项三等奖的突破。虽然成绩还有提升的空间，但是作为新设立4年的专业，这份成绩已经是我们共同努力的有力证明。

为助力济南地区产业发展，我积极参与学校的高水平专业群建设，通过紧密对接济南数字文创产业链，利用学校“尽美精神”等红色文化加强电子商务专业的内涵建设，服务新时代社会主义现代化强省会建设，于己于生进行润物无声的教育。

教学相长途：成长的羽翼，共绘蓝图

2023 年，我指导学生参加全国职业院校技能大赛高职组直播电商赛项，在参赛学生各项技能已经训练娴熟的情况下，其中一位学生在比赛前夕情绪突然失控。她的技能已经炉火纯青，但赛前的压力让她开始怀疑自己的能力，情绪几度崩溃。面对这样的情况，我深知，作为一名教师，我的责任不仅仅是传授知识，更重要的是引导和支持。

于是多个午后，我与她并肩坐在校园的长椅上，分享着彼此的故事。10 年前的我，是一个满怀激情却屡遭挫折的新手教师。我和团队教师带领着学生们参与了一次又一次的专业训练和比赛，虽然我们屡战屡败，但我们从未放弃。在给她讲述这段历程的同时，我自己也再次坚定了专业提升的信心。我的团队，那些同样充满热情的教育工作者，也加入了这场心灵的战役，为她搭建了一个坚实的后盾。终于，在比赛的那一天，她带着我们所有人的祝福和期望，走上了舞台。她的直播，流畅而富有感染力，赢得了评委和观众的一致认可。当宣布我们团队获得了国赛三等奖的那一刻，我们相拥而泣。这个胜利的时刻，不仅证明了我们的努力有了回报，更是思政教育力量影响教育者和受教育者的生动体现。

2024 年 7 月，这位同学作为毕业生，成功入职山东润华天信汽车销售服务有限公司。在面试环节，这位同学表现出扎实的专业功底、丰富的实战经验和可靠的行业操守，得到了用人单位的高度评价并被高薪签约。面试的人资经理对她的评价是：“我们看重的是她有比较全面的综合素养，有能力，有素质，有情怀。感谢学校培养出这么优秀的人才，她表现得很好，甚至超过了我们的岗位要求！”这个故事是我们共同面对挑战、共同成长的真实写照，是教育的真谛，是课程思政教育的力量。

在高等教育的殿堂中，课程思政如同一股清泉，悄无声息地滋养着学子们的心田。而教师，作为这股清泉的引路人，其自我思政的修炼，便是这股清泉能够源远流长的关键。在这场思想的修行中，我们要在学习习近平总书记关于教育的重要论述，特别是关于立德树人的重要论述中，不断深化对课程思政的认识与理解，加强师德师风建设，以身作则，用自己的言行影响和感染学生，实现隐性教育和显性教育的统一。借助教学改革风向，每一位教师都要重塑教学理念，改变课程思政“纸上谈兵”的思维，结合学校历史与专业定位，有意识地通过挖掘校史校友故事、特色案例、典型行业事迹等，保持课程思政思维的鲜活性。我们要不断内化课程思政的内涵，加深对专业的认识和理解，教学相长，强化自身世界观的塑造，真正做到以德立身、以德立学、以德施教、以德育德。

教育是一项任重而道远的事业，思政教育亦需我们践履笃行。在这条道路上，每一位教师都是播种者，播下的不仅是知识的种子，更是思想的火种，照亮学子们前行的道路。

守初心传承测绘精神　践使命培育时代新人

李　静

人物扫描

李静，莱芜职业技术学院教师，主要任教“园林测量技术”“建筑工程计量与计价”等课程。荣获校级先进工作者、优秀教师、优秀班主任、课程思政优秀教师等荣誉称号。主持并参与多项校级、省级重点课题，发表多篇论文。

“蒙以养正，圣功也。”三千多年前的《易经》就告诫我们：对青年施予正确的教育，引导他们走正路，是天底下最大的功劳。作为一名党员教师，我深知肩负的责任不仅在于传授专业知识，更在于引导学生树立正确的世界观、人生观和价值观。因此，我坚守育人初心，严格遵循党的教育方针，不断提升自身的专业素养和思政教学能力，力求打造“浸润式”的课程思政教学模式。同时，我以对教育事业的无限热爱为动力，努力实现“知识传授”“能力培养”与“价值塑造”的有机结合，以“立、挖、引、树”为主体，贯通教学内容，形成教学设计、教学效果理论体系，科学指导实践。

立——“立德、立功、立言”

《左传》有言：“太上有立德，其次有立功，其次有立言，虽久不废，此之谓不朽。”“立德、立功、立言”——这“三不朽”是古代读书人的终极人生理想与追求。作为“传道授业解惑”的教师，应结合自身职业特点，毅然标立并努力追求属于教师自己的“三不朽”。

（一）“立德”是根本

“学高为师，身正为范；学为人师，行为世范。”教师既要立己之德，更要立生之德。

“园林测量技术”是高职园林工程技术专业的专业基础课程，旨在培养学生熟练使用水准仪、经纬仪、全站仪等基本测量设备，并掌握园林施工放样与数字测绘的基础技能，培育“能吃苦、能奉献、有担当”的高素质测绘技能人才。

“热爱祖国、忠诚事业、艰苦奋斗、无私奉献”这十六字箴言，是对国测一大队这支英雄队伍测绘精神最贴切的描述。回忆学生时代聆听老师讲述珠穆朗玛峰高度测量的壮举时，我印象颇深。国测一大队队员们不畏高山缺氧、物资极度匮乏等极端恶劣的环境，却以国家使命为重，科学探索为先，用汗水铸就辉煌，以生命丈量祖国广袤大地的壮丽山河。这份对职责的坚守、对科学的执着追求，穿越时空的界限，至今给予我们心灵深处持续的震撼与启迪。

“高程控制测量”作为园林测量教学的核心内容，承载着培养学生实践技能与科研精神的重要使命。每年给学生们讲到这部分内容时，我总是先播放《感动中国》栏目关于国测一大队事迹的视频。老队员吴昭璞遭遇断水断粮却孤身守护仪器和测绘资料，直至被风沙掩埋；爆破作业中双眼几近失明的王永吉；被洪水困了三天三夜仍坚持到胜利的徐崇利和队友；断水危机下相互扶持、水壶转了一圈又一圈的温情场景……学生们看了无不动容。我让学生们自己总结测绘精神的内涵，写心得感悟，让他们意识到珠峰测高不仅是地理高度的测量，更是精神高度的攀登。测量学也不仅仅是一门技术学科，它背后承载着深厚的人文情怀和科学追求。

（二）“立功”是职责

教师的“立功”是要上好每一堂课，要培养大量优秀的学生，为祖国和人民的教育事业担负应有的责任，做出自己的贡献。职业教育的根基在于实践，教师要想讲好一堂课，必须得有丰富的实践经验。因此，我每年定期去企业进行不少于一个月的顶岗锻炼，学习先进的测绘仪器方法，锻炼测量技能。在教学设计实施过程中，我不断摸索，构建实施“两主线、四对接、四平台、七环节”德技并修一体化教学模式，实现全程思政柔性浸润。以真实工程项目为载体，保持“思政主线贯穿和工程项目主线牵引”两主线，将“教学内容与实际生产案例”“教学过程与工作过程”“教学环境与工作环境”“教学考评与职业标准”四对接，依托“教学平台、校内实训室、社会实践、企业岗位实习”四平台，实施“导案例—引任务—讲新知—练技能—赛水平—评效果—拓素质”七步梯级教学环节，层层递进，有效促使学生掌握基本测绘技能，培养他们终身学习的好习惯。近年来，我的课堂教学质量评价多次为良好以上，荣获 2023 年度院级课程思政示范课堂、院级课程思政优秀教案等荣誉，“水准测量原理及方法”被评为 2023 年院级课程思政优秀案例。

（三）“立言”是方向

一个好的教育者不应单单擅长课堂教学，也要能积累教研管理的点滴经验，培养探究精神，做一个教育的反思者、建设者，做一个既能“传言”又能“立言”的思想者。带着理念进课堂，教学才有风格，基于研究搞教育，教育才有品质、有温度。

工作中我积极探索教学改革，紧跟时代步伐。2019 年，我赴清华大学参加混合式教学培训，培训完成后将课程精炼、提升，把测量环节录成视频，做成微课，让同学们随时随地学习。2020 年，“园林测量技术”课程入选智慧职教专业教学资源库。随着信息化的发展，传统的测绘方法逐渐被现代技术所取代，大数据和云计算技术的发展使得测绘数据的处理和分析能力大幅度提高，同时测绘技术的进步也加快了测绘仪器的更新换代，这就造成教材部分内容的滞后性。为让学生们更好地掌握实训技能，我编写了《园林测量技术》实训指导教材，于 2019 年立项为校本教材。2023 年，由我牵头的校级教改课题“高职‘园林测量技术’沉浸式实训教学改革研究”立项。2024 年，我参与国家级专创融合“金课”申报并已成功立项。

挖——挖素材、拓内涵

我以立德树人为根本，以测绘精神内涵为核心，挖掘与社会主义核心价值观、中华优秀传统文化、理想信念、职业道德、工匠精神、科学思维等相关思政元素的“触点”和“融点”。同时，善用社会大课堂，拓展思政内涵，引导学生用脚步丈量祖国大地、用眼睛发现中国精神、用内心感应时代脉搏，增强思政引领力。

（一）全方位挖掘思政元素，提升课程感染力

我结合课程具体教学内容，通过各级课程思政教学培训、每年的企业顶岗锻炼、教科研课题的挖掘研究等形式，深入挖掘思政元素，目前已形成种类丰富、形式多样的思政资源库。有学科资源库、人物资源库、重大工程资源库、行业企业资源库、职业规范与标准资源库五类。我将五类资源库的具体案例与教学内容进行连接对应，实现思政教育全过程、全方位覆盖。学生

从裴秀的“制图六体”地图绘制理论感受古代测绘史，在珠峰登顶测绘中浸润中国精神，从北斗导航系统的应用中感受中国力量，在港珠澳大桥的建设中见证中国测绘的先进……思政元素的全方位挖掘让测量课不再单调冰冷，而变得有温度、有品质。

“脚下沾有多少泥土，图上就增加多少精度。”测量是一个“众筹”性的工作，单枪匹马是不可能完成的，从一定意义上说，任务完成得优秀或许不是因为专业知识学得多好，而是更懂得团结协作的默契。2016 年，在选拔参加省级测量技能大赛的队伍时，我们面临着三选一的难题。在外业测量和内业计算方面，三支队伍各有所长，这使得选择变得尤为困难。其中两支队伍由男生组成，而第三支队伍则包括了一位女生——张同学。她身材娇小，体型瘦弱。鉴于比赛过程中需要频繁移动测量点，这通常伴随着较大的体力消耗，我们最初考虑将这组排除在外。然而，张同学似乎察觉到了我们的顾虑，她主动找到我们，坚定地表示：“老师，我不希望因为自己是女生而让团队的努力付诸东流。我愿意通过加强训练来提升我的体能。请相信，我们团队是最优秀的，不要轻易放弃我们。”在备赛的暑假期间，她坚持跑步锻炼，提升体能，每次训练时携带全站仪奔跑，表现丝毫不逊色于男生。开学后，她明显黑了一圈，但她毫不介意，表示只要能帮助团队参加比赛，自己变成“黑人”也无所谓。张同学虽身材娇小，却能量巨大，团队成员都亲切地称她为“大姐大”。由于我们迟迟未能确定参赛队伍，另外两支备选队伍的训练热情似乎并不高涨，最终在选拔赛中未能脱颖而出。而那一年，我们首次在省级技能大赛中荣获二等奖，这个成绩不仅证明了他们的实力，也让我们看到了团队合作和个人决心毅力的重要性。

（二）拓展思政内涵，打造“行走的思政课”

依托红色资源，用好社会大课堂。系里每年都要组织师生去莱芜战役纪念馆开展党性教育活动。在馆内珍贵的图片和文物前，师生驻足聆听革命先烈英勇斗争的光荣事迹，感受革命先烈前仆后继、视死如归的战斗精神。尤其是莱芜战役全景画馆利用油画艺术和声光电等现代科技手段，生动再现了莱芜战役城北围歼战的宏大战斗场面，给人以身临其境和惊心动魄之感。在场的所有师生都为之震撼，深切感悟到红色基因的时代内涵。

2021 年，中国共产党成立 100 周年之际，我系开展“传承红色基因，争做红色接班人”为主题的系列爱国主义教育活动：讲革命故事、看红色影视、革命圣地研学等。2023 年，学校组织教师和部分学生到章丘三涧溪村红色教育基地参观学习。“行走的思政课”让学生在行走中浸润习养，充满仪式感的主题活动在悄然无声中培养了学生炽热的爱国情感。

此外，我还积极带领学生参加社会实践，2023 年成功申报山东省文旅研究课题“文旅融合视域下济南泉水文化的研究与创新”。暑假期间，我们深入大街小巷开展调查研究，组织专家座谈，认真撰写调研报告。学生们在参与课题研究中对社会发展有了更鲜活的认知，更因自己的行动让城市更美好而对济南有了更深的热爱。实践完成后，有三名同学被评为学校 2023 年暑期实践先进个人。

引——示范引领传帮带，锐意进取铸匠心

教育是一场用心经营的事业。从教 15 年来，我坚守育人初心，在系领导和同事们的帮助下不断成长。2011 年，我第一次承担“园林测量技术”课程教学任务时，有些不情愿，一是怕自己教不好有畏难情绪，二是认为外业测量教学在室外，怕吃苦晒黑。系教学主任作为一名优秀的老党员，看出我的困扰后，主动找到我，语重心长地给我做思想工作，不断鼓励我，并给我列举了其他院校指导省测量技能大赛的很多优秀女教师的事例。我深深意识到，育人先育己，老师更要以身作则，不断学习，敢于挑战自己。教学主任还安排另一位老教师指导帮助我，给我提了很多关于课程建设、实训教学、技能大赛指导的建议。通过历年来在课程教学中的不断积累和改进，我的教学能力也得到很大提升，多次被评为优秀教师，同时积极提高业务知识水平，成功考取二级建造师、一级造价工程师等国家职业资格

证书，也多次指导学生参加省测量技能大赛，每一次的参赛过程都是一次荡涤心灵的难忘经历。

记得 2019 年 11 月，我们去日照参加省测量技能大赛，提前两天赶到比赛场地。本以为准备得很充分，参赛学生也练得比较熟，我们信心百倍。结果比赛过程中场地突然起雾，学生们一下子就慌了神，转点的过程中造成计算失误。当时我在场外看见学生们紧张又慌乱地操作仪器，虽然 11 月份的早晨有些寒冷，我却分明感到汗珠从我额头冒出，瞬间胃疼、眼前一黑。但我却下意识告诉自己，不能倒下，学生们更需要我的鼓励和支持。比赛结果虽然在预料之中，但那种失落感却是一辈子难以忘怀的。事后我们团队也详细分析失误的原因，打铁还需自身硬，客观因素占一部分比例，但更多的还是实践技能水平和心理素质不过硬。虽然没能获得好的名次，但对老师和学生们来讲，这次经历更是一种生活的历练和成长。在此后的教学中，教学团队通过让学生们多参加各级比赛，如班赛、系赛、校赛、市赛，让同学们在技能实践中学会更好地应对突发情况，提高学生技能水平和心理素质，带领学生在近几年的技能大赛中屡获佳绩。

我深知个人的能力有限，依靠团队的力量才会更强。2023 年，我有幸成为省级建筑技能大师李国华大师工作室中的一员。李国华大师是中华技能大奖获得者、国务院政府特殊津贴获得者、全国技术能手、全国建筑装饰行业技术能手、全国五一劳动奖章获得者。相信在技能大师的引领下，在团队成员的帮助下，我会取得更大的进步！

此外，课外活动兴趣小组也成为测量学习的一个重要媒介。测量协会在学校的优秀学生社团中独树一帜，自 2012 年成立以来，它不仅汇聚了众多对测量有着浓厚兴趣的学生，更成为培养省测量技能大赛选手的摇篮。社团内部的学习氛围浓厚，学长学姐们会将测量的学习经验和技巧倾囊相授，帮助新成员快速成长。同时，社团还会定期组织内部竞赛和交流活动，让成员们在实战中提升自己的水平。这种“传帮带”的过程不仅促进了知识和技能的传承，也增强了同学们之间的交流合作。

在2022级园林班测量课集中实训过程中，有个小组在进行闭合水准路线测量时遇到了困难，他们已经测了三次，但结果还是不符合精度要求。眼看放学时间就快到了，我听到一个小组成员跟队友提议："要不咱不测了吧，咱们把数字改一下，让它符合精度要求不就行啊？"我刚要批评他们时，我教过的一名高年级同学过来了。他严肃地说："测量容不得半点马虎，数字必须实事求是。如果达不到精度要求，就必须重测，绝不能涂改。这是测量作业的基本要求。"小组成员听到学长这么说也就不再犹豫，决定重新进行测量。他们还请学长监督，以便找出哪个环节出错。同学们忍受着饥饿，在烈日下坚持测量工作，最终在学长的指导下，发现了问题所在，原来是一个转点的司尺员操作失误。经过检验，结果终于符合精度要求。那时候已经放学半小时了，但是看到他们计算完成后欢呼雀跃的那一刻，我的内心充满了欣慰和喜悦，更深刻体会到了教育的意义所在。

同时，系里每年也会邀请行业能手给师生们做报告，并进行现场指导，让同学们在榜样的力量中不断前行。李国华大师给我系师生做了"做爱岗敬业的劳动模范"的报告。报告中大师用自身的成长经历告诉我们如何坚定人生奋斗理想，实现自己的人生价值。同学们深受鼓舞。

树——新一代"测绘人"正在成长

十年树木，百年树人，教育的最终指向是学生的发展。我将"匠心筑梦，技能报国"理念贯穿课堂内外，将测绘精神根植于学生心中，学生职业认同感和使命感显著增强。近年来，毕业生去向落实率达98%以上，涌现出一大批思想政治素质高、立志扎根基层一线、用青春坚守测绘事业的优秀毕业生，新一代"测绘人"正在成长。

记忆里，2010级的苏同学给我留下了深刻的印象。那时，我刚开始工作一年多，时常与学生们打成一片。他来自曲阜农村，总是亲切地称我为"静姐"。每次测量课上，他总是不厌其烦地操作仪器进行一次又一次的测量，即使其他同学已经完成任务休息了，他仍坚持要再测一次，以期达到更高的精确度。那时，我便觉得他特别热爱学习并且特别吃苦耐劳。毕业后，他主要投身于仿古建筑的测量工作，如今已经成为一家仿古建筑公司的负责人。在我们偶尔的联系中，他总是表达对学校培养和老师们栽培的感激之情。然而我深知，他今天的成就更多地归功于他个人的不懈努力和坚持。

近年来，教学团队瞄准技能大赛，通过让学生们参加班赛、校赛、省赛达到以赛促学、以赛促练、学练结合的目的，营造学技能、比能力的良好氛围。学生以大赛为平台，测绘能力大大提升，多次取得省赛二等奖的好成绩。大赛不仅展示了学生们较强的测绘能力，提升了他们的自信，更是考察了学生的职业操守、团队协作、解决问题的综合职业能力。

且行且思，且悟且进

我深知，真正做到专业课程与思政课程同向同行，更多的是要把专业知识教育、能力教育和品质教育融入教学全过程，既要让学生知道应该怎么做，更要让学生知道为什么要这样做，将优秀品质内化为个人的学习和工作习惯，最终实现从他律走向自律的教书育人目标。

“千里之行，始于足下”，测量是一门真正需要“读万卷书，行万里路”的课程，既要树立远大理想，又要脚踏实地砥砺前行。回首过去，我们为测绘人的勇气和智慧而自豪；展望未来，我们更为新征程上的机遇和挑战而振奋。作为新时代的教育者，我将牢记为党育人、为国育才的初心使命，以赤诚之心、奉献之心、仁爱之心坚守三尺讲台，传承测绘精神，培育时代新人，用满腔热忱去谱写新时代教育的辉煌篇章！